中国市場ビジネス戦略

陳　晋・守 政毅 編著

中国市場ビジネス戦略

経営学

信 山 社

はしがき

　本書では，市場と企業の視座に立ち，中国の産業政策の調整と中間層消費市場の台頭を踏まえつつ，中国の全国市場ならびに地方市場をめぐる各産業分野の企業戦略について，日本など先進国企業と，中国系企業である中国地場企業と香港企業のビジネス戦略を比較検討しながら，中国市場に照準を合わせたビジネス戦略の構築について明らかにする。

　2008年に世界的な金融危機が発生して以降，欧米など先進国市場が消費低迷に陥っているのに対して，新興国市場，特に中国市場の勃興が目立っている。グローバルビジネスをリードしてきた日本企業は，製造業で従来は先進国市場をターゲットとした技術・知識集約型のハイエンド製品を中心に生産し，そのための研究開発に注力してきた。しかし，新興国市場の台頭と経営環境の変動に対して，先進国と異なる新興国市場，特に新中間層のボリュームゾーンのニーズに合わせて製品の開発・設計，製造，販売，サービスを展開する有機的なビジネス戦略の構築が求められている。他方，欧米企業，韓国企業，台湾企業，中国系企業は，市場需要の対応に競争力を持つビジネス戦略を構築しつつある。新興国の中国市場をめぐり，企業間で新たなグローバル競争と協力関係が繰り広げられている。

　ところが，中国市場における企業のビジネス戦略を立体的・動態的に把握する研究はあまり発展していない。従来の研究では，低賃金を武器とした中国の生産機能に関心が傾き，現地生産をめぐる諸活動が主な研究対象であったが，近年，人民元高と労働賃金の上昇，内需拡大策の実施などに伴い，企業を取り巻く環境が大きく変化し，中国の消費市場としての重要性が増している。このような新たなトレンドを捉えた研究が不足している。また，中国市場に対する企業戦略研究は従来，富裕層を中心に展開してきたが，新中間層のボリュームゾーンを対象としたものがまだ少ない。

　そこで，われわれは2010年から「中国市場ビジネス戦略研究会」，2011年から「華人企業戦略研究会」を発足させ，中国市場における企業のビジネス戦略を研究する内外の研究者を組織している。両研究会では，中国市場と企業戦

はしがき

略に関する調査を実施して，中国のWTO加盟以来，特に世界金融危機以降の時期を対象に，中国で事業を展開する日本などの先進国企業と，中国系企業などの新興国企業のビジネス戦略動向を解明し，中国市場に照準を合わせたビジネス戦略の構築に関する実証研究を行ってきた。すでに，中国市場における企業のビジネス戦略に関する一定の研究成果は蓄積されつつあり，それらの研究成果を学術図書として編纂し，本書の出版までに至った。

本書の刊行により，中国市場における企業のビジネス戦略の構築について，立体的・動態的に把握する研究の体系化が可能となり，学術への貢献のみならず，中国ビジネスの実務に対しても有益な示唆を提供しよう。さらに，若手研究者に研究成果を発信する機会を提供する点においても，本書の刊行は意義があろう。

このような本書の基本方針を踏まえて，本書の流れを略述しておく。

まず第1部「産業政策と消費市場の変化」では，中国のWTO加盟以来，特に世界金融危機以降の時期を中心に，中国の経済・産業政策の変遷を確認しながら，企業の戦略分析に関する枠組みを提示する。

第1章「中国の市場変化と企業の開拓戦略」（陳晋）では，中国市場のビジネスを立体的・多面的・動態的に把握するために，その質的な変化に着目し，自動車，機械，家電，IT分野などの製品や産業構造・市場構造の多様性を解明することを主たる目標とする。中国市場の最新動向と多国籍企業の戦略変化，特に中国の中間消費層の分析を行い，日本企業の中国市場開拓に新しい視点を提供したい。具体的には，世界の工場から世界の市場へ変貌する中国を認識し，中間消費層の拡大や中国政府の消費奨励政策を観察する。その上で，中国市場をリッチ層（富裕層）市場，中間層の上位層（新富裕層）市場と中間層の下位層（続富裕層）市場に細分し，それぞれ市場に対応する戦略を分析する。さらに，外資系企業のローカル企業との提携，日本企業の中国市場への産業財供給戦略，及び人材の現地化と賃金コスト上昇への対応を解明する。最後に，中国市場開拓で先行している韓国や台湾企業・欧米企業から，日本企業が学ぶべき課題を挙げる。

第2章「日系企業と中国社会の共生共存に向けて」（劉慶紅）では，中国の経済成長から広義的に捉えた社会構築を優先する根本的な転換を述べ，フィールド調査に基づく日本企業の社会貢献活動の実例から，現状の問題点と今後の

はしがき

課題を明らかにし，日系企業の中国社会との共生共存に向けた「社会性」の視点に基づく戦略的社会貢献活動のあり方を提示する。これまで中国において日系企業の現地化戦略について，共生共存に向けた「社会性」の視点から社会貢献活動と現地経営パフォーマンスを結びつけた分析はほとんど行われておらず，本章は数少ない試みの一つである。

第3章「中国の自動車産業政策と市場動向」（呉保寧）では，中国政府の自動車市場喚起策と位置付けられる「自動車産業調整振興計画」（2009年～2011年）及び関連政策の主要内容を紹介しながら，これら政策に対する中国政府の適宜な中間調整の状況，背景，理由と目的等を関連報道や政府・業界関係者の発言に基づき分析する。更に業界団体が公表したデータ等をもとに関連政策の市場効果をできる限り段階に分けて詳細に検証する。または，新エネルギー車というカテゴリに絞って，中国政府の政策導入のプロセスや狙いを紹介し，その結果を評価する。最後には，全体を通じて，日系メーカーに対する影響や中国でビジネスを展開する際の留意点を整理する。

続いて第2部「IT・自動車・工作機械市場と企業のビジネス戦略」では，中国の全国市場構造の特徴を踏まえつつ，IT，自動車，工作機械等の幅広い産業分野の企業を対象に，企業の戦略について比較検討しながら，中国市場に照準を合わせた各産業における企業のビジネス戦略の構築について論じる。

第4章「中国スマートフォン市場の急成長と『ビジネス・エコシステム』」（中川涼司）では，中国における第3世代移動通信サービスの開始およびスマートフォンの普及に至ったプロセスと現状について説明し，中国スマートフォン市場における各ビジネス・エコシステム間の共存と競争の関係について明らかにして，今後の展開方向を展望する。企業はすでに個々のレベルで環境に適応しているわけではなく相互依存関係にある企業のネットワークとして環境に適応し，構成要素はこれらのビジネス・エコシステムの発展とともに発展を遂げていく。急速に拡大する中国スマートフォン市場におけるビジネス・エコシステムはどのような関係になっており，今後どのような発展方向を示すのであろうか，そこにどのような中国的な特徴がみられるのであろうか，これが本章の検討課題である。

第5章「中国自動車市場と日米欧韓中企業の戦略」（陳晋）では，近年の中国自動車市場の変化と上位日米欧韓中各社の競争戦略を比較・分析する。特に，日本メーカーの中核製品であるセダン市場において急成長を見せた欧米韓中系

vii

はしがき

メーカーの成長と，日系メーカーの成長が遅れている原因を分析し，日本企業の中国市場開拓に新しい視点を提供する。具体的に，中国自動車市場の環境変化に適応して，欧米系のフォウルクスワーゲン（VW）やGMは長年生産してきた古いモデルと部品現地調達の優位性を活用しながら，小型車中心のフルモデル戦略を展開し，中国民族系メーカーは外資系の小型モデルを模倣し，部品の現地調達や生産現場の「人海戦術」で低価格車の大量生産を実現している。一方，韓国系の現代と日系の日産は速やかに中型車中心から小型車中心の車種戦略へ転換し，現地ニーズに合わせた製品を開発し成功を収めた結果，ブランドを確実に浸透させている。それに対して，日系のホンダとトヨタは中型車から小型車への転換が遅れ，また部品の現地調達の展開が遅れたためコストが下げられない，などのことを分析する。

第6章「中国市場における勝ち組の組織間協業のポジショニング戦略」（朴泰勲）では，中国市場の勝ち組である一汽フォウルクスワーゲン，北京現代，東風日産の事例研究を行う。3社の組織間取引システムには相違が観察されるものの，組織間開発では協業型が，組織間生産では分業型が形成されているという共通点を浮き彫る。これにより，ハイブリッド型協業として，開発では緊密な擦り合わせによる協業をしながら，製品の完成度を高めつつ，生産ではモジュール生産に基づく分業型生産の構築が中国市場の開拓に有効であることを明らかにする。その理由は次の通りである。中国市場では，品質もさることながら，価格が重視される市場である。中国の顧客ニーズに対応するため，やみくもにコスト削減を追求し，分業型開発に大きく偏る必要はない。なぜなら，開発は複雑な施行錯誤が必要な高付加価値領域であり，品質を犠牲にした製品開発を進めると，将来ブランドに傷が付く可能性があるからである。協業型による設計品質と商品性の確保が中国市場の開拓にも重要な要素となる。高度な調整による最適な開発協業をし，品質の維持とモジュール化による生産分業で適正価格化を実現することで中国の消費者にアピールできる製品を販売する必要がある。

第7章「金融危機後の工作機械産業と日中企業の競争戦略」（韓金江）では，金融危機後の中国工作機械産業の現状（主として切削型工作機械業界）を分析すると同時に，世界最大の工作機械市場となった中国市場をめぐる，日中の工作機械メーカーそれぞれの競争戦略の実態を解明する。具体的には，市場規模の大きい旋盤とマシニングセンタを生産する企業を中心に，まず切削型工作機械

はしがき

業界の需給動向などの現状，および市場競争の構造を分析した上で，競争戦略の観点から，低価格中級機というボリュームゾーン市場をめぐる日中両国企業の取り組みを考察する。これらの検討を通して，金融危機前後における日中両国の工作機械メーカーの競争戦略の変化，および中国ビジネスの課題を明らかにする。

続いて第3部「地方市場と地方企業のビジネス戦略」では，地方である浙江省市場，香港市場から，中国の地方市場を起点に，中国全土に事業を広げている中国系企業のビジネス戦略について論じる。

第8章「中国における内発型産業集積の発展プロセスと企業の競争力」（林松国）では，浙江省温州市の自動車部品産業集積を取り上げ，中国における内発型産業集積の発展プロセスおよび企業の競争力を考察する。本章では温州の自動車部品企業が集積する瑞安地域に焦点を当てながら，自動車部品産業集積を三つの階層に分け，各階層における企業の成長戦略と競争力を具体的に分析する。その結果，各階層の企業の経営内容が大きく異なっていることが判明され，部品産業集積では企業の階層分化が進んできたことが明らかになった。また，自動車部品産業集積には多様な参入形態が見られ，温州の各産業集積の間では，企業の移動が頻繁に発生し，それによって各産業集積における経営資源が常に調整されているメカニズムが存在することを明らかにする。

第9章「中国電動二輪車メーカーの成長戦略」（斯飛玲）では，中国の電動二輪車産業の発展過程と電動二輪車メーカーの競争力実態を考察するため，業界の草分けの企業の一つであり，また現在でも業界を代表するトップレベルの「緑源電動車」を取り上げ，ケーススタディーを行う。具体的に創業初期，学習期，安定成長期という3つの発展段階に分け，現地調査とインタビューを通じて，「緑源」の成長戦略と競争力の実態を明らかにする。最初に，研究開発型の企業として早期参入し，創業初期の発展を解明する。次に，2002年から産業全体が急成長な局面に入り，安定化を実現するため，慎重に市場を見ながら製品の改良と管理強化，販路の確立などの戦略を分析する。そして，2006年より安定成長に突入し，更なる効率化を図る一方，業界の衰退期向けの対応戦略を考察する。最後に，今後の発展に向かって，緑源が直面する課題を挙げる。

第10章「香港の経済環境における華人企業グループの経営戦略」（守政毅）では，香港の華人企業を対象に，基盤となる地方経済の視点と個別企業の戦略

ix

はしがき

の視点の2点から検討を進めていく。つまり，基盤となる地方経済の視点では，香港の経済成長や産業・貿易投資動向など地方独特の経済環境に着目する。個別企業の視点では，香港の代表的産業で事業活動をする有力な華人企業を対象に，華人の持つ特有なネットワーク，華人企業家の創造性に着目しながら，企業としての戦略構築とのダイナミックな関係に着目する。研究対象は，最大手である長江実業集団とする。同社は，香港企業の中では最上位であり，コングロマリット型の企業グループを形成し，香港経済の発展に沿いながら事業発展しており，その過程で英国企業を買収して傘下に収めたり，中国への事業展開も積極的に行ったりしている。そこで，香港華人企業の代表事例として長江実業グループを対象として，香港の経済環境下における香港華人企業の経営戦略と，香港華人企業家のネットワークが企業の経営活動にどのような稼働・活用されているかを検討することで，華人企業が香港経済の発展をうまく自社の発展に取り込んでいる姿を明らかにする。

ここまで見てきたように，本書の最大の特徴は，中国のWTO加盟以来，特に世界金融危機以降，中国の産業政策の調整と中間層消費市場の台頭により，在中企業をめぐる経営環境の変化を分かりやすく紹介したうえで，日本などの先進国企業と中国ローカル企業の中国市場変化に対する戦略の再構築を解明することにある。さらに，中国の地方市場を起点に，中国全土に事業展開し始めた特色ある中国系企業の戦略動向も注目される。

本書の執筆と出版に当たって，われわれは多くの方々のお世話になった。まず，中国での実態調査にご協力いただいた日中双方の企業などの関係者の皆様に，お礼を申し上げたい。企業関係者の皆様が調査にご協力くださったおかげで，新興国市場に対する企業のビジネス戦略に関する本書が刊行できた。さらに，このような実証研究には，旅費や研究会開催費など多大な研究費が必要となる。文部科学省科学研究費，立命館大学研究推進プログラム（基盤研究，科学研究費連動型），立命館大学経営学部基盤研究助成，立命館大学国際地域研究所の研究会助成を受けて，現地調査を行ったり，国内外の研究者を招聘した研究会を開催したりすることができた。なお，本書は「立命館大学学術図書出版推進プログラム」の出版助成によって実現された出版物である。最後に，刊行に当たって，信山社の袖山貴さんと稲葉文子さんには，多面のご支援をいただいた。心から感謝の意を表したい。

2011年11月に38歳の若さで逝去された東京大学大学院経済研究科の天野

は し が き

　倫文先生は，「中国市場ビジネス戦略研究会」での講演に続き，本書の執筆予定者の一人であった。研究会での講演は，新興国市場に対する企業のビジネス戦略に関する本研究の遂行に多くの示唆を与えた。本書の刊行に当たって，天野先生に謹んで心よりの哀悼を捧げたい。

　　2012 年 9 月

編者　陳　　　晋
　　　守　政　毅

目　次

はしがき

第1部　産業政策と消費市場の変化

第1章　中国の市場変化と企業の開拓戦略 ……………… 陳　　晋…3
　　Ⅰ　問題の提起　(3)
　　Ⅱ　中国市場の変化　(4)
　　Ⅲ　中国市場での開拓戦略　(10)
　　Ⅳ　ローカル企業と人材への再認識　(13)
　　Ⅴ　課題と展望　(17)

第2章　日系企業と中国社会の共生共存に向けて ………… 劉　慶紅…21
　　Ⅰ　はじめに　(21)
　　Ⅱ　「和諧社会」における企業の社会的責任に対する差し迫った必要性　(24)
　　Ⅲ　中国における日系企業の社会貢献活動の実態　(28)
　　Ⅳ　中国における日系企業の社会貢献活動の課題考察　(34)
　　Ⅴ　まとめ　(37)

第3章　中国の自動車産業政策と市場動向 ………………… 呉　保寧…39
　　Ⅰ　景気刺激を目的とする新規導入の中国自動車産業政策　(39)
　　Ⅱ　景気刺激政策の中間調整と市場反響　(47)
　　Ⅲ　景気刺激政策の終了とソフトランディング　(52)
　　Ⅳ　新エネルギー車関連政策と市場動向　(54)

第2部　IT・自動車・工作機械市場と企業のビジネス戦略

第4章　中国スマートフォン市場の急成長と「ビジネス・エコシステム」 ……………………………………… 中川　涼司…69

目　次

　　I　本章の課題 (69)
　　II　中国における第3世代移動通信サービスの展開と
　　　　スマートフォンの普及 (71)
　　III　ビジネス・エコシステムの概念と移動通信産業分析 (78)
　　IV　中国移動通信市場におけるビジネス・エコシステム (80)
　　V　まとめとこれからの展望 (92)

第5章　中国自動車市場と日米欧韓中企業の戦略 ……………… 陳　　晋…97

　　I　はじめに (97)
　　II　ボリュームゾーンの拡大と政府の小型車奨励政策 (99)
　　III　部品調達の現地化と欧米中系企業の中間層戦略 (103)
　　IV　市場変化に対応する日韓系企業の戦略差異 (109)
　　V　おわりに (113)

第6章　中国市場における勝ち組の組織間協業の
　　　　ポジショニング戦略 ……………………………………… 朴　泰勲…117

　　I　はじめに (117)
　　II　組織間協業に関する先行研究レビュー (118)
　　III　分析の枠組み (120)
　　IV　事例研究対象 (122)
　　V　事例分析結果──協業型開発と分業型生産 (131)
　　VI　まとめ (133)

第7章　金融危機後の工作機械産業と日中企業の競争戦略
　　　　……………………………………………………………… 韓　金江…137

　　I　本章の背景と視点 (137)
　　II　中国の工作機械産業の発展状況 (139)
　　III　切削型工作機械業界の現状 (142)
　　IV　主要中国企業の現状と経営戦略 (147)
　　V　日本企業の中国戦略 (154)
　　VI　中国市場をめぐる日中企業の戦略転換 (161)

目　次

第3部　地方市場と地方企業のビジネス戦略

第8章　中国における内発型産業集積の発展プロセスと企業の競争力 ……………………… 林　松国…169

- I　はじめに (169)
- II　瑞安市における自動車部品産業集積形成の歴史的背景 (170)
- III　調査企業の概要 (172)
- IV　自動車部品産業集積の各階層における企業の成長戦略と競争力 (179)
- V　「温州モデル」の発展プロセスの再検証
  ——自動車部品産業集積から示唆されたもの (186)
- VI　おわりに (190)

第9章　中国電動二輪車メーカーの成長戦略 …………… 斯　飛玲…193

- I　はじめに (193)
- II　電動二輪車業界の発展背景と概況 (197)
- III　創業と初期発展 (1997〜2002) (199)
- IV　学習期と管理強化 (2002〜2006) (204)
- V　安定成長期と製品革新 (2006〜) (210)
- VI　おわりに (212)

第10章　香港の経済環境における華人企業グループの経営戦略 …………………………………… 守　政毅…217

- I　はじめに (217)
- II　香港の経済環境 (220)
- III　香港華人企業の経営戦略とネットワーク
  ——長江実業グループのケース—— (229)
- IV　おわりに (240)

事項索引 (245)

中国市場ビジネス戦略

第1部
産業政策と消費市場の変化

◆第1章◆
中国の市場変化と企業の開拓戦略

陳　晋

I　問題の提起

　アメリカのリーマン・ショックに端を発した金融危機以降，欧米先進国は財政危機や失業に喘ぎ，日本国内経済は円高，デフレ等の構造不況による市場の縮小から脱却できていない。そのような状況の中，中国をはじめとする新興国は堅調な経済成長を果たしており，富裕層に続いて，中間層[1]の消費市場も急速に拡大している。米大手経営コンサルティング会社のA.T.カーニーがまとめた「2011年度海外直接投資先信頼度」調査でも，中国はサービス産業の成長を背景に2002年から首位を維持している（表1-1参照）[2]。
　成長が著しい中国市場に対し日本企業は，3.11東日本大震災・津波の影響もあり大企業だけではなく中小企業を含め中国進出にさらなる加速を見せている。社長100人へのアンケートで2012年の主な経営課題を聞いたところ，「新興国など海外事業の拡大」をあげた経営者が70.8％と最も多く，中国への設備

---
[1] 富裕層と貧困層の間に位置するとされる。世帯収入や消費規模などで測る方法があるが，貧困層のような明確な定義はない。世界の趨勢を絶対的な数値で測るか，それぞれの国で基準を分ける調査もある。
[2] 同調査は27カ国17業種の企業の直接投資の責任者を対象に2011年10月に実施し，世界68カ国の投資先としての魅力を聞いた。上位25カ国のうち，新興国が半分を占める。

第1部　第1章　中国の市場変化と企業の開拓戦略

表1-1　2011年度直接投資先の信頼度

1(1)	中国	7(24)	シンガポール
2(3)	インド	8(10)	英国
3(4)	ブラジル	9(20)	インドネシア
4(2)	米国	10(21)	マレーシア
5(5)	ドイツ		…
6(7)	オーストラリア	21(圏外)	日本

(注)カッコ内は2010年度調査の順位
出所：『日本経済新聞』2011年12月8日付。

投資にも積極的（5割近く）で，中国市場を中心に攻勢を強める構えである[3]。
　一方，世界金融危機以降，欧米市場は不景気に陥り，回復が遅いだけではなく不安定さも増している。これに対し，上述のように中国の市場は引き続き成長し，特に中間層の市場をいかに開拓していくかが企業にとって最大の関心事になりつつある。ところが，急速に展開するこうした現実に対して，中国市場のビジネス戦略を立体的・動態的に把握する分析は少ない。こうした中国市場における外部環境の変化と企業戦略の変化に対して，新しい視角から分析する必要がある。
　そこで本章では，中国市場のビジネスを立体的・多面的・動態的に把握するために，その質的な変化に着目し，自動車，機械，家電，IT分野などの製品や産業構造・市場構造の多様性を解明することを主たる目標とする。中国市場の最新動向と多国籍企業戦略の変化，特に中国の中間消費層の分析を行い，日本企業の中国市場開拓に新しい視点を提供したい。

II　中国市場の変化

2.1　世界の工場から世界の市場へ

　アジア・中国の発展は，輸出を伸ばすことで達成されており，発展メカニズムの中核に位置しているのが輸出志向工業化である。輸出で稼いだ外貨を先進国からより高い技術を導入するための投資に使用し，再投資による生産が次の輸出を生む，という循環である。この循環のもと，生産ネットワークは日本，中国（香港も含め），韓国，台湾，ASEANを含めた東アジア地域が世界で一番

---
[3]　『日本経済新聞』2011年12月27日付。

Ⅱ 中国市場の変化

発展していたため，世界の工場と言われていた。

東アジア地域の中でも特に，21世紀に入ってからの中国の経済成長は急速である。名目の国内総生産（GDP）でみると，米ドル換算で2001年1兆3248億ドルだったものが2010年には5兆7451億ドルと4.3倍以上増加した。この間，日本の名目GDPは4兆954億ドルから5兆3909億ドルと約1.3倍になっているが，これは円高の進行によってドル換算の数字が膨張したにすぎず，実質的にはほとんど伸びていない。2010年には，中国のGDPは日本を追い抜いて米国に次ぐ世界第2位に躍り出た。

こうした中，世界の工場と言われた中国は経済成長に従って，現在世界の市場にもなってきている。中国でも携帯電話やテレビ，冷蔵庫，オートバイ，さらに自動車を持っている人たちが爆発的に増えている。アメリカで起こった2007年のサブプライムローン問題，08年のリーマン・ショック，ヨーロッパで起こった2011年の金融危機により急速に縮小し停滞していた欧米市場と対照的に，中国市場は新興市場として拡大しつつある。

中国市場の拡大に伴って，日本の中国市場への依存度は一段と高まっている。財務省が2011年1月に発表した10年の貿易統計によると，輸出と輸入を合計した貿易総額のうちアジアの比率は51%となり，初めて5割を突破した[4]。その内，中国が貿易総額の20.7%を占め，10年も日本最大の貿易相手国になった。このような流れもあり，アジアの貿易総額の比率はこれまでの10年で約10ポイント高まった。対照的にアメリカの比率は12.7%と10年間でほぼ半分に低下している。しかし，10年の輸出と輸入を合わせた日本の貿易総額は前年に比べて21.2%増加し，リーマン・ショックの影響で低迷した2009年（33.9%減）と比べると日本の貿易は復調してきた。これらのデータから，牽引役になっているのは高い経済成長が続く中国を中心とするアジアであると言える。

2.2 中間消費層の拡大

中国では途上国の課題であった貧困層が急速に減少し，いわゆる中間層の人口が急速に増える現象が起きてきている。すなわち，単に平均所得が上っていくだけではなく，中間所得層が爆発的に増えているのである。所得水準の高い都市生活者の増加，さらに農村部の着実な所得増加によって，中国全体での貧

---

[4] 『日本経済新聞』2011年1月28日付。

困層の比率は低下してきた。1日2ドル以下の所得しかない貧困層の人口比率は中国では2005年の36.3％から急速に低下し，10年には18.2％へと5年で半減している。同じように経済成長の著しいインドの貧困層率が05年に75.6％，10年に69.5％と低減テンポが鈍いのと比較すれば，中国の所得水準がいかに急ピッチで上昇しているかが分かる。

　所得水準の上昇に伴って高額の商品が購入対象に入ってきた。住居，家電，高級食材など幅広く市場が拡大しているが，さらに象徴的なのが，自動車の国内需要の増加である。一般の乗用車のほかに，トラックや営業車も販売台数が増加してきた。中国の自動車生産台数が2000年の世界8位から09年に世界一になり，それと同時に販売台数も世界一になったことからも，自動車市場の拡大がはっきりとうかがえる。

　図1-1は，中国市場のピラミッド構造と，BOP（Base of the Pyramid＝貧困層）市場，MOP（Middle of the Pyramid＝中間層）市場，ならびにTOP（TOP of the Pyramid＝富裕層）市場の3層との大まかな対応関係である。

図1-1　中国市場のピラミッド3層構造

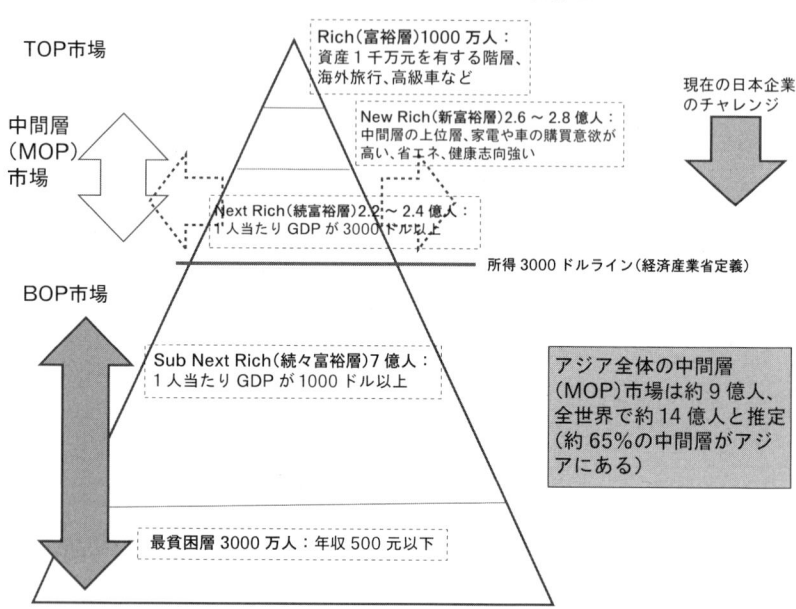

出所：吉村章（2009）と天野倫文（2009）による

吉村（2009）の中国市場の階層構造区分を参考にすると，MOP市場は1人当たりGDPが平均3,000ドルライン以上の続富裕層と年収がそれより上の新富裕層が対象となり，日本企業が市場浸透の対象としている中間層市場がこれにあたる。中国では，続富裕層が2.2～2.4億人，新富裕層が2.6～2.8億人いると言われている。なお，アジア全体の中間層市場は約9億人で，全世界の約65％を占めていると言われている。

2.3 政府の内需拡大と消費奨励政策

　欧米発の世界経済危機に対応するため，中国政府は景気のてこ入れや投資事業の認可を急加速し始めた。リーマンショック以降，先進国の経済が低迷すると中国からの輸出も縮小することを予測し，中国政府は4兆元（約60兆円）投資の経済対策（2008年11月～2010年12月に実施）を打ち出した。主に交通・農村インフラ，震災復興，安価住宅建設，イノベーション，環境，医療・衛生・文化・教育などの分野に投入し，就職機会の拡大など内陸・農村の振興を更なる促進した。

　4兆元投資の経済対策により，中国経済は速やかなV字回復を実現した。また，農村部の一人当たり所得や支出は都市部と3倍の差があるものの，農村部のGDP成長率は都市部を超えるものとなった。内陸部や農村部の成長が加速したことで，沿海部と内陸部，都市部と農村部の成長スピードが逆転し，乗用車や家電製品などの販売は大都市から中小都市へ，沿海発達地域から西部開発地域へ行けば行くほど伸び率が高くなる，という現象が起きている。

　4兆元投資の経済対策を実施すると同時に，中国政府は2009年1月から順次主要10大産業（鉄鋼，自動車，繊維，設備製造，造船，石油化学，軽工業，非鉄金属，電子情報，物流）の調整振興計画も推進している。自動車産業や家電産業に対しては，「汽車・家電下郷（自動車・家電が農村へ）プロジェクト」を2009年3月から実施した。具体的には，自動車や家電への買い替え・購入等について，購入額の13％を補助する。また，「以旧換新プロジェクト」も2009年6月から実施し，都市の自動車や家電の買い替え需要を喚起しつつ，省エネ，環境に配慮して，排ガス規制を満たしていない自動車からの買い替えに対しては購入税額を上限に補助し，家電（薄型テレビ，冷蔵庫，洗濯機，エアコン，パソコン）価格の10％を補助している。

　また，中国政府は2009年1月から1年間「小型車減税政策」，すなわち排

気量 1.6L 以下の小型車を対象にした自動車取得税の減税措置を導入した。税率を本来の 10% から 5% に下げたのである。乗用車の購買層は 21 世紀に入ってから急速に中間層に拡大し，価格的に中間層の手にも届く小型車の販売拡大が目立っているのである。とりわけ 08 年の世界金融危機以降は，政府の小型車購入奨励政策もあり排気量 1.6 L 以下の小型車の販売が急増し，乗用車販売総台数の 7 割にまで拡大している。

更に欧州の金融危機に対応するため，中国政府は 2012 年 5 月に大規模投資や工場建設などの投資認可を加速する方針を表明した。加えて，中国人民銀行（中央銀行）は直ちに預金準備率を引き下げて金融緩和を強化している。政府も省エネ家電の補助への財政投入を決め，投資加速も打ち出した。12 年の投資計画を 6 月末までにまとめ，融資増予算執行を早め，融資増で企業の設備投資を促すとしている。政府が認可した 110 件余りの中では 4 年間も差し止められていた広東省の製鉄プロジェクトも認可された。風力発電建設，海外での投資など認可を受けた事業内容は多岐にわたる[5]。

2.4 新興国市場開拓に対する研究

日本などの先進国企業が成長著しい新興国市場を相手にビジネスを展開する際まず課題となるのは，これまで本国で培ってきた製品やビジネスモデルが所得水準などから見れば下位の新興国市場において必ずしもそのまま受け入れられるわけではない，という点である。これに関して伝統的な多国籍企業論では，先進国の本国側の優位性が強調され，本国から経営資源などの優位性の源泉が移転するとされてきた（Hymer, 1960；Kindleberger, 1970；Teece, 1981）。さらに，現地子会社の主体的な役割やイニシアティブに関する研究も進められてきた（Ghoshal and Bartlett, 1988；Birkinshaw, 1997；Nobel and Birkinshaw, 1998；椙山，2009）。しかしそこでは，経営資源の移転がスムーズに進めば，海外市場で競争優位性を発揮できると想定しており，経済格差からくる新興国の市場条件や資源条件の違いを議論の中心には置いていなかった。

これに対して，ハーバード大学のクリステンセンは，持続的技術と破壊的技術という 2 つの概念を導入している（Christensen, 1997）。リーダー企業は既存顧客との関係を重視して，メインストリームの製品パフォーマンスを改善す

---

[5] 『日本経済新聞』2012 年 6 月 1 日付。

Ⅱ 中国市場の変化

るため持続的技術への開発投資は積極的に行うが，メインストリームの製品パフォーマンスを一時的にではあるが低下させる破壊的技術への投資は行いにくい。むしろ，メインストリームの顧客関係との制約が少ない新興企業が破壊的イノベーションに積極的に対応するインセンティブを持つと指摘している。

従来，多くの先進国企業にとり，後発の途上国市場は先進国市場の補完的市場という位置づけにあり，先進国市場で築き上げた製品ラインからローエンドのものを選択したり，それらを低機能化して持ち込むなどしてきたが，それらは現地市場の市場特性をもとに企画されたわけではなく，販売や生産，調達の方法も，上位市場で構築したものを，多少の修正を加えて持ち込むに留まることが多かった。こうした製品やビジネスモデルは，途上国市場では一部の上位市場に受け入れられるものの，全体の市場シェアは伸び悩んできた。

特に深刻な問題は，先進国市場において先発企業が自国市場で競争優位を築くために開発競争で鎬を削り差別化競争を展開すればするほど，新興国の中間層市場への対応に十分な経営資源を割くことができず成長市場でシェアを獲得することが困難になるという点である。その結果，先発企業は当初市場で競争優位を築いたとしても瞬く間に後発国企業に市場シェアを逆転されてしまうと

図1-2 新興国市場戦略のジレンマ

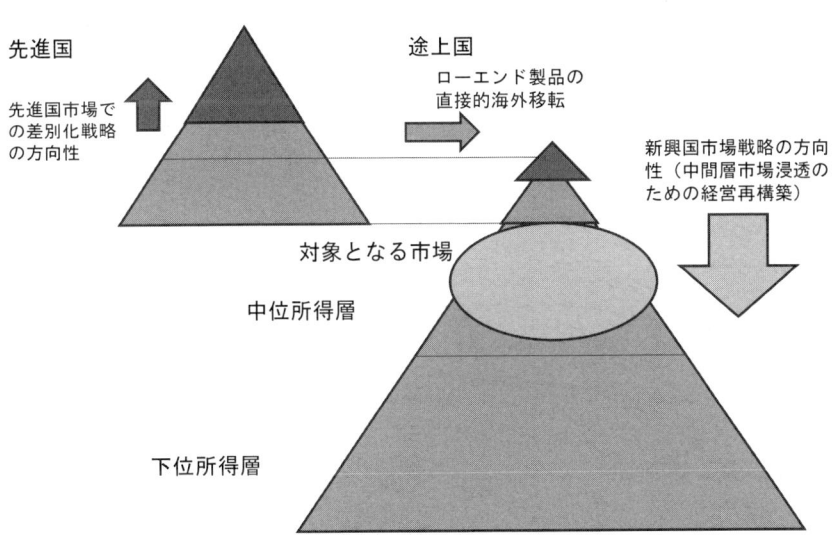

出所：天野倫文（2009）による

いう事態が起きてしまう。こうした現象は，先進国企業にとっての「新興国市場戦略のジレンマ」（図1-2参照）と言いうる（天野，2009）。

　最近の研究（新宅，2009）によれば，日本企業が新興国市場を開拓する際，技術力だけでは決して成功できず，その市場をよく理解することが重要であると言及されている。その上で，技術，製造，販売を統一したビジネスモデルでつなげていくことが求められる。例として，新興国市場では日本製品の「過剰品質」問題がしばしば指摘される。つまり，日本製品は現地市場で求められる品質レベルよりも高すぎる品質を提供しており，それが高すぎる価格の原因となっているという問題である。これにかんがみて，日本企業が新興国市場を開拓するために必要な製品戦略について，①ボリュームゾーンの「適正品質（機能）」に基づき，低価格製品を開発する，②高品質（高機能）に基づく価値を顧客に対して訴求し，市場を創る，③製品開発の現地化を進め，現地市場で必要とされる機能と不必要な機能を選別する，という3つの選択肢を提言している。

III　中国市場での開拓戦略

3.1　リッチ層（富裕層）への戦略対応

　中国経済の急成長にともない，その富裕層も急速に拡大している。その人々は短期間に成金となった金持ちが多く，富を衒う傾向が強い。金持ちの身分を示すために，先進国と同レベルの所得層よりお金を惜しみなく高級ブランド品などにつぎ込んでいる。ベンツやBMWなどの高級車の中国市場における販売量は年々増加しており，極端な例としては，日本で1個100円の日本産富士りんごを，北京の日系スーパーにおいて2000円で販売しても毎日完売するといったほどである[6]。この富裕層に対して，日本企業は自分が持っている高品質（高機能）に基づく価値を顧客に対してもっと訴求すべきである。

　中国富裕層の好みに合わせて商品を開発すると同時に，自社ブランドのイメージアップも不可欠である。例えば，ダイキンは1990年代の後半から中国市場で他社との差別化を図るため，室内機を天井に埋め込んで室外機とつなげるカセットタイプのエアコンの製造・販売を開始した。徹底的に中国市場のマーケティングを行い，中国の現状に合わせて製品の性能改善や商品再設計を

---

[6]　2010年春，北京での聞き取り調査による。

Ⅲ　中国市場での開拓戦略

進めた。また顧客の購買意欲をかき立て，需要を掘り起こすために，潜在的ユーザーに対して自社製品の先進性と高級感を積極的に宣伝する直属の営業部隊—SE（セールスエンジニア）を編成した（陳，2007）。SEは，新しい開発地域の高級マンション，レストラン，ショッピング・センターや図書館に行き，まず提案活動を行った。営業活動を通じて一つ一つ提案し，ユーザーの要求を聞き取り，設計部門がユーザーの要求にこたえていく。また，定期的にユーザーを集めてセミナーを開き，ダイキン製品の性能，特徴などを説明する。こうして，上海周辺の市場では「ダイキンエアコンは空調のベンツだ」というイメージが作られた。

　TOTOは中国で販売する商品の5割を占める衛生陶器に加えて，水栓金具や浴室の商材も増やして，富裕層の需要を取り込んでいる。大型ショールームを2013年3月期に，11年3月期現在の11カ所から5割増の17カ所程度に増やす他，建材店などに商品を納入する販売代理店を2012年春までに2割増の500社に増やす。現在は北京や上海，深センなど主要都市にショールームを開設しており，今後は内陸部の中規模都市にも展開する。中国では顧客が自分で建材を購入するのが一般的なため，小売店への納入経路を広げ消費者への訴求力を高める。このような販路拡大の結果，温水洗浄便座「ウォシュレット」の11年3月期の販売量は2007年3月期の2倍に増え，12年3月期には2・8倍に拡大する見込みである[7]。

3.2　中間層の上位層（新富裕層）への戦略対応

　中国の中間所得層は2008年で5億人以上と，日本の人口のほぼ5倍に達している。しかも，中国の経済成長に伴い，その数は急速に拡大している。日本に比べると所得水準は低いが，買い替えが主体の先進国に代わり世界消費の牽引役に育ってきた。中間所得層は富裕層のような高級ブランド品への執着はないが，決して安かろう悪かろうの商品には満足できない。この市場に対応するため日本勢は中国で開発・生産の現地化を加速し，市場開拓で先駆けすでに高いシェアを握る韓国，台湾や中国企業に対抗している。そこで，製品開発の現地化を進め，現地市場で必要とされる機能と不必要な機能を選別することが急務である。

---

[7]　『日本経済新聞』2011年9月10日付。

第1部　第1章　中国の市場変化と企業の開拓戦略

　韓国系の現代自動車は，2000年代中期以降の中国自動車市場変化に対応して，従来の中型車中心の車種政策を小型車中心へといち早くシフトし，中国市場向けの新型車開発に力を入れてきた。08年4月に発表された「エラントラ悦動」（排気量1.6L）は，中国市場のために中国人の好みに合わせて設計し，ホイール・ベースを多少伸ばし，車体を拡大し，ボディタイプも一新した。販売価格を外資系他社の同型車より大幅に安い9.98万元に設定し，高いコスト・パフォーマンスで人気車種になり，2009年には中国市場のセダン販売量で上位第4位に入った（陳，2012）。

　日産自動車は派手好きの中国人が好む，立派に見えるような高級感を内外装で出すように意識している。また，自分の車に友達を乗せて自慢したい中国ユーザーの特徴に合わせて，小型車「ティーダ」や小型セダンの「シルフィ」も後部座席が広々としており，排気量が小さくても外見は大きく見えるように設計し，中国で大ヒットしている。販路も上海や広州など沿海部の大都市だけではなく，2級都市3級都市と呼ばれる地方都市で出店を加速している[8]。

　パナソニックはアジアなど新興国市場向け専用家電の開発・販売に乗り出し，2012年度までに，現地の生活様式や商習慣に合わせて機能を絞り込んだ家電20品目以上を相次いで投入している。中間所得層の急増に対応し，価格を既存商品に比べ2～5割程度安くした普及価格帯商品で攻勢をかける[9]。中国では杭州のR&Dセンターと上海の生活総合研究センター，営業部により，市場調査専任のローカルスタッフを組織化し，中国人ユーザー（主婦）の目線に立った現地家庭の市場調査や商品企画の提案を実施している。ソニーや東芝など他の電機大手も中国で事業拡大を急いでおり，日米欧向け商品を軸に世界市場を開拓してきた従来戦略の転換が進んでいる。

3.3　中間層の下位層（続富裕層）市場への戦略対応

　中間層の下位層には家電や自動車など日本商品に対する知識の少ない者が多く，平均収入は中間層の上位層より低いので，求める商品の価格帯も上位層より低いと考えられる。すなわち，中間層の下位層消費者は性能も重視するが，価格を最重要視した購入になりがちだと言える。日本企業は中国など新興国市

---

[8]　『日経ビジネス』2010年6月28日付90～93頁。
[9]　『日本経済新聞』2011年9月10日付。

場を開拓する時に，製品の価格が高すぎる，製品の良さが理解されない，製品の仕様が現地のニーズからずれていると，しばしば指摘される（新宅，2009）が，中間下位層からの指摘はさらに強いだろう。それゆえに，この層の顧客に求められる「適正品質（機能）」に基づき，低価格製品を開発することが必要である。

　サムスン電子（携帯電話事業）は「品質はメーカー側が単独で決めるものではなく，顧客が選ぶもの」という考え方に立つ。グローバルを展開しているため，機能や品質のレベルをその国や地域の所得水準に合わせて変えている。そのため，同じスペックでも用いる部品を変えている。所得の高い市場には価格の高い部品を使い，所得の低い市場には安い部品を使う。ノキアも中国市場では低価格モデルで中国企業に対抗している。対抗策として，現地の製品開発センターを強化し，機能の絞り込みと品質設定を進めさせた。

　花王は2013年から中国で2～3割安い紙おむつや衣料用洗剤を順次発売する。紙おむつは先行する外資系メーカーの商品価格と同じ水準を目安に設定する。衣料用洗剤，生理用品は提携した上海家化連合公司の販売網を使い，中間所得層が急拡大する内陸部の開拓を急ぐ[10]。

　今までの日本企業の製品は，ほとんどがグローバルモデルであった。日本でも，アメリカでも，ヨーロッパでも，中国でも，共通に売れるモデルであった。しかし，それでは新興国中間層市場で売れなくなる。中国専用，特にその中間層専用モデルを開発しなければならない。開発費はかかるが，中国モデルがレファレンスになり，少し変更すればグローバルモデルになることもありうる。大手のメーカーが相次いで中国に出て，そちらで開発を展開しており，それを供給する部品の中国モデルもレファレンスになるだろう。

Ⅳ　ローカル企業と人材への再認識

4.1　ローカル企業との提携

　韓国，台湾，中国企業は日本など先進国企業のハイエンド製品と直接に競争することを避けるため，長年中国のローエンド市場を開拓し，そのビジネスノウハウを蓄積してきた。そのため日本企業が中間層市場向けのローコスト製品

---

[10] 『日本経済新聞』2012年1月17日付。

を開発・販売する時に，韓国企業，台湾企業，中国のローカル企業と組むことは1つの近道になりうる。ちなみに，GM，VWなど欧米の自動車メーカーは以前からも積極的に中国ローカルメーカーと組んで製品開発，部品現地調達を展開していた。

　ホンダが2000年以降，ベトナムやインドネシアのオートバイ市場で，安い中国製品に対抗して失ったシェアを奪回した1つの重要な要因は，現地の部品調達である。ローコストモデルのラインを強化するために，最初に中国製部品を搭載した。中国合弁相手の新大洲は中国メーカーの互換性流通部品をサーチし，こちらの品質基準に照合させて，使えるものから採用した。さらに，コスト競争力の確立に貢献したのは，域内での部品現地調達化である（天野・新宅，2010）。

　ダイキンは2008年に中国エアコン大手の格力との技術提携で，合弁企業を設立し，格力を機械，部品や原材料のコスト削減を学習する窓口とした（井上，2010）。また，中国のデバイス市場でも，それまでノンインバーターに集中していた部品メーカーがインバーターにシフトするようになり，安価で良質な部品が確保できるという効果も生まれた。中国市場において，ダイキンは中間層消費市場の拡大や内陸地域経済の高成長といった新しい変化に対応し，強いコスト競争力の獲得に力を入れてきたのである。

　トヨタ自動車は2011年10月，家庭用電源で充電できるプラグインハイブリッド車（PHV）など次世代エコカーの基幹部品の中国生産に向け，現地部品メーカーなどとの共同開発に乗り出した。トヨタは13年に中国でPHVや電気自動車（EV）を投入する予定で，現地企業と一体となった開発推進でコスト競争力を高める。日産自動車も12年初めに発売を予定する低価格な独自ブランド車「ヴェヌーシア（中国名・啓辰）」の開発を中国の現地部隊が担当し，一つ一つの部品の性能を中国の消費者向けに設計している。現地の部品を積極採用し現地調達率も100％を目指す。EVも同ブランドの専用モデルを現地で開発する[11]。

4.2　産業財の新興国ニーズ対応

　2008年の金融危機後，日本の製造業は「完成品の欧米向け輸出モデル」か

---

[11]　『日本経済新聞』2011年9月10日付。

Ⅳ　ローカル企業と人材への再認識

図 1-3　アジアと日本国内の工作機械市場の逆転

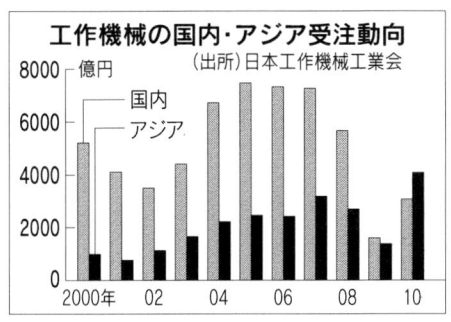

出所：『日本経済新聞』2011 年 9 月 10 日付 12 頁。

ら「産業財のアジア向け輸出」に転換した（図 1-3 参照）。従来，最大の輸出先であるアメリカへの輸出品は現在でも自動車など耐久消費財が 30％強を占めている。一方，東アジア全体への輸出は，資本財と工業用原料といった産業財が約 85％を占めている。中国は，いまや産業財の大きな市場となっている。例えば，通信用の光ファイバーでは世界の約半分，工作機械では世界の約 3 割の市場である。日本の産業財を中国に輸出して，その機械設備は中国国内で使われ，その工業用原料は完成品になって中国市場で販売されるのが主流になる。

　一方，デルファイやボッシュなど欧米系自動車部品メーカーは中国民族系企業への販売に注力している。工作機械で世界最大手のギルデマイスター（DMG）も中国向け低価格モデルを新たに開発して，現地生産で中国企業に売り込んでいる。また，電子部品分野では，これまで日本企業の輸出先だった韓国系企業が急速に競争力を強化して，台湾・中国企業への販売を強化しつつある（新宅，2010）。

　実は日本メーカーも長年中国メーカーに家電や自動車の基幹部品を供給していた。例えば，パナソニック，日立，東芝は中国のテレビメーカーにブラウン管を供給し，ダイキン，パナソニック，三洋，三菱電機，東芝は中国のエアコンメーカーにロータリー・コンプレッサーを供給し，三菱自動車，トヨタ自動車は中国の自動車メーカーにエンジンを供給していた（丸川，2007）。2012 年に，シャープは台湾の鴻海（ホンハイ）精密工業グループと中国で共同事業を始める。鴻海が四川省に建設する液晶パネル工場に，シャープが先端技術を供与する。日本の建機各社も中国市場依存度が高い。川重や KYB の 2012 年前

15

期は建機向け油圧機器の売上高の5割強を中国向けが占める。日立建機など日系大手だけではなく，三一集団など中国勢への部品拡販で収益を伸ばしてきた(12)。

　溶接機器大手，ミヤチテクノスの上海市郊外にある工場で，充電池製造などに使うレーザー溶接機の中国専用モデルの生産が2011年末に始まった。光源に使う結晶などは現地調達し，価格を日本で開発した製品の半分にし，安くて一定の品質でよいという中国企業に売り込む。プラント配管などの接続部に挟み込んで液体の漏れを防ぐゴム製パッキン大手日本バルカー工業は，日本で開発した製品が必ずしも中国で通用しないことに気がついた。中国の配管は接続面が日本のように滑らかでなく，日本のパッキンでは液体が漏れかねず，現地開発の必要性を痛感したという(13)。このように，産業財を相手先ニーズに対応させる重要性が明らかになっている。

4.3　人材の現地化と賃金コスト上昇への対応

　中国市場の分析する上で，人件費上昇についても言及する必要がある。2010年から広東省で吹き荒れた賃上げ要求デモは，連鎖的に中国各地に広がった。低賃金に甘んじてきた労働者がよりよい生活を求め，賃上げや待遇改善を求める構図は各地に共通する。

　中国の平均賃金は過去5年で2倍に上昇し，現地の日本企業の収益を押し下げている。日本経済新聞社がまとめた「中国進出日本企業アンケート」によると，2011年度に，前年度比2ケタ賃上げした企業は8割に上り，中国事業の利益見込みが10％以上減る企業は2割近くに達した(14)。中国現地法人で中国人社員の幹部登用がどの程度進んでいるかを聞いたところ，最上位ポストの「社長」以上が3割を超えた。「部長」以上まで広げると9割近い。採用・育成策では「日本での研修」が88％と最も多く，日本本社で採用し駐在員として中国現地法人へ派遣する企業も5割を超えた。

　中国の内需は今後も拡大が見込めるため，日本企業は人員削減ではなく工場の自動化への投資や現場の生産効率の引き上げでコスト削減を急ぐ。世界生産の4分の1を中国で作る日産自動車は，広州市の主力工場で溶接ラインの専用

---

(12) 『日本経済新聞』2012年6月2日付。
(13) 『日本経済新聞』2012年5月4日付。
(14) 『日本経済新聞』2012年5月3日付。

ロボットを増やし，機械化した工程数の比率を示す自動化率を現在の3割弱から5割程度に高める。12年に稼働する第2工場には最新の塗装設備を導入して省人化を進める。電子部品では中国に18ケ所の工場を持つTDKが，中国のアモイにある電子部品工場で，コイルを巻く工程に専用機械を導入し，自動化率を約7割にした。12年3月までに全工場の生産効率をリーマン・ショック前の2倍に引き上げる。世界生産の25％を中国で作るファスナー大手のYKKは，工場に自動搬送ラインの導入を進めながら，上海に技術研修施設を設立し，工場従業員の技能を高めて生産効率を引き上げている[15]。

これまで，日本企業の中国展開は，設計は日本，生産は中国，という単純な色分けになっていることが多かった。その前提は，中国では離職率が高い，チームワークで動ける設計者や作業者を確保できない，といった固定観念であった。しかし，中国の中には，産業平均定着率の比較的よい地域がある。こうした地域は，賃金水準に対して低い離職率，豊富な設計技術者の供給など，インテグラル製品に適した労働環境が存在する。日本企業は，こうした地域では，従来考えられていた日中生産・設計分業とは異なる形での企業内国際分業体制を構築することができる（藤本・陳・葛・福澤，2010）。

V 課題と展望

2008年の金融危機以降，日本企業は海外戦略の中心を停滞・縮小している欧米の先進国市場から，中国を中心とする新興国市場へ転換し，しかも急速に拡大している中間層市場を最も重要なターゲットとして開拓している。しかし，先進国市場で築き上げた製品ラインからローエンドのものを選択したり，それらを低機能化したりして持ち込む，というビジネスモデルは，新興国市場特に中間層市場では通用しなくなった。この状況下，新しいビジネスモデルの構築が求められている。

本章で見られたように，日本企業はすでに中国消費者のニーズを調査し，その好みを反映する専用商品の開発，部品の現地調達や生産現場のコスト管理の強化，中間層消費者を取り込む販売拠点の充実など，その市場の開拓に力を入れている。ただし，中国市場開拓で先行している韓国や台湾企業・欧米企業か

---

[15] 『日本経済新聞』2011年8月18日付。

第1部　第1章　中国の市場変化と企業の開拓戦略

ら，日本企業が学ぶべきことは多々ある，ということもまた事実である。特に，その中間層の消費者のニーズに対応し，最初は低マージンしか約束されていない低パフォーマンス製品の開発に投資し，破壊的技術による顧客価値創造を積極的に進めていくかどうかは引き続き日本企業の課題である。

　欧米市場は依然として混迷している中，成長し続ける中国市場は，地理的にも日本に近く，これからも日本企業の最も重要な市場であることは変わらない。その市場では幸か不幸か中間層という新興顧客群が急速に拡大している一方，労働者の賃金も急スピードで上昇している。こうした変化の中，日本企業はローカル企業と連携しながら，製品開発や部品調達の現地化，現地人材の大胆な起用と育成，生産効率の向上など，中国市場に対応する新しいビジネスモデルの構築を積極的に推進していくだろう。

〔参考文献〕

Birkinshaw, J. (1997). Entrepreneurship in multinational corporations : The characteristics of subsidiary initiatives, *Strategic Management Journal,* 18(3), pp.207-229

Christensen, C. (1997). *The Innovator's Dilemma,* HBS Press（玉田俊平太監修・伊豆原弓訳『イノベーションのジレンマ』翔泳社）

Ghoshal, S. & Bartlett, C. A. (1988). Creation, Adoption, and Diffusion of Innovation by Subsidiaries of Multinational Corporations, *Journal of International Business Studies,* 19(3), pp.365-388

Hymer, S. (1960). *The International Operations of National Firms: A Study of Direct Investment,* Doctoral Dissertation, MIT

Kindleberger, C. P. (ed) (1970). *American Business Abroad,* New Haven, Yale University Press

MARUKAWA Tomoo (2006) The Supplier Network in China's Automobile Industry From a Geographic Perspective. *Modern Asian Studies Review,* 1(1), March 2006, pp.77-102

Nobel, R. & Birkinshaw, J. (1998). Innovation in multinational corporations : Control and communication patterns in international R&D operations. *Strategic Management Journal,* 19(5), pp.479-496

Teece, D.J. (1981). The multinational enterprise : Market failure and market power considerations. *Sloan Management Review,* Spring, pp.3-17

天野倫文（2009）「新興国市場戦略の分析視角：経営資源を中心とする関係理論の考察」『JBIC 国際調査室報』3. pp.69-87

V　課題と展望

天野倫文・新宅純二郎（2010）「ホンダ二輪事業の ASEAN 戦略——低価格モデルの投入と製品戦略の革新」『赤門マネジメント・レビュー』9 巻 11 号

井上礼之（2010）「中国企業と組み，強みを持ち寄って『世界一』を目指す」『無限大』No.127, pp.10-15, 日本 IBM

椙山泰生（2009）『グローバル戦略の進化：日本企業のトランスナショナル化プロセス』有斐閣

新宅純二郎（2009）「新興国市場開拓に向けた日本企業の課題と戦略」『JBIC 国際調査室報』2. pp.53-66

新宅純二郎（2010）「『産業財』の競争力がカギ」『日本経済新聞』2010 年 10 月 1 日付，経済教室

陳晋（2012）「中国自動車市場の変化と日欧米韓中企業の戦略に関する比較分析——セダン販売上位グループメーカーを中心に——」『赤門マネジメント・レビュー』11 巻 4 号

陳晋（2007）『中国製造業の競争力』信山社

藤本隆宏・陳晋・葛東昇・福澤光啓（2010）「組織能力の偏在と日系企業の立地選択——大連における事例研究——」，『国際ビジネス研究』第 2 巻第 2 号（2010 年秋号）

丸川知雄（2007）『現代中国の産業—勃興する中国企業の強さと脆さ』中央公論新社

吉村章（2009）「つれづれなるままに思う中国」『アジア IT ビジネスジャーナル』3. pp.30-33

◆ 第2章 ◆
日系企業と中国社会の共生共存に向けて

劉　慶　紅

Ⅰ　はじめに

1.1　問題意識

　日中関係は「近くて遠い」と表現するのが一番適しているのではなかろうか。地理，文化，そして経済の観点では近いものの，政治，習慣，および思想の面では遠い。特に，第二次世界大戦の「負の遺産」は事実上，両国を引き離し，今日に至る中国の反日感情の引き金となった[1]。日本への印象は尖閣諸島の領有権問題や東シナ海の天然資源を巡る議論でさらに悪化している。2005年に起きた大規模な反日デモの後，反日感情は日系企業や製品にも影響を及ぼし，中国における日系企業の活動や貿易への将来性に懸念を生む結果となった[2]。中国メディアが大々的に報道した反日活動で日系企業のイメージは更に悪化する一方であった。このような要因により，海外でビジネス拡大を狙う日系企業

---

[1] 2007年だけでも日中間に500万人を超える労働者の行き来があったにも関わらず，両国間の関係はさほど向上していない。

[2] 2005年の春に起きたほぼ中国全域に渡る一連のデモ活動は，穏やかなデモから暴動に発展するものまであった。日本の歴史教科書改訂や日本の国際連合安全保障理事会の常任理事国入りの提案を含む数々の問題がデモ活動の引き金である。中国全土で，日本製品の広告看板や日本製品を扱う商店が被害に遭ったように，抗議者たちは日本に関連するビジネスを狙った暴動を引き起こした。皮肉にも被害の大部分は中国人の経営する商店であった。死者は出なかったものの，中国在住の邦人数名が負傷したと報告された。

は，中国社会主義市場という非常に政治色の強い環境と向き合うこととなった。
　反日感情は別として，中国は現在，文化大革命(3)以来の過去30年に及ぶ改革開放路線の根本的な見直しを必要とする国家戦略的な過渡期にある。改革開放路線は，一部の地域が先に経済発展することで最終的に全地域が共に豊かになるというものであった為，地域間の格差，市民間の貧富の格差を拡大させ，環境破壊といった体制矛盾を深刻化させた一面を持つ。これに対し，胡錦濤国家主席と温家宝首相は，経済発展の優先ではなく，むしろ社会的問題の優先に基づく政治的イデオロギーを展開させた。2007年10月の第17回共産党大会で示された「科学的発展観」は，人を主体として科学的・合理的な観点から中国全体の持続可能な均衡発展を図るというものであり，その前段階として2006年3月の第10期全国人民代表大会などで提唱された「和諧社会の建設」は，全市民が改革と成長の恩恵を享受できる社会を目指し，農村部や貧困層の生活向上，公平で秩序ある法治社会の実現などを主要な長期的課題としている。「和諧社会」とは，科学的発展観の追求に基づいて胡錦濤が提唱する代表的なイデオロギーの集大成と言われ，純粋な経済成長から社会的均衡と調和へと根本的な転換を促す国家戦略の旗印といえる。
　このように，中国が「社会主義計画経済」(4)から「社会主義市場経済」(5)，更に和諧社会へ発展したことに伴い，中国市場をターゲットとする日系企業は，中国の国内企業や他の多国籍企業との競争のみならず，意義ある社会貢献をすることで中国市場からの信頼を獲得し，中国における企業イメージの向上を図

---

(3) 1966年から毛沢東が死去する1976年まで続いた文化大革命は，広範囲に渡って社会的，政治的，および経済的な暴動と混乱を招いた中国共産党の政権闘争であり，結果的に内乱へ発展させるまで国を追いやることとなった。
(4) 「社会主義計画経済」は，「指令経済」「中央計画経済」または最も極端な表現では「指揮統制経済」と呼ばれ，中国政府がすべての主要な経済分野を指揮し，資源利用や所得分配に関わるすべての決定を下す体制である。一方，市場経済では，生産，分配，価格設定，および投資決定は，ステークホルダーの利益に基づいて，事業経営者が決定する。政府の指揮が比較的緩い計画経済は時に「計画市場経済」と呼ばれ，指示的計画を含み，それによって国家が補助金，交付金，および税金を利用しマクロ経済計画を支配する。
(5) 「中国的特徴を持ち合わせた社会主義」とも呼ばれる，いわゆる「社会主義市場経済」はベトナムと同様に中華人民共和国で実践されている経済体系である。この構造では，主要産業は国家が所有しているにもかかわらず，商品・サービス等の価格体系は市場によって設定される。社会主義とは異なり，政府は価格設定には介入せず，国有企業を優遇することもしない。

ることも余儀なくされた。消費者からの支持を獲得するには，日系企業は，中国への社会貢献によって良い企業として市民に受け入れられ，共生共存の関係を構築していくことが求められるだろう。

1.2 社会貢献活動の戦略的展開の重要性

社会主義でありながら市場経済を導入している中国において，企業の社会活動は近年，注目度が高まっているテーマである。特に，中国政府や社会から，企業の社会・公共的貢献を重視する動きが強まる傾向にある。中国における日系企業にとって，中国社会に存在するこれらの要求に対して何ができるかを考えることは，日系企業の中国進出の意義を改めて見直す重要なステップである。そのためには，中国の社会課題に対して，日系企業が事後対応ではなく，事前予測の視点から対応し，中国社会からの要求に十分に応え得る事業活動および社会貢献活動を戦略的に達成していく為の現地化戦略を再構築していく必要がある。その為にも，中国市場を目標としている日系企業は，社会性を企業価値基準とした，社会活動等を現地化戦略の重要な柱として，総合的視点から具体化していくことが求められる。

日系企業の中国市場での拡大における持続可能性を検討すると，いかに現地の環境に適合する経営基盤の構築を実現するかということも重要ではあるが，他方，現地企業としていかに中国社会に貢献し，良い企業として市民に受け入れられるかという非常に重要な現地化に関する課題があると指摘できる。なぜならば，日系企業が中国社会や中国市場からの信頼を獲得することによって，はじめて中国市民を消費者，顧客として囲い込むことができ，それによって効果的に新しい中国市場におけるビジネスを行えるからである。そして，社会的利益の追求を通じて中国社会の発展や市民生活の向上にどう利益還元を図っていくかが，日系企業に対する評価の基準のひとつになると捉えられ，さらに，このことが日系企業の新しい中国事業の成否を握るカギといっても過言ではない。

1.3 本章の構成

本章は，中国に進出する日系企業を主な対象として，中国における企業の社会貢献活動に焦点を当て，現状の問題点と今後の課題を明らかにする。今日のグローバル経済において極めて重要な位置を占めている中国では，継続的な経

済成長と環境問題の解決を含む安定的な社会発展の均衡の追求こそが政策的課題となっており，中国に進出する企業は，中国を生産拠点としてのみならず，製品・サービスの販路として市場や消費者の視点から捉え，幅広いステークホルダーとの信頼関係を構築することが求められるようになっている。

本章の構成は次の通りである。第一に，中国で起こっている社会的，イデオロギー的な変化，即ち，経済成長から広義的に捉えた社会構築を優先する根本的な転換を概括的に述べる。次に，筆者が行ったフィールド調査を基に，日系企業の社会貢献活動の実例を紹介するとともに，日系企業の社会貢献に関する現状の問題点と今後の課題を明らかにし，中国社会との共生共存に向けた「社会性」の視点に基づく戦略的社会貢献活動のあり方を提示する。

これまで中国市場における日系企業の研究については，社会貢献活動と中国の和諧社会の実現を結びつけた分析は殆ど行われておらず，本章は数少ない考察の一つである。

Ⅱ 「和諧社会」における企業の社会的責任に対する差し迫った必要性

本節では，まず，1949 年の中華人民共和国の建国以降における，中国国内の社会的，イデオロギー的な変化，即ち，経済成長から広義的に捉えた社会構築を優先する政策的な転換を概括し，今日，企業に求められる社会的責任のあり方について明らかにする。

2.1　経済から社会優先への政策転換

1978 年以降，改革開放政策が徐々に加速し，特に 2001 年の世界貿易機関（WTO）への加盟後，中国は劇的な経済成長を遂げてきた。「社会主義市場経済」[6]という独特な枠組みの下，中国では広範囲にわたる海外資本の導入を通じて急速な経済発展が達成された。

一方，年間約 10％の伸び率で経済成長を続ける中，中国においては貧富の差や地域格差の拡大，深刻な環境汚染等社会的問題も派生しており，それらを

---

[6] 社会主義市場経済は，1992 年 1 月の鄧小平による南巡講和の後，同年 10 月の共産党大会で確立された。これは 1978 年の改革開放政策に基づくものであり，本章では，1978 年を社会主義市場経済への移行開始時期と捉えている。

Ⅱ 「和諧社会」における企業の社会的責任に対する差し迫った必要性

きっかけとして，中国政府は「持続する着実な成長」[7]を掲げ動き出した。胡錦濤国家主席[8]の政権は，「優先順位をつけた経済建設」[9]の戦略を受け継ぐ和諧社会に向けたイデオロギー的目標を正式に採用した。

胡主席が打ち出したように，和諧社会政策の手段は，(1)都市と地方のより親密な関係を築くこと，(2)省エネルギーと環境に対する意識を持つこと，(3)異なる地域間の経済格差を橋渡しすること，で達成されなければならない。中国に進出している日本企業には，中国市場における効果的な競争のために，このような政策への理解は欠かせない。例えば，日本企業は都市と地方の関係が中国の交通インフラストラクチャー内の供給連鎖管理に莫大な影響があることを理解しなくてはならない。環境への意識は生産とリスク管理への影響を与える省エネ規制を必ずもたらすことになる。そして，経済格差の橋渡しは人事管理へ周到な注意を必要とするのである。

また，そのようなイデオロギー的転換によって引き起こされた激変は，日本企業にとってリスクと捉えられる一方，日本企業にとって成長した企業イメージを築く機会を提案しているともみれる。これらの変化への戦略的な対応，即ち，タイミングの動向を押さえ効果を測定することで，企業の経済目標達成の成否が決定するだろう。よって，中国において日本企業が社会的，政治的な政策変換への適応能力を高め，同時に，中国のイデオロギー的特質を見極め，現地経営を有利な方向に導くことは，この上ない重要事項なのである。

2.2 中国における企業の社会的責任の高まり

企業の社会的責任の概念は，近年中国で大きな注目を集めており，この現象

---

[7] 「持続する着実な成長」という政策は，輸出や海外直接投資という外需依存から内需拡大へと経済成長の駆動力の転換に努めることを中国政府が掲げたものである。

[8] 中華人民共和国の最高指導者だった江沢民の後継者である胡錦濤は，2002年以降中国共産党中央委員会総書記，2003年以降中華人民共和国国家主席，2004年以降中央軍事委員会主席を歴任している。国家主席就任後，胡錦濤は経済上の一定の支配力を修復し，政治改革にはおおむね保守的である。胡の在職中に世界に対する中国の影響力は強まったが，外交政策は前任の江沢民に比べて懐柔的ではないと評価されている。

[9] 1978年に鄧小平や共産党内の様々な実用主義者たちによって採用された「優先順位をつけた経済建設」は「中国の特色を持つ社会主義」の概念が基になる経済改革政策である。この政策の目標は中国経済の近代化を促進する為の剰余価値を作り上げることであり，当初の目標として，指令経済労働者や農民に動機を与え，指令経済では一般的な不均衡を排除し大幅な余剰額を作り上げることが掲げられた。

自体が世界の注目を集めている。企業の社会的責任が注目されるようになった主な理由は二つある。第一に，中国が世界の工場として生まれ変わったことから，欧米市場に占める中国製品の比率が増加している。これが逆に欧米基準の製品に支配されることになり，取引国は自国の製品の品質管理システムだけでなく，製造プロセスや方法を明らかにせざるを得ない。第二に，中国のWTO加盟は，欧米市場へ輸入するチャンスを模索していた中国が今後，人権や環境に関する様々な規則や規制に従わなければならないことを意味している。これらの国際的な基準に従う必要性は別としても，企業の社会的責任の流行と和諧社会のイデオロギーには，中国自体の社会的，経済的状況に適応する努力が反映されている。

　和諧社会に見られる独特な中国的概念は経済，社会，そして法的システムに向けた企業責任を強調している。日系企業に関して言えば，和諧社会の着想は一般的に社会貢献を含む企業活動に参加する重要性を指すと考えられている。最も明らかな所では，教育に恵まれない子供達のための学校建設や「希望プロジェクト」[10]のような募金イニシアチブに現れている。しかし，倫理的基準，組織的コンプライアンス，取引先管理，顧客満足，および従業員への評価等も関連してくるのである。これらはすべて企業が当然のことであると捉える傾向にあるため，改善に向けて働きかけるのは困難であるかもしれない。しかし，和諧社会は企業と政府両者にとって，雇用者の待遇を向上させ，健康的で生産性のある職場環境を培う必要性を象徴する言葉なのである。今までの偏った経済成長は富裕層に更に富を集中させ，その結果，出稼ぎ労働者等が政治的混乱を引き起こす原因となる恐れがあった。不平等が更に大きな社会不安を導くことになりかねないのは，中国特有の事情であり，かつ重要な懸念事項である。

2.3　持続する経済成長における企業の社会的責任の役割

　2007年に中国は労使関係，社会保障制度，環境保護のような基本的な社会問題の規則に向けた数々の重要な法律を公布した。これらの法律は中華人民共和国突発事件対応法，独占禁止法，中国労働契約法を含む。それにもかかわらず，これらの法律や規制の内容は施行後も，地方政府の裁量で解釈が変化して

---

[10]　「希望プロジェクト」は，1989年に創設された独立法人格を有する非営利社会公益団体である「中国青少年発展基金会」が，貧困地域の教育条件の改善や未就学児童の復学等を資金的に援助するために展開しているプロジェクトである。

Ⅱ 「和諧社会」における企業の社会的責任に対する差し迫った必要性

しまうケースが少なくない。

　2006年1月に改正された中華人民共和国会社法によって，管轄内にある国内企業と多国籍企業は企業責任の基準を課された。中華人民共和国会社法によれば，「企業としての経営活動を公約するには，企業は企業責任を負わなければならない」としている[11]。これは中国独特の規定で，中国の主として制限のない市場に存在する企業に，蔓延する特権の乱用を解決するための根本的な努力を反映している。

　企業の社会的責任の問題提示に加えて，中国政府，メディアおよびNGOは企業倫理や企業文化と同様に製品品質とカスタマーサービスに関しても注目している。政府，メディアおよびNGOは，責任感がある企業の姿勢を表彰する取り組みを始めている。数ある賞には「光明公益賞」，「最も責任感のある企業賞」，「最優秀企業イメージ賞」等が含まれている。このように，企業には技術革新や経営パフォーマンスの向上に加えて，社会貢献活動を行う為の動機が与えられている。社会貢献活動に積極的に取り組む企業では，企業ブランドの認知度も高まっており，その結果収益の増加につながっている。

　中国共産党が採りあげた和諧社会の建設を目指し，企業が全国のマスコミから社会貢献活動に積極的だと認識されることは以前に増して肝要である。社会貢献活動への積極的な取り組みは，企業と地域コミュニティとの理想的な関係を育み，現地での経営パフォーマンスの向上に有益であるだけではなく，潜在的投資家の関心を惹き付けて新たな投資を呼び込む為にも有効な手段である。中国で事業展開をする日系企業にとって，ニーズが具体化される前であっても，中国社会での必要性と潜在的なニーズに注意を向けることによって，自ら何ができるのか意見や考えを出し合うことが市場シェア拡大の為には不可欠である。社会的関心が企業の経営パフォーマンスの基準になったときに初めて日系企業は中国市場で優位な競争力を獲得するようになるだろう。

---

[11] 中華人民共和国会社法は2005年10月27日の第10期全国人民代表者大会の第18回常務委員会によって改正が採択された。改正法は2006年1月1日に施行された。

III 中国における日系企業の社会貢献活動の実態

　中国では，国家構築の過程で経済成長を重視してきたが，それによって生じた社会的問題に対処する必要性が自明となったことで中国政府はイデオロギー的転換を図り，重要な転機を迎えている。これを背景に，中国に進出している企業には，「社会性」を意識した社会貢献活動を行うことで中国社会との共生共存を図ることが求められるようになっている。本節では，社会貢献に関するフィールド調査を基に，日系企業の社会貢献活動の実態を把握するとともに，日系企業の社会貢献に関する現状の問題点と今後の課題を明らかにする。

3.1　フィールド調査の概要

　筆者は，2006年以降，北京および上海に赴き，現地企業の広報担当者に対するヒアリング調査（以下「フィールド調査」）を継続している[12]。フィールド調査は，日系企業が中国で行った社会貢献活動を促進するための取り組みを把握することを目的とし，これらの企業が行う社会貢献活動が現地での経営パフォーマンスの向上の為の積極的投資に当たるのか，もしくは支払わざるを得ないコストに当たるのか，企業の見方をより深く理解するためのものである。分析の確度を高めるため，フィールド調査では1990年代初頭から半ばまで北京及び上海周辺で業務を続けていた日系企業の中から対象を抽出した。

　フィールド調査では，近年，日系企業の現地化において社会貢献活動が重要な課題となっていることをふまえ，新しい事実の発見を目的に，主に以下の2つのキーイシューに関してヒアリングを行った。

　キーイシュー1：社会貢献活動をめぐってどのような取り組みを行ってきたのか

　キーイシュー2：社会貢献活動が積極的に中国社会にアピールしたのか

　以下，フィールド調査結果の主要部分を提示・分析する。

---

[12] 2006年の予備調査において、日系企業42社に対して「中国における日系企業のビジネス課題および社会貢献活動の実態」を調査した。その後、予備調査をフォローアップする目的で、日系電機メーカーを中心として調査を継続している。なお、本章は、2011年8～11月にかけて北京および上海に赴き、現地企業の広報担当者に対するヒアリング結果を踏まえ、考察する。

Ⅲ　中国における日系企業の社会貢献活動の実態

表 2-1　社会貢献活動事例の分野別分類

カテゴリ	項目	主な活動内容	実行会社数
環境 (18件)	緑化，環境美化活動	砂漠化防止のための植林・植樹活動	10
	環境保護活動	有害物質規制，廃棄物処理	5
	技術援助	環境技術開発援助	3
福祉 (22件)	障害者支援	障害者団体への寄付金拠出	10
	貧困地域の支援	自治体や保護施設への資金援助	6
	医療支援	医療設備の提供，献血	4
	慈善寄付	災害被災者援助のための寄付	2
教育 (30件)	奨学金等の提供	奨学金支給，研究助成	11
	教育施設等の寄付	希望プロジェクト (Hope Project) をはじめとする小学校建設，設備・教材・学用品・スポーツ用品等寄付	10
	日本語人材育成	日本語弁論大会等への協賛	6
	その他ボランティア活動	ビジネスモデルや技術分野のコンテスト等開催・協力	3
文化 (10件)	文物保全への協力	TV番組の提供，長城修復寄付	5
	音楽会等公演の開催，協賛	コンサート，音楽祭等の公演	3
	青少年交流活動の支援	囲碁，弁論大会，書画コンクール等	2

出所：フィールド調査結果に基づき筆者作成

① 　社会貢献活動の内容

　はじめに，日系企業42社に行ったアンケート調査の結果，有効回答のあった17社が2006年に行った社会貢献活動を分類したものを表2-1に示す。

図 2-1　社会貢献活動の分野

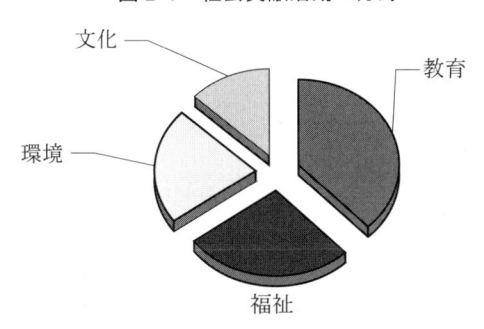

出所：フィールド調査結果に基づき筆者作成

29

調査の結果により，ほぼすべての日系企業が何らかの社会貢献活動を行っていることが判明した。社会貢献活動の活動分野は，教育，福祉，環境，文化等多岐にわたっている。

その中でも，とりわけ教育への支援活動（38%）が最も多く行われている。主な活動内容としては，中国の「希望プロジェクト」事業の支援が挙げられる。具体的には，貧困地区における小学校の建設，校舎の拡大，新しい校区の開設，中途退学者の復学支援などで，日系企業は以前から積極的に支援を行い，中国の「希望プロジェクト」の実施を推進してきたといえよう。それ以外に，日系企業は教育機構に奨学金を提供し，学生，大学院生を日本へ留学，研修で派遣することを支援している。また，福祉（27%）および環境（22%）への支援活動は，例えば，「水害被災者に対する救済寄付」，「新型肺炎の治療に対する援助」などが行われている。

表 2-2　社会貢献活動を行う理由

（上位2項目の複数回答）

	社会貢献活動を行う理由	割合
1	企業として当然すべきこと	33%
2	現地政府やNPOからの協力要請への対応	28%
3	良い企業イメージの為	20%
4	利害関係者との良好な関係	16%
5	その他	3%

出所：フィールド調査結果に基づき筆者作成

以上の結果から，次の事実が示唆された。第一に日系企業の社会貢献活動には，やや消極的姿勢が見られ，活動内容も一般的な社会貢献活動に終始しており，企業独自の積極的な活動の展開には至っていない。第二に，日系企業は地域社会との交流や様々な社会貢献活動を行っている事実を公開し，中国社会に積極的にアピールする必要がある。

② 社会貢献活動に出資する金額

社会貢献活動の中で日系企業が出資する金額に関して，回収された有効なアンケート17社から見て（図2-3参照），100万〜5000万円を出資する日系企業は最も多く，9社に達した。その次に100万円未満を出資した企業は4社ある。5000万〜10000万円を出資した企業は2社である。10000万円以上出資した日系企業は2社未満になる。

Ⅲ　中国における日系企業の社会貢献活動の実態

図 2-3　日系企業が社会貢献活動に出資する金額

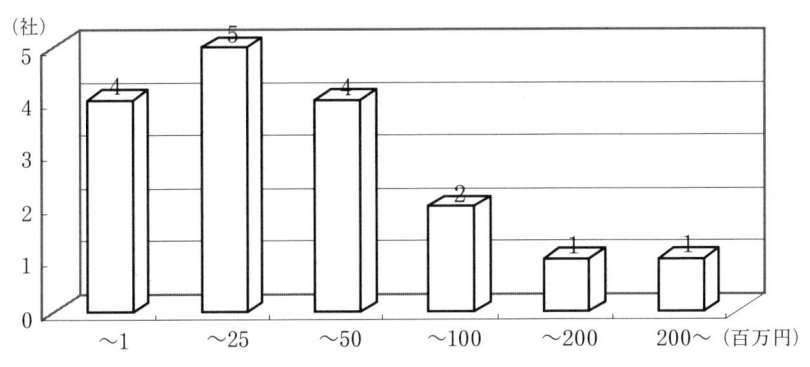

(社) ～1: 4、～25: 5、～50: 4、～100: 2、～200: 1、200～: 1 (百万円)

出所：フィールド調査結果に基づき筆者作成

　調査中に，ある日系企業の責任者は「金銭を費やさなく，両手で福利を創造する」ことも，とても重要なことと述べている。確かに，このような活動でも消費者にいっそう企業を認識させることができる。したがって，このような活動は将来日系企業が行う社会貢献活動の新しい傾向になるかも知れない。

③　社会貢献活動に展開する件数

　調査結果から見て，日系企業は中国でさまざまな社会貢献活動を行っている

図 2-4　社会貢献活動を展開する件数

(社) ～5: 7、～10: 5、～15: 4、～20: 0、20～: 1 (件)

出所：フィールド調査結果に基づき筆者作成

が，活動回数は依然として比較的に少ないことが分かる。17社の企業アンケートから見て（図2-4参照），社会貢献活動を5件以下だけ展開した企業が最も多く，全部で7社ある。社会貢献活動を10件以下展開する企業はかなり大きい比重を占めた。5件以下社会貢献活動を行った企業に対する調査によって，彼らが行っている活動は順次に奨学金の設立，「希望プロジェクト」の寄付と被災者救済などであった。大部分の日系企業が行う社会貢献活動は比較的に少なく，その結果，多くの中国の人々に「日系企業が中国での社会公益活動を始めたばかり」という印象をもたらした。しかし実際，多くの日系企業は1970，80年代からすでに中国に進出して，あらゆる社会貢献活動を始めていた。これらの企業は，その他の日系企業に社会貢献活動を展開するために牽引する役割を果たした。

3.2　フィールド調査結果の分析

日系企業の社会貢献活動の評価が中国政府，消費者など拡大されたステークホルダーを通じて現地経営に多大な影響を及ぼすようになり，企業パフォーマンスに無視することのできない影響を与えつつある。また，そのような状況のもとで，社会貢献活動のコストとベネフィットをどのように理解し把握するかが，日系企業の現地化戦略の上で大きな課題となっている。

以下では，中国における日系企業の社会貢献活動への取り組み事例を紹介し，実際に企業の現地経営にどのような影響を与えているのか検証する。

① ソニー

1999年以降，ソニーは中国教育部及び情報産業部と協力して，2年ごとに「全国大学生電子設計競技大会」を開催している。2003年の全国大学生電子設計競技大会には，全国426校大学から3039代表チーム・25000人が参加した。同大会への参加人数は年々増え，企業の知名度も高まった。中国のメディアもこのような活動を大きく報道した。

現在，工業技術企業を主として，各専門の学生に対する競技活動が開催され，それぞれの参加人数も次第に増えている。

② 松下電器（現・パナソニック）

1988年，松下電器（当時）は「松下奨学金」を設立した。松下奨学金の対象は，アジア各国の200名の学生で，そのうち，中国出身の学生が69名を占めた。また，上海復旦大学では各界で活躍する人材を対象に「松下講座」を催し

Ⅲ　中国における日系企業の社会貢献活動の実態

たなど，これらの活動を通じて人々に「松下企業」を認識させた。中国のメディアもこれら題材に関する報道をした。

　メディアの宣伝は企業のイメージを更に人々の心に植えつける。例えば，2005年11月～12月に，第一財経，中智公司，零点調査などの各メディアは共同で「2005年中国で最も影響力を持つ多国籍企業」の調査を展開し，ソニー，松下はそれぞれ第6位と第7位になった。特筆すべきは，2005年12月にソニーのデジタルカメラの3CCDの不合格事件で，ソニーは多くのメディアからマイナス報道を受けたにもかかわらず，ソニーの良好なイメージは消費者の心の中では大きく変化しなかった。

　③　東芝

　数年前，東芝は「東芝ノートパソコン事件」で企業イメージに大きな損害を及ぼした。今回の事件を総括した上で，東芝は企業体制を積極的な改善を行った。積極的に社会貢献活動を展開するのは企業体制改善の重要な要因となった。

　東芝は日系企業の一つとしての自らの地位を決めるのではなく，同時に中国に根を下ろし，多国籍企業として中国経済のために巨大な貢献をすることを目標としている。この目標を実現するために，東芝は強力な社会貢献活動を展開している。例えば，植樹造林，学校建設，奨学金の設立などが挙げられる。また環境保全基金の設立，テレビ番組やコンサートの支援などの方法で，企業イメージをごく自然に改善することに成功した。

　④　ダイキン

　ダイキン公司（会社，以下同）はまだ人々に熟知されていなかった時からすでに，中国との良好な関係を努力して維持し，積極的に中国社会と企業との交流を展開した。そして中国社会に存在する環境保全，省エネルギー問題の解決に力を尽くして，絶えずその製品開発を進める同時に，「従業員全体が共同で社会貢献活動を展開する」という目標のもと，現地との交流を促進してきた。

　例えば，北京で「児童環境研究班」を開き，定期的に現地の子供達と交流を行った。その他に，「最大限度にすべての身体障害者のエネルギーを発揮する」と呼びかけて，積極的に身体障害者の就業を援助している。身体障害者120人からなるダイキン公司の子会社「ダイキンSUNRISE」の設立がその一つの典型的な事例である。

　ダイキン公司は商品開発において，環境保全と省エネルギーに重点を置いている。2005年の下半期に，中国で有名ブランドの認証を獲得し，商標の名称

は「大金（ダイキン）」と称された。日系企業の中で，日産自動車，YKK に次いで，認証を獲得した三番目の企業となった。家電業界の中では第一社目の快挙である。

　今まで，日系企業は依然として「よい事をして名を残さない」ということをひとつの美徳として堅持して，社会にその社会貢献活動を宣伝しなかった。しかし，上述の四社の成功実例から見て分かるように，企業は中国社会で社会貢献活動を展開するだけではなく，同時に自分も社会責任を尽くさなければならない。その上，対外的な宣伝も必要で，現地社会と企業との良好な関係を作り上げてはじめて良い効果を得られる。

Ⅳ　中国における日系企業の社会貢献活動の課題考察

　フィールド調査の分析は，社会貢献活動への戦略的取り組みが企業パフォーマンスと密接に結び付いている可能性を示唆している。以下は分析結果に基づく解釈の要点である。

- これまで，中国における日系企業にとって社会貢献活動はコスト要因という考え方がなされてきた。しかし，近年は企業側の意識も，社会貢献活動を講じることは収益面でもプラスになる，あるいはマイナスになるとしても社会的責任として積極的に容認されなければならない，という方向に転換しつつある。企業の現地化推進の視点からみると，社会貢献活動がコストアップと考えられるが，社会貢献活動を実行することで，ステークホルダーから高い評価を得ることができ，中国市場でのビジネス成功につながっていくと予測される。
- 日系企業が地域社会との交流や社会貢献などビジネス行為にとどまらない様々な社会貢献活動を行っている事実を中国の人々が知る機会は非常に少ない。したがって，地域社会との交流や様々な社会貢献活動を行っている事実を公開し，日系企業は中国社会に積極的にアピールをする必要がある。こうした活動を積極的に推進していくことによって，日本に対する理解がさらに深まるものと考えられる。企業は社会貢献活動を行うと同時に，どのように自分を宣伝するかを考慮しなければならない。

　上記の解釈を踏まえ，前述した「光明公益奨」の評価基準である「一貫性」

Ⅳ 中国における日系企業の社会貢献活動の課題考察

「独創性」「参加度」を基礎として，日系企業が中国において，より効果的な社会貢献活動を追求するために求められる3つの段階を提示する。即ち，(1)地域コミュニティのニーズを反映（一貫性），(2)目的の明確化と適切な活動の選択（独創性），(3)企業コミュニケーションを通じて活動の実現を促進（参加度）である。

(1) 地域コミュニティのニーズを反映（一貫性）

第一に，日系企業が中国において地域コミュニティと積極的に関わりを持つことが不可欠である。2006年3月に発表された中国日本商会調査「日本企業の中国における社会貢献活動に関するアンケート調査報告書」によると，日本企業は単独で社会貢献活動を行うことを好んでいるが，欧米企業は地方自治体の組織や団体と協力する傾向にある[13]。実際に，中国における社会貢献活動の有効性は主にNGO，NPO，産業組合，メディアのような有力な地元の協力者との関係を築くことにかかっている。中国では，お互いに協力し合う様々な団体との人脈やネットワークが社会のニーズを特定して対応するのに不可欠である。更に地域が異なると文化，宗教，慣習，経済状況も変化し，彼らの社会貢献活動に対するニーズは必ず異なっている。ゆえに日本企業は地域コミュニティの問題を自らの問題とみなし，それらの問題を地域コミュニティと共に解決する試みをしなければならない。

(2) 目的の明確化と適切な活動の選択（独創性）

第二に，社会貢献活動への従事で企業がやり遂げたい事柄を特定して，目的を明確化することが重要である。これは日系企業の強み・弱みを分析し，それに基づいて実行する活動が現地での経営パフォーマンスの向上にどのようにつながるのかを考慮することを伴う。また，これらの活動は企業が十分な時間と資源を注ぐことが可能な単一，もしくは一連の関連ある社会的動機に集中していることが不可欠である。

(3) 企業コミュニケーションを通じて活動の実現を促進（参加度）

最後に，適切な目標が一度定まったら，日系企業は達成の為に効果的な促進することに焦点を合わせなければならず，それは従業員の意識や参加が最低限必要である。しかし，企業が一般的には社会貢献活動の価値を従業員に伝えた

---

[13] 中国日本商会「日本企業の中国における社会貢献活動に関するアンケート調査」は2005年7月から11月に行われた。詳細は，http://www.cjcci.biz/public_html/topics/060308_b1c.pdf を参照。

第1部　第2章　日系企業と中国社会の共生共存に向けて

図 2-5　中国「和諧社会」の実現に向けた日系企業の社会貢献

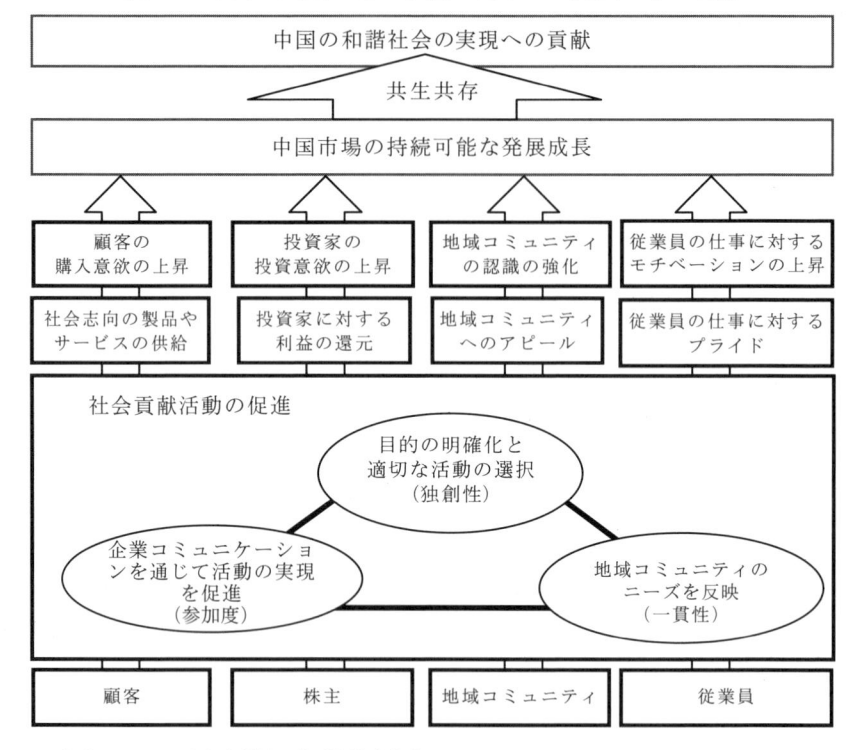

```
┌─────────────────────────────────────────────┐
│         中国の和諧社会の実現への貢献          │
└─────────────────────────────────────────────┘
                  ＼共生共存／
┌─────────────────────────────────────────────┐
│         中国市場の持続可能な発展成長          │
└─────────────────────────────────────────────┘
     ↑            ↑           ↑            ↑
┌─────────┐ ┌─────────┐ ┌─────────┐ ┌─────────────┐
│ 顧客の   │ │ 投資家の │ │地域コミュ│ │従業員の仕事に│
│購入意欲の│ │投資意欲の│ │ニティの  │ │対するモチベー│
│  上昇    │ │  上昇    │ │認識の強化│ │ションの上昇  │
├─────────┤ ├─────────┤ ├─────────┤ ├─────────────┤
│社会志向の│ │投資家に  │ │地域コミュ│ │従業員の仕事に│
│製品やサー│ │対する利益│ │ニティへの│ │対するプライド│
│ビスの供給│ │の還元    │ │アピール  │ │             │
└─────────┘ └─────────┘ └─────────┘ └─────────────┘

┌─────────────────────────────────────────────┐
│ 社会貢献活動の促進                           │
│              ┌──────────┐                   │
│              │目的の明確化と│                │
│              │適切な活動の  │                │
│              │選択（独創性）│                │
│              └──────────┘                   │
│         ／              ＼                   │
│  ┌──────────┐        ┌──────────┐          │
│  │企業コミュニ│        │地域コミュニ│         │
│  │ケーションを│────────│ティのニーズ│         │
│  │通じて活動の│        │を反映      │         │
│  │実現を促進  │        │（一貫性）  │         │
│  │（参加度）  │        │            │         │
│  └──────────┘        └──────────┘          │
└─────────────────────────────────────────────┘

┌─────────┐ ┌─────────┐ ┌─────────┐ ┌─────────────┐
│  顧客    │ │  株主    │ │地域コミュ│ │  従業員      │
│          │ │          │ │ニティ    │ │             │
└─────────┘ └─────────┘ └─────────┘ └─────────────┘
```

出所：フィールド調査結果に基づき筆者作成。

としても，自発的な参加に相当を促す十分な動機を提供することにはならない。企業の収益に対する有益な影響も含めて，欧米企業が経済的価値を強調しているのはこのためである。つまり，社会への関与が財務実績に繋がることを従業員に理解してもらう為に日系企業は力を注ぐ必要があるのである。

　上記の3段階にわたる過程を実行することは，即ち「顧客」「投資家」「地域コミュニティ」「従業員」という重要なステークホルダーに効果的に働きかけ，中国市場の持続可能な発展成長に寄与し，ひいては中国の和諧社会の実現に貢献することにつながるものと考えられる（図2-5参照）。上記の3段階にわたる過程を実行することができれば，日系企業は，中国において成長し，良い企業イメージを築くことができるだろう。

Ⅴ　まとめ

　本章は，在中日系企業の社会貢献と中国の和諧社会の実現を結びつけた一つの考察である。中国は和諧社会の実現に向け，グローバル企業の協力を必要としている。グローバル企業の中国進出に伴い，中国では企業の社会貢献が「負担」という考えから「競争力」の一要素と考えられるようになってきている。こうした中，在中日系企業が展開する社会貢献は，欧米企業と比較して，全社的な戦略性に欠け，商品・サービスのエンドユーザーには日系企業の顔が見えにくいものとなっている。日系企業は地域コミュニティの問題を自らの問題として地域コミュニティと共に解決する試みをしなければならない。同時に，中国メディアとのさらなる協力も必要であろう。

　今後，日系企業は社会貢献活動を展開するには以下の問題を注意して解決するべきである。

(1)　社会貢献活動の決定権は在中日系企業に譲渡する

　多くの日系企業は日本の本部が社会貢献活動の決定権を掌握している。そのため現地の需要を反映しにくい。企業は現地の実際的な状況によって，速やかに現地の社会が必要とする社会貢献活動を確定し，そして速やかに宣伝を行い，社会貢献活動の最大な利益を獲得すべきである。

(2)　独特な優位を発揮して，社会貢献活動を展開する

　今までの社会貢献活動の中で，大部分が「希望プロジェクト」に対する寄付と被災地に対する寄贈である。これらの活動は確かに必要があるものの，多くの企業は寄贈だけを行い，宣伝を行っていないため，多くの中国の人々には知られていない。すべての企業は自社独特の商品か技術，企業理念か経営方針を持って，自社の特徴を生かして活動を展開するべきである。

(3)　積極的に現地のCSR推進団体が組織したネットワークの構築に参与する

　現地の社会と緊密な交流を行って，現地の需要を理解する必要がある。各地の文化，宗教，習慣と経済条件がそれぞれ違うため，社会貢献活動に対する需要も千差万別である。企業は中国で社会貢献活動を行う時に自身のコンプライアンス標準を守るのと同時に，所在地区の問題を自身の問題と見なすべきで，現地の社会と一緒に問題を解決することに力を尽くすべきである。

第1部 第2章 日系企業と中国社会の共生共存に向けて

　本章における検証結果は必ずしも十分に強固とはいえず，研究を発展させる上で，いくつかの課題を克服する必要がある。まず，中国の日系企業の多くは1990年前半以後に設立されている為，研究対象の操業期間はまだ約20年間と短い。そのため，さらなる時間の経過とともに本研究の結論を常に再検証していく必要がある。また，中国の日系企業は北京とその周辺だけに進出しているのではなく，業種も製造業のほかに，中国のWTO加盟によって流通業・金融業・その他サービス業などが進出し始めている。調査対象をより広範に設定し，検証する必要がある。さらに，具体的な事例研究に基づき，中国にとっての社会貢献の独創性の本質を探究する必要もあろう。

　日系企業のほか，欧米企業・その他の多国籍企業の社会貢献活動に関する戦略と実態も，より詳細に分析し，明らかにすることで，日系企業の行うべき社会貢献活動のあり方をより浮かび上がらせることが可能になるものと考える。この点についても，今後の研究を進めるにあたって課題である。

〔参考文献〕

Ansoff, H.Igor（1990）Implanting Strategic Management, Prentice Hall International

Clark, K.B. and T. Fujimoto. (1991) Product Development Performance: Strategy, Organization, and Management in the World Auto Industry. Harvard Business School Press

Clarkson, M.A. (1995) Stakeholder framework for analyzing and evaluationg corporate social performance, Academy of Management Review; 20(1), pp.92-117

Donaldson. and Preston, L.E.（1995）Towards a Unified Conception of Business Ethics, Academy of Management Review,19 (2), pp.252-284

Donaldson, T. and Dunfee, T.W. (1994) The Stakeholder Theory of The Corporation, Academy of Management Review, 20 (1), pp.65-91

松野弘・小坂隆秀編（1999）『現代企業の構図と戦略』中央経済社，pp.46-59

松野弘・堀越芳昭・合力知工編（2006）『「企業の社会的責任論」の形成と展開』，ミネルヴァ書房，pp.87-94

Keikoh Ryu (2010)『Creating Public Value』早稲田大学出版部

◆ 第3章 ◆
中国の自動車産業政策と市場動向

呉　保寧

　本章は中国政府の自動車市場喚起策（2009年～2011年）の主要内容及び関連政策に対する適宜中間調整の状況を紹介しながら，その市場効果を検証することにし，更に新エネルギー車というカテゴリに絞って，政策導入のプロセスとその結果を評価したい。

I　景気刺激を目的とする新規導入の中国自動車産業政策

　中国の自動車産業は，2000年代以降，経済の急速発展と同時に，生産販売が驚異的な成長を続け，特に2007年に生産が前年比21.84％増の879万台，販売が前年比22.02％増の888万台となり，ともに過去最高台数を記録した。その結果として，自動車の生産台数が1000万台を超えた日本とアメリカに続き，中国は世界第3位を占めた。

　そのため，中国政府は自動車産業を「支柱産業」と取り扱っており，国民経済に対する自動車産業のけん引役と波及効果を期待していた。しかしながら，2008年に世界的な金融危機が発生した以降，経済全体不振の影響により，中国自動車市場は初めての6カ月連続の前年比割れを見せ，かつてないほどの急激な鈍化傾向を示し，各自動車メーカーも一時的に生産調整や在庫処分に迫られ，年初に定めた販売目標の達成が極めて困難（達成率の低下）という異常事態に陥りかねない状況である（表3-1）。

　中国政府は経済全体不振な局面を挽回するために，GDP成長率の8％維持

第1部　第3章　中国の自動車産業政策と市場動向

表 3-1：中国主要乗用車メーカーの販売目標と販売実績の乖離（2008 年）

メーカー名	販売目標 （年間，万台）	販売実績 （1～11月，万台）	達成率
一汽 VW	60	47	78%
上海 VW	59	46	78%
上海 GM	60	42	69%
一汽トヨタ販売	40	34	85%
奇瑞汽車	48	32	67%
東風日産	34	31	91%
広汽ホンダ	34	28	82%
北京現代	38	27	70%
長安フォードマツダ	26	19	72%
広汽トヨタ	21	15	74%

出所：中国汽車工業協会等の発表により筆者作成。

を強調し，2008 年 11 月には従来の「外需依存」から「内需喚起」に転換させるべく，産業の構造改革と高度化を通じて企業の収入を増やす目的とし，世界主要国に先駆けて予算 4 兆元（約 50 兆円）もの巨額な市場喚起関連の財政支援策を打ち出した。その用途は，中央・地方政府が拠出する交通・エネルギー分野（道路や鉄道等）へのインフラ投資を中心に行われるという内容であった。具体的には，自動車，鉄鋼，繊維，設備製造，船舶，石油化学，軽工業，非鉄金属，電子情報，物流といった 10 の産業を重点とし，2009 年～2011 年の 3 カ年を実行期限とする「10 大産業振興計画」を公布し，これらの産業が直面する課題や今後の目標，振興すべき事柄や税制・補助金措置等が盛り込まれる。

　自動車産業については，国務院（内閣に相当）は 2009 年 3 月 20 日，「自動車産業調整振興計画」の全文を公布した（これに先駆け，1 月 14 日に同計画の基本原則を公布，実施した）。今回の公布は自動車産業の 3 カ年政策（2009 年 1 月 1 日～2011 年 12 月 31 日）と位置付けられ，経済危機による自動車市場の不振を払拭し，内需喚起と構造調整を目的としている。立案部署は国家発展改革委員会の産業協調司であり，工業信息化部や商務部等の関連部署が実行部署となる。
　「自動車産業調整振興計画」は，従来の自動車基本政策である「自動車産業発展政策」（2004 年公布・実施）と補完関係であり，市場の需要喚起のために，より即効性を重視する政策になっているといえよう。そのため，「自動車産業調整振興計画」の主要項目を分析したうえ，関連実施細則の策定と実行状況を

Ⅰ　景気刺激を目的とする新規導入の中国自動車産業政策

観察しながら，初年度に当たる2009年に政策的なインセンティブを集中的に投入して刺激効果を求め，次年度の2010年に好調な市場景況を見据えて補助金等の度合い（金額・税率）を抑えてソフトランディングを図り（但し，重要分野と視される新エネルギー車のカテゴリに対して，更に支援政策を導入），3年目に当たる2011年に財政・税制収支均衡の維持を念頭に奨励政策を徐々に終了させて市場経済の原理に譲っていく中国政府が取り入れた手法，並びに外需から内需の拡大に変換し，それに止まれず，内需の喚起を通じて，産業構造や製品構造の合理性調整も実現していく中国政府の方針等に重点を置き，関連する各年の市場状況と対照して検証し，その成果を確認することは必要と考えられる。

1.1　「自動車産業調整振興計画」の主要内容

「自動車産業調整振興計画」の内容は多岐に亘るが，その主要部分と特徴を以下の通り紹介したい。

まず，全体を通じて，多数かつ明確な数値目標を打ち出していることはこれまでの総合的な政策と異なる最大な特徴の一つである（表3-2）。

「計画目標」については，「国産車の販売台数」を「2009年に1000万台を突破するよう努力し，2011年まで年率10％の成長ペースを維持」とする。「需要構造の高度化」では，「乗用車販売台数に占める排気量1.5L以下のモデルの割合を40％以上，同1.0L以下のモデルの割合を15％以上。トラック販売台数に占める大型トラックの割合を25％以上」とする。「中国自主ブランド車のシェア拡大」では，「乗用車販売台数に占める中国自主ブランド車の割合を40％以上，轎車販売台数に占める中国自主ブランド車の割合を30％以上。中国自主ブランド車の輸出台数を国産車販売台数の約1／10」とする。「業界再編における重大な進展の達成」では，「年間販売台数200万台以上の大型自動車企業グループを2～3社，同100万台以上の自動車企業グループを4～5社形成。国産車販売台数の90％以上を占める自動車企業グループ数を，現状の14社から10社以下にまで削減」とする。「電気自動車の量産化」では，「新エネルギー車（ハイブリッド車，プラグイン・ハイブリッド車，電気自動車等）の生産能力を50万台／年。乗用車販売台数に占める新エネルギー車の割合を5％程度」とする。「完成車開発力の大幅な向上」では，「自主ブランド車（特に小排気量車）の環境性能，省エネルギー性能，安全性能を世界先進レベルに到達」とする。「基幹部品の自主開発実現」では，「エンジン，トランスミッション，ステ

第1部 第3章 中国の自動車産業政策と市場動向

表3-2 「自動車産業調整振興計画」の数値目標と措置

計画目標	生産・販売台数	2009年1,000万台強
	年成長率	2011年まで平均で10%
	乗用車販売台数に占める割合	1.5L以下40%以上，1.0L以下15%以上
	トラック販売台数に占める割合	大型トラック25%以上
	自主ブランド車の割合	乗用車販売台数の40%超（うち，轎車30%超）
	自主ブランド車の輸出	自動車生産販売台数の10%
	新エネ車（EV，PHV，HV）の生産能力	年間50万台
	新エネ車の割合	乗用車販売台数の5%
	年間生産販売台数達成の集団数	200万台以上2～3社，100万台以上4～5社
	生産販売台数の90%以上を占める集団数	14社→10社
	全国的再編	第一汽車，東風汽車，上海汽車，長安汽車の支援
	地域的再編	広州汽車，北京汽車，奇瑞汽車，重型汽車の支援
政策措置	1.6L以下乗用車の奨励	車両購置税（取得税）10%→5%（2009年1月20日～12月31日）
	汽車下郷	農民の1.3L以下微型客車購入，三輪自動車・低速トラックから軽トラックへの買換に総計50億元の財政補助（2009年3月1日～12月31日）
	廃車促進	財政補助の総額6億元（2008年実績）→10億元 →50億元（2009年5月19日に追加決定）
	技術進歩・技術改造専用基金	100億元の財政拠出で設立

出所：国家発展改革委員会の発表により筆者作成。

アリングシステム，ブレーキシステム，動力伝達システム，サスペンションシステム，CAN-BUSシステムに使用される基幹部品の自主開発を実現する。新エネルギー車専用部品の技術を世界先進レベルに到達」とする。

「主要任務（取り組み課題）」については，「自動車消費市場の育成」では，「税制などの手段を通じ，小排気量車の消費を増やすよう誘導」とする。「自動車産業再編の推進」では，「第一汽車，東風汽車，上海汽車，長安汽車といった大型自動車メーカーによる全国範囲でのM＆Aを奨励し，広州汽車，北京汽車，奇瑞汽車，中国重型汽車といった自動車メーカーによる近隣地域でのM&Aを奨励する。自動車部品業界の中核企業による規模拡大のためのM&A

Ⅰ　景気刺激を目的とする新規導入の中国自動車産業政策

を支援」とする。「企業の自主革新に対する支援」では，「ユーロⅣ排ガス基準に適合する排気量1.5L以下のガソリン直噴エンジンと，比出力が45kW／L以上に達する排気量3.0L以下のディーゼルエンジンの開発を重点的に支援」とする。「技術改造プロジェクトの実施」では，「新エネルギー車用動力ユニットの実用化，内燃機関技術の高度化，先進型トランスミッションの実用化などを重点的に支援する。車両安定性制御システム，サスペンション制御システム，駆動制御システム，横滑り防止システム，電子制御式油圧ブレーキシステム，CAN-BUSシステム，デジタルメーター，6速以上のMTおよびAT，デュアルクラッチトランスミッション，CVT，商用車用AMTなどの開発を重点的に支援」とする。「新エネルギー車戦略の実施」では，「電気自動車とプラグイン・ハイブリッドカーの実用化を推進」とする。「自主ブランド戦略の実施」では，「技術開発，政府調達，融資といった分野における政策の導入を通じ，自動車メーカー各社が自主ブランド車の発展を重点戦略とするよう誘導」とする。「自動車輸出戦略の実施」では，「情報調査，製品認証，技術開発，試験・検査，教育といったサービスを提供する公共のプラットフォームを構築」とする。「近代的な自動車関連サービス業の発展」では，「R&D，物流，小売・アフターサービス，レンタリース，中古車取引，自動車保険，オートローン，駐車場，使用済み自動車の回収といった自動車関連サービス業の発展を加速」とする。

　「政策措置」については，「乗用車の車輌購置税（取得税）の軽減」では，「2009年1月20日～12月31日，1.6リットル以下の小排気量乗用車に対して車輌購置税を軽減し，5％で徴収」とする。「『汽車下郷』の実施」では，「2009年3月1日～12月31日，50億元を手当てし，農民の1.3リットル以下の微型客車の購入，または三輪自動車や低速トラック等を廃棄し軽トラックへの買い換えに一回限りで財政補填」とする。「老朽自動車の廃棄・更新の加速」では，「老朽化した自動車の廃棄・更新するための財政補助政策を調整し，補助金額を増加させる。2009年の補助金総額は2008年の6億元から10億元までに引き上げる。

　「自動車の購入を制限する不合理な規定の整理・廃止」では，「各地域，各部門は2009年3月までに整理の結果を国家発展改革委員会に報告」とする。「自動車ローンの促進」では，「自動車ローン管理条例を制定し，信用調査・ロー

第1部　第3章　中国の自動車産業政策と市場動向

ン手続・車両抵当・貸付担保・違約処置等の自動車ローンの全過程を規範化」とする。「国内主要自動車生産企業の自動車金融公司の設立を支持」とする。「中古車市場発展の促進」では，「中古車査定国家基準及び臨時財産権登録制度を構築し，中古車取引の増値税（付加価値税）の徴収方法を調整」とする。「都市道路交通システム建設の加速」を定めながら，「自動車企業の再編政策の整備」では，「自動車生産企業の新規設立及び他地域での分工場設立の場合は，既存の自動車生産企業を吸収・合併しなければならない」とする。「技術進歩・技術改造への投資拡大」では，「今後3年で新たな中央投資によって技術進歩・技術改造専用基金100億元を準備し，製品のレベルアップ，省エネ・環境・安全等重要技術水準の向上，新エネ自動車及びその部品の発展を重点的に支援」とする。「省エネ・新エネ自動車普及の推進」では，「国家省エネ・新エネ自動車のモデル実験プロジェクトを始動させ，中央財政による資金を補助し，大中都市でのハイブリッド車，電気自動車，燃料電池車等のモデル実験を支援」とする。「『自動車産業発展政策』の徹底と整備」では，「『道路機動車両管理条例』の制定を急ぎ，機動車両管理の法規体系を完備する。産業に重要なレベルアップ及び保護的な役割を果たせる基準の研究・策定を始動し，新エネルギー車の基準・実験方法の修正を加速する。完成車（二輪車，三輪車，低速トラックを含む）生産企業の廃業仕組みを徹底する。新エネルギー車主要ユニットの参入基準を制定し，三輪車・低速トラック生産企業の転業への奨励方法を研究・策定」とする。

1.2　2009年の市場効果

　2009年は「自動車産業調整振興計画」実施後の初年度にあたり，その実施状況と成果が中国内外に注目されていた。

　「自動車産業調整振興計画」の立案部署である国家発展改革委員会の関係者は，『新華網』（2010年2月10日）を通じて，同計画の実施状況を言及し，「同計画に掲げられた17件の実施項目のうち，8件が実施に移された」と紹介した（表3-3）。なお，この8件の項目に先駆け，1.6L以下自動車に対する車輌購置税（取得税）の半減措置は，既に2009年初から先行して実施した。

　実施された措置の大半は，自動車の販売促進に直結することと明らかになった。特に新車需要を刺激するために打ち出した3政策（小排気量乗用車の車輌購置税率半減政策，以旧換新，汽車下郷）が，中国自動車市場を活性化する主な

I　景気刺激を目的とする新規導入の中国自動車産業政策

表3-3　「自動車産業調整振興計画」の1年目（2009年）実施状況

	項　目	実施状況 ◎実施　○一部実施　×未実施
1	「汽車下郷」（農村部への自動車普及促進）	◎
2	「以旧換新」（老朽化した自動車の廃棄・買い替えの促進）	◎
3	企業の技術進化・改造プロジェクト	◎
4	自動車の購入を制限する不合理な規定の撤廃	◎
5	自動車販売金融の普及を促進する政策の導入	○
6	「自動車産業発展政策」改正	×
7	新エネルギー車の消費を支援する政策の制定	○
8	中古車市場の発展促進	×
9	中古車市場の秩序化	○
10	自動車輸出戦略の制定・実施	○
11	公用車の購入・使用に関する管理規定の改正	×
12	都市部駐車場の建設計画と管理弁法の策定	×
13	自動車業界の再編を促進する政策措置の制定	×
14	燃費に基づく自動車関連税体系の構築	×
15	オートローン管理条例制定	×
16	新エネルギー車関連インフラ建設計画の制定	×
17	自動車関連規格・法規体系の整備	×

出所：『新華網』（2010年2月10日）の発表により筆者作成。

原動力といわれていた。

　中国政府の自動車市場に対する景気刺激策の後押しにより，2009年の中国自動車生産・販売台数は記録を更新し，ともに世界第1位に躍進し，中国自動車産業にとって特別な意義のある年となった。前述のように，世界的な金融危機への対応策として，中国政府は10大重点産業の調整振興計画を発表したが，中でも，自動車産業は最も顕著な効果を上げていたといえる。

　中国汽車工業協会の発表によると，2009年の中国自動車市場は，生産台数が1,379.1万台（前年比48.30％増），販売台数が1,364.48万台（同46.15％）に達した。従って，生産では，第1位の日本（793.5万台），販売では第1位の米国（1,058.3万台）を抜き，グローバル・トップ1マーケットとなった。販売第3位の日本は，近年の平均であった500万台には達せず，460.9万台に留まった。

第1部　第3章　中国の自動車産業政策と市場動向

　2009年の中国自動車市場を総括すると，以下のような具体的な効果は明らかになる。
　①　市場全体の伸びが顕著。中国政府が一連の新車需要刺激策を打ち出したことを受け，3月以降は9カ月連続で国産車の月間販売台数が100万台を突破する状況が続いており，通年では国産車販売台数が1300万台を突破することはほぼ間違いないと年央から話題になっていた。最終的な結果もそうであった。通年実績の内訳としては，乗用車の生産・販売が1,038.38万台（同54.1%増）・1,033.13万台（同52.9%増），商用車が340.72万台（同33.0%増）・331.35万台（同28.4%増）であった。特に12月の自動車生産台数が前年比45%増の152.47万台，販売台数が同92%増の141.36万台となり，生産・販売ともに100万台を越え，単月では史上初の台数増を記録した。そのため，2009年において，第一汽車，東風汽車，上海汽車，広州汽車，北京汽車，南方汽車，長城汽車，華晨汽車，哈飛汽車，南京汽車，吉利汽車，江淮汽車，奇瑞汽車，東南汽車，アモイ金竜汽車，昌河汽車，重型汽車，慶鈴汽車，陝西汽車及びBYDといった中国主要メーカー（グループ）の売上総額は前年同期比29.76%増の1兆5128億0792万元，利益総額は同82.19%増の1172億8299万元であった。旺盛な需要が企業の業績回復に大きく貢献していた。
　②　製品構造の調整が進展。中国汽車工業協会の統計によると，2009年間の排気量1.0L～1.6Lの国産乗用車の販売台数は前年同期比65.97%増の472万台であり，1.0L以下の国産乗用車の販売台数は前年同期比70.51%増の44万台であった。その結果，国産乗用車販売台数に占める1.6L以下のシェアは70%に達した。小排気量車の人気の高まりは，中国人消費者の購買行動がより理性的になったことを示している。この傾向は，「省エネルギー・環境汚染物質排出低減」と「自動車市場の持続可能な発展」という目標を実現する上でプラスとなる。また，1.6L以下の小排気量車は中国民族自動車メーカーが集中しているセグメントであるため，台数増の結果としては中国自主ブランド車の割合が大幅に増えることになった。
　③　農村部の自動車普及が加速。担当部署である商務部の発表（2009年12月28日）によると，農村部の住民が中国政府の補助金を利用して購入した自動車・オートバイの台数は，419万台（うち，自動車が117万台，オートバイが302万台）に達した。また，支給された補助金総額は61億元であった。中国汽車工業協会の予測によると，農村部における2009年通年の自動車販売台数は

前年比で 80％以上の伸びをみせ，200 万台を突破するといわれていた。農村部への自動車普及促進は，農村部の住民の生活を豊かにすると同時に，中国全体の内需を拡大するという効果を生み出している。

　④　他産業への波及効果が拡大。国家統計局の統計によると，2009 年の自動車関連商品の小売総額は前年比 32.3％増の約 1 兆 1000 億元で，他の社会消費財の倍以上の伸びを示した。自動車産業の成長は，輸送機器産業全体の成長をけん引しただけでなく，鉄鋼産業，設備産業，機械産業，紡績産業，ゴム産業等，多くの関連産業の業績回復をもたらした。特に排気量 1.6L 以下の乗用車の車輌購置税（自動車取得税）率を半減したにもかかわらず，税収は大幅に増えたことである。国家税務総局の統計によると，2009 年の車輌購置税収入は，前年比 17.6％増の 1164 億元であった。販売台数が増えたため，自動車関連の増値税，消費税，企業所得税等も大幅な税収増となった。

Ⅱ　景気刺激政策の中間調整と市場反響

　「自動車産業調整振興計画」の主要政策措置のうち，特に効果の大きい税制・補助金関連の政策については，おそらく財源という制約条件の関係により，2009 年の実施当初から，「1 年間」という期限を付与していることも特徴の一つである（表 3-4）。

表 3-4　「自動車産業調整振興計画」の主要政策措置の期限

項目	内容	期限
車輌購置税	1.6L 以下の小排気量乗用車に対して車輌購置税（取得税）を軽減し，5％で徴収	2009 年 1 月 20 日〜12 月 31 日
汽車下郷	農民の 1.3L 以下微型客車購入，三輪自動車・低速トラックから軽トラックへの買換に総計 50 億元の財政補助	2009 年 3 月 1 日〜12 月 31 日

出所：国家発展改革委員会の発表により筆者作成。

　そのため，2009 年の年央からは，業界をはじめ，マスコミやユーザーの間では，こういった政策の延長の可能性については，盛んで議論されていた。

第1部　第3章　中国の自動車産業政策と市場動向

2.1 景気刺激政策に対する中間調整

2009年12月，北京で開催された来年の経済運営方針を決める中央経済工作会議で蓋をあげた。中国政府はこれまでの自動車市場の状況を考察し，以下のように主要の景気刺激策に対して，適宜延長，追加，状況に応じて一部奨励政策の税率を下方修正といった見直しを行った（表3-5）。

表3-5　見直しとなった自動車関連景気刺激策

	項目	延長内容
1	汽車下郷	2010年12月31日まで延長
2	以旧換新	今後補助金の上限を5,000元～1万8,000元／台に引き上げ
3	車輌購置税	2010年1月1日からは税率7.5％に引き上げ
4	省エネ・新エネルギー車利用への補助金交付	今後は対象を20都市に拡大し，そのうちの5都市で個人を対象とした補助金交付の試験的導入

出所：国務院の発表により筆者作成。

中央経済工作会議の基本方針を受け，12月9日，国務院常務会議は「中国経済は，2010年も依然として多くの困難と挑戦に直面する見通しである。その中で『安定した急成長』を維持するためには内需促進政策の継続が必要となる」との認識の下，自動車需要刺激策の内容に関する具体的な調整を決定した。

① 農村部への自動車普及促進政策の有効期限を2010年12月31日（従来の期限は2009年3月1日～12月31日）まで延長する。支給対象（農用車を廃棄して小型トラックを購入した農業従事者または排気量1.3L以下の微型バスを購入した農業従事者）と補助金額（販売価格の10％，上限5000元／台）は従来通り。

② 2010年1月1日～12月31日まで，排気量1.6L以下の乗用車の車輌購置税（自動車取得税）率を7.5％（通常は10％）とする。税率の軽減幅が，2009年（5％）より縮小した（2.2で詳しく紹介したい）。

③ 自動車買い替え促進政策の補助金額を5000～1万8000元／台に引き上げる（現状は3000～6000元／台）。有効期限（2009年6月1日～10年5月31日に廃車・登録手続きを実施）と支給対象（使用年限より前に「黄標車」（ユーロI未適合のガソリン車とユーロII未適合のディーゼル車）を廃棄して新車に買い替えた場合等）は従来通り（2.3で詳しく紹介したい）。

④ 「省エネルギー・新エネルギー車パイロット実験プロジェクト」の実施都市を現在の13都市（北京市，上海市，重慶市，長春市，大連市，杭州市，済南

市，武漢市，深圳市，合肥市，長沙市，昆明市，南昌市）から20都市に拡大し，そのうち5都市で「省エネルギー・新エネルギー車を購入する個人への補助金支給プロジェクト」を実施する。但し，具体的な都市名には言及せず。

2.2 小型車優遇税制と後継政策

　前述のように，中国政府は1.6L以下乗用車の車輌購置税率の優遇幅を引き下げた。その背景には，過熱気味にある自動車消費を適度に調整するという思惑がある。「自動車産業調整振興計画」に掲げた国産車販売台数の目標は「2009年に1000万台を突破することを努力目標とし，2011年まで年率10％の成長ペースを維持する」であった。3年間の目標が2009年で達成されるとは，国務院も予想していなかった。また自動車販売台数の急増は，渋滞や大気汚染の悪化というマイナス影響をもたらしている。そのため，中国汽車工業協会は「車輌購置税率半減措置の延長と優遇対象の拡大（排気量の下限を1.5Lとする）」と要求していたが，中国政府が受け入れられなかった。但し，消費者の新車購入意欲が大幅に減退する心配をなくすこと，来年（2010年）の国産車販売台数の伸び率を一定の水準以上に維持すること，自動車消費の構造調整を続けて進めることという考えられる理由によって，中国政府は同優遇措置を一気に完全中止ではなく，継続して延長させることにした（税率の優遇幅を引き下げる）。

　一方，中国政府及び自動車業界では，「小型車」奨励に対する是正も議論されていた。既に石油の純輸入国となった中国にとっては，製品構造の合理化が不可欠になり，一部性能劣化の小型車は，むしろ脱石油に寄与しないではないかと見られる。そのために，期限付きの車輌購置税率の優遇措置と並行して，財政部，国家発展改革委員会，工業信息化部が連名で2010年5月31日に「『省エネルギー製品恵民プロジェクト』における省エネルギー車（1.6L以下の乗用車）普及のための実施細則の公表に関する通知」を発表し，同2010年6月1日より実施することとなった。具体的に，同プロジェクトにおいて，排気量1.6L以下の乗用車で，かつ総合燃費が現行基準より20％程度良いガソリン車，ディーゼル車，ハイブリッド車，バイフューエル車を「省エネルギー車」として認定し，購入者に対して中国政府から一律3,000元／台の補助金が支払われる。即ち，「自動車産業調整振興計画」実施当初の2009年と比べて，中国政府の考え方は少し変化してきた。小型車への誘導に加え，省エネルギーの促進も政策実施の重要要素として取り入れるようになった。そのため，車輌購置税

率の優遇措置が終了した後も,『省エネルギー製品恵民プロジェクト』における省エネルギー車（1.6L 以下の乗用車）の奨励プロジェクトは現在に至って実施されており，国家発展改革委員会，工業信息化部，財政部が地方政府及びメーカーから提出した関連申請資料を審査のうえ,『『省エネ製品恵民プロジェクト』における省エネルギー車の推薦目録」を適時公布し,「推薦目録」に掲載されたモデルが 3,000 元／台の補助金を支給される。

2.3　自動車買い替え促進政策の調整

「自動車産業調整振興計画」の実施後，その自動車買い替え促進の方針を徹底するために，2009 年 7 月 13 日に「自動車買い替え実施弁法」が担当部署の商務部より公布され，8 月 10 日から同法に基づくスクラップインセンティブに関する新制度が全国レベルで開始された。商務部が実施していた自動車買い替え促進の従来制度では，適用車両の範囲を営業用車両に限定していた。今回の新制度は一部の非営業用車両（マイカー）にまで拡大となり，商務部はこの政策出動で 200 万台規模以上の新車効果を狙っている模様。但し，新制度の奨励幅が小さい（3000〜6000 元／台），かつ申請手続きが煩雑のため，10 月時点になっても実際の申請者が少なかった。また，制度上，車輌購置税率の優遇（対象は 1.6L 以下の乗用車）を既に受けた場合には，スクラップインセンティブを受給する資格を失うことになっている。そのため，業界内では「現状の自動車買い替え促進政策が新車需要を刺激する効果は少ない」との見方が大勢を占めていた。

　自動車買い替えの需要を喚起するために，前述のように，2009 年 12 月 9 日に中国政府は自動車買い替え促進の補助金額を 5000〜1 万 8000 元／台までに引き上げた。また，2010 年 1 月 18 日に商務部と財政部が連名で「自動車買い替え補助金と車輌購置税税政策の同時享受に関する通達」を公布した。目的は「消費拡大と省エネルギー・環境汚染物質排出低減の実現に寄与すべく，自動車買い替え促進政策の更なる改善を図る」とする。具体的措置としては,「条件を満たす消費者に関しては，自動車買い替え時の補助金支給措置と車輌購置税の減税措置の同時享受を認める」とした。

　自動車買い替え促進政策は車輌購置税の優遇政策と同様に期限付きであり，2009 年 6 月 1 日から 2010 年 5 月 31 日に実施することになっている。しかし，商務部は老朽自動車の買い替えを一層促進させるために,「同政策の終了期限

を 12 月末まで延長する」との通達を公布した。

　自動車の買い替え促進は，環境保護，省エネルギー，交通安全及び内需拡大等において，有効な手段であり，本来廃棄されるべき車両の中古車市場等に流入する抑制にも役に立つ。但し，中央と地方の補助金額を足し合わせてもアンダーグラウンドの中古車仲介業者や解体業者に転売する金額に届かない現象が発生した。従って，自動車買い替えの補助金額を更に引き上げ，手続きも簡素化させることは解決策の一つであり，自動車買い替え補助金と車輌購置税税政策の同時享受を認めることも一種のインセンティブといえる。

2.4　2010 年の市場効果

　市場に対する中国政府の政策優遇幅が一段と引き下げられたため，これまで好調過ぎた自動車販売台数の伸びに一定のマイナス影響を与えた。2010 年上半期の状況を見てみよう。2010 年 7 月 9 日，中国汽車工業協会が発表した統計によると，6 月の国産車販売台数は前月比 1.83％減，前年同月比 23.48％増の 141 万 2,100 台（うち，乗用車が 104 万 2,800 台，商用車が 36 万 9,300 台）で，単月の販売台数では 5 月に続き 3 カ月連続で前月実績を下回った。また年初以来 50％以上のペースを維持してきた対前年同期比伸び率も 47.67％にとどまった。国産乗用車（排気量 1.6L 以下）の 6 月の販売台数は前月比 1.43％減の 69 万 6,600 台。国産乗用車販売全体に占める割合は前月比 0.94 ポイント減の 68.80％となった。但し，中国経済全体が伸びている関係により，2010 年 1 〜 6 月の国産車販売台数からみれば，前年同期比 47.67％増の 901 万 6,100 台（うち，乗用車が 672 万 800 台，商用車が 229 万 5,300 台）となった。従って，上半期に販売の伸びが鈍化したことについては，むしろ理性的な水準に戻っただけといえる。販売台数が激減するといった市場の曲がり角はみられていない。

　2010 年下半期の全体状況については，月間販売台数の対前年同月比伸び率が 10％台で推移した。その結果，通年の伸び率は 2009 年の 46.15％から 13.78 ポイント減の 32.37％に落ち着いた。小排気量車のシェアについては，国産乗用車販売台数に占める小排気量車（排気量 1.6L 以下）の割合は，前年比 0.88 ポイント減の 68.77％であった。また，国産轎車販売台数に占める小排気量車の割合は，同 0.51 ポイント増の 69.85％だった。車輌購置税の減税率が半分に縮小された影響を受け，小排気量のシェアは 7 月まで下落し続けた。しかし中国政府は前述のように，6 月 1 日から「省エネルギー車」を購入する消費者に一

律3,000元／台の補助金支給を開始した影響で，8月以降は小排気量車の販売が「V字回復」を遂げた。特に11月と12月の単月販売に関しては，小排気量車のシェアが70％を上回った。中国自主ブランドのシェアについては，国産乗用車販売台数に占める中国自主ブランドの割合は，前年比1.30ポイント増の45.60％（627万3,000台）であった。一方，国産轎車販売台数に占める中国自主ブランドの割合に関しては，同1.22ポイント増の30.89％（293万3,000台）だった。

2011年1月10日に中国汽車工業協会が発表した統計によると，2010年通年の国産車販売台数は前年比32.37％増の1,806万1,900台だった。この数字は，米国の2005年年間新車販売台数過去最高記録（1,750万台）を，中国が塗り替えたことを意味している。

III 景気刺激政策の終了とソフトランディング

当然ながら，自動車の急速な普及は，社会全体にとっては全てよいことではない。経済危機から脱出のために，けん引役となる自動車産業の振興は欠かせない。但し，一定台数の伸びが見込まれると，バランスを維持するソフトランディングも必要になる。2009～2010年にかけて中国の乗用車市場はハイペースで拡大し，僅か2年間で約600万台も増加したと爆発的な成長を遂げた。その結果，都市部を中心に道路や駐車場といった自動車を取り巻く環境に無理が生じつつある。中国政府も，この問題を重視し始めた。そのような状況下，金融危機の際に景気刺激策として出された政策については，その使命がいよいよ終止符を打つことに迎える。具体的には，期限付きの車輌購置税の税率軽減政策や買い替え促進政策は終結に向かう等，各種優遇政策が打ち切りになる。

中国のマクロ経済環境は全般的に良好になっているため，自動車市場の牽引役である乗用車販売に一定のマイナス材料があるが，冷え込みをもたらすことはないとの見方が代表的であり，2011年の乗用車市場については，「伸び率が15％前後と落ち着いた動きを見せるだろう」と予測されていた。

3.1 2011年上半期の市場評価

前述のような政策実施停止による一部の影響が見えた。2011年5月10日に中国汽車工業協会が発表した統計によると，4月の国産車販売台数は前月比

Ⅲ　景気刺激政策の終了とソフトランディング

15.12％減，前年同月比 0.25％減の 155 万 2,000 台であった。中国の国産車販売台数が前年同月比でマイナスとなったのは，2009 年 1 月以来 27 カ月ぶりのことである。但し，市場の伸びが鈍化した理由は，単なる政策の実施停止による影響ではないようであった。総合的にみると，理由は以下の 4 点が上げられる。①新車需要刺激策の終了と中国政府のマクロ経済コントロール政策の影響，②燃料価格の継続的上昇，③一部都市（北京等）における新車総量規制の実施，④日本大地震の発生に伴う部品供給の停滞と日系合弁企業の減産。国産車販売台数が 27 カ月ぶりにマイナス成長となったことを受け，一部の専門家や業界関係者の間に「中国自動車市場低迷説」が出ていた。但し実態をよく見ると，それほど悲観的ではない。例えば 4 月の国産車販売台数の内訳は，乗用車が前年同月比 2.79％増の 114 万 2,300 台，商用車が同 7.84％減の 40 万 9,700 台となっている。つまり，主役の乗用車は依然としてプラス成長を維持している。従って，中国自動車市場は成長のプロセスを進んでいる段階であり，多少の上下動を繰り返しながら力強い足取りで成熟しつつあると指摘できる。

「中国汽車工業信息網」（2011 年 5 月 18 日）の紹介によると，工業信息化部の蘇波副部長（次官に相当）は次のように述べた。「一部の関係者の間には，北京市等における新車総量規制が自動車市場の低迷を招いているとの指摘がある。ただし，いかなる都市でも年間 100 万台のペースで新車が増え続けること自体が異常だ。自動車産業は，個人消費のニーズを満たすと同時に公共利益も守る必要がある。今後 5 年間，中国自動車産業は過去の拡張路線を改め，自主革新能力の向上と構造調整ならびに産業高度化を推進していかなければならない。一方，中国の自動車普及率はまだ低く，地方都市や農村部には大きな潜在需要がある。今後 10 年間あるいはそれ以上にわたり，中国自動車市場は過去のような爆発的成長こそ期待できないものの，安定した成長を維持していく見通しだ」。

3.2　2011 年通年の市場評価

2011 年は中国自動車市場の転換点を示す 1 年だった。中国汽車工業協会は 2012 年 1 月 12 日，2011 年の自動車販売台数が，前年比 2.5％増の 1,850 万 5,100 台だったと発表した。伸び率では 1999 年以来の最低水準となった。2011 年 12 月時点で，国家信息中心は前年比 3.3％増と予測していたが，これを下回った。中国汽車工業協会は年初には 2011 年市場は 10〜15％の伸びと予測し

ていたが，楽観的過ぎたと指摘されていた。販売が伸び悩んだ主な原因は，これまでの流れと同様に，マクロ経済政策の引き締めと，販売補助金政策の終了である。2011年の市場特徴としては，低価格車販売が伸び悩む一方，高級車販売が増加した。独高級車のベンツ，BMW，アウディの販売は軒並み30％超の増加となった。高級車市場は今後も，高級車購入層はマクロ経済政策や販売補助金等の要因の影響をさほど受けないため，20％程度増加すると予測されている。また地域別では，沿海部大都市の市場はほぼ飽和状態で，今後も環境や交通の規制の強化が見込まれるため，伸びは期待できない。一方，内陸部の市場は拡大基調にある。その証左に，2011年の成都モーターショーは過去最大規模となった。今後は，市場全体に占める内陸地域の中小都市（2～3都市）の割合は大きくなり，これまで販売の中心だった大都市（1級都市）は比較的に減少すると考えられ，自動車メーカーにとっては，販売が伸びる地域を考慮した販売網の再編が必要。

2012年自動車市場見通しは，総じて，過去過去2～3年に見られた2桁台の大幅成長に比べると成長は減速し，5～10％程度の安定成長期に入るとの見方が一般的である。しかし市場規模は引続き世界一であり，市場の拡大基調を疑問視する者は少ない。

正常な発展スピードに回復してきた中国の自動車市場において，今後の自動車関連政策の方向性は，これまでのような新車販売への大規模なインセンティブ等の奨励策を導入する可能性は殆ど無いと見られる。引続き，省エネ性能に省エネルギー・低燃費車と新エネルギー車の販売促進に重点を置くことになるだろう。

IV 新エネルギー車関連政策と市場動向

中国政府は世界的な金融危機を契機に，「自動車産業調整振興計画」の実施で構造調整の実現により，新エネルギー車の普及促進も狙っている。そもそも，石油の純輸入国としてのエネルギー安全保障意識，及び「内燃機関車における先進国との差が縮めない，新エネルギー車こそ先進国と同じスタートラインに立てる」という自動車業界の考え方のもと，多数の政府部門は積極的に新エネルギー車産業に関わるようになっている。ハイテクの産業化を担当する科学技術部が主導で進めている主要都市でのパイロット実験の「10城千輛」プロジェ

Ⅳ　新エネルギー車関連政策と市場動向

クト（=「省エネルギー・新エネルギー車パイロット実験プロジェクト」）もあれば，国家発展改革委員会が投資，工業信息化部が企業と製品の生産参入と認証，財政部が税制等といった部署の担当テリトリから，複数の政策措置と支援プロジェクトを検討・導入している。本文は便宜上，「自動車産業調整振興計画」を中心にし，関連政策も合わせて紹介し評価することにしたい。

4.1　新エネルギー車の普及目標

「自動車産業調整振興計画」では，「2011年末までに，新エネルギー車の生産能力を年間50万台とする。2011年までに，乗用車販売台数に占める新エネルギー車の割合を5％程度に引き上げる」という目標を掲げた。ちなみに同計画では，新エネルギー車を「ハイブリッド車，プラグインハイブリッド，電気自動車」と定めた。

中国政府の新エネルギー車促進の呼びかけに対して，大半のメーカーは積極的に応じる格好を取り，2009年末には，今後の計画を相次いで発表した。中国メーカーでは，第一汽車が12月18日に「吉林大学ほか23の研究機関・企業と『吉林省新エネルギー車産業連盟』を設立し，新エネルギー車の開発に共同で取り組む」と発表した。上海汽車が12月17日に「米123システムズと合弁企業を設立し，ハイブリッドや電気自動車用の動力バッテリーシステムの開発・生産・販売を手掛けること，または2010年に栄威750のハイブリッドを，12年に栄威550のプラグインハイブリッドをそれぞれ発売する」と発表した。長安汽車が12月6日に「電気自動車奔奔MINIを2010年下半期に発売する」と発表した。北京汽車が12月23日に「電気自動車BE701を2010年から小ロットでの生産を開始し，2011年から量産体制に入ること」発表した。また，比亜迪汽車（BYD Auto）が8月19日に「広東省恵州市にハイブリッドや電気自動車向けのリン酸鉄Liイオン電池を生産する新工場を建設した」と発表した。外資各社では，中国で新エネルギー車を開発・生産，或いは現地生産せず，輸入販売で対応，または当面は実証実験のみを実施するといった方針上で別れている。トヨタが12月14日に「2011年末までに，中国を含む世界の主要マーケットでプラグインハイブリッドの販売を開始する」と発表した。日産が11月23日に「2011年中に，中国で電気自動車リーフの試験販売を開始する。試験販売の結果いかんでは，東風日産広州工場での生産も検討する」と発表した。BMWが12月21日に「2010年中に中国で7シリーズとX6のハイブリッド仕

第1部　第3章　中国の自動車産業政策と市場動向

様の販売を開始する」と発表した。また，GMが既に2008年9月に「2011年中に，中国でプラグインハイブリッドシボレー・ボルトの販売を開始する」と発表した。

　しかし，産業集積等が欠如する中国にとっては，新エネルギー車の生産と普及は簡単なことではない。前記新エネルギー車「50万台」と「5％」の設定根拠が不明。2009年の乗用車販売台数は1,033.13万台であり，単純に「5％」で割ると，結果が確かに51.66万台と「50万台」に近い数字になるが，ハードルは相当に高いと感じられる。「5％」の数値目標に疑問を投げかける業界関係者が増えており，「1％に達すれば上出来」，「有効な奨励政策が実施されない限り，目標の達成は困難」，更に「新エネルギー車を量産する実力を備えた企業は，現時点では皆無に等しい」との指摘があった。また，「有効な奨励政策」とは，新エネルギー車の購入者に対する優遇措置（税負担の軽減，補助金の支給等）の提供と，関連インフラの整備を指す。有効な奨励政策実施には，相当規模の財政出動が必要となるが，そのための財源を確保できるかどうか，支出の多い財政部にとっては決して予断を許さない状況である。

　現状の自動車産業の生産能力過剰と新エネルギー車の新規投資というジレンマ等の深刻問題も直面する。2009年9月4日～6日，天津市にて中国汽車技術研究中心が主催する「2009年中国自動車産業発展国際フォーラム」は開かれた。「金融危機と自動車産業の振興・調整」をテーマとする今回，出席者の発言は同様に「新エネルギー車をどのように発展させるか」に集中した。政府関係者の見解では，科学技術部の万鋼部長（大臣に相当）は「中国政府は，電気自動車をはじめとする新エネルギー車の研究・開発・使用を引き続き支援する」と同部の方針を改めて強調したが，国家発展改革委員会産業協調司の陳斌司長は「現在計画中の新エネルギー車プロジェクトの生産能力を足し合わせると，中国政府の計画をはるかに上回る規模に達する。しかし，その中には，自主開発力を持たず，外部から調達した部品を組み立てるだけというケースも少なくない」と中国新エネルギー車生産の現状を冷静にウォーチングし，問題提起をした。同司の陳建国副司長は「現在作成が進められている『省エネルギー・新エネルギー車技術政策』には，動力用バッテリーのエネルギー密度，電気自動車モードでの航続可能距離，最高速度等に関する要求が盛り込まれる見込み」と国家発展改革委員会の考え方を述べた。工業信息化部産業政策司の辛国斌司長は「自動車メーカー各社が掲げる新エネルギー車の生産計画がその

Ⅳ　新エネルギー車関連政策と市場動向

まま実行に移された場合，生産能力過剰に陥るリスクがある。従って，電気自動車を主体とする新エネルギー車の参入管理を着実に実行することが次なる課題である」と生産参入の管理強化の方向性を示した。また，業界関係者の見解では，中国汽車技術研究中心の張書林主任顧問は「新エネルギー車の実用化までにはまだ時間がかかることから，ガソリン車とディーゼル車の省エネルギー化にも力を入れていかなければならない」と「電気自動車一辺倒」の論調に鐘を鳴らした。

4.2　新エネルギー車のパイロット実験

新エネルギー車のユーザーへの補助金支給については，これまでは科学技術部が主導するパイロット実験である「10城千輛」プロジェクトを中心に，北京市，上海市，重慶市，長春市，大連市，杭州市，済南市，武漢市，深圳市，合肥市，長沙市，昆明市，南昌市といった13の実験都市の公共サービス用車両（公共バス，タクシー，公用車，環境衛生車，郵便車等）に限定している。補助金額は2009年2月5日に公布された「省エネルギー・新エネルギー車パイロット実験財政補助資金管理暫定弁法」で定められたており，ハイブリッドが4000～5万元／台，電気自動車が一律6万元／台，燃料電池乗用車が一律25万元／台となっている。

そのため，各主要都市の公共サービス分野において，新エネルギー車の投入が1千台単位の小規模（バス等が中心）で進められている。

4.3　新エネルギー車の個人購入への補助金支給

最も重要の新エネルギー車の個人ユーザーへの補助金支給については，国家発展改革委員会，工業信息化部と財政部はずっと検討しているようだが，2009年12月9日に大きな進展があった。同日に開かれた国務院常務会議は「『省エネルギー・新エネルギー車パイロット実験プロジェクト』（「10城千輛」）の実施都市を13都市（上記）から20都市（天津市，海口市，鄭州市，アモイ市，蘇州市，唐山市，広州市を追加。その後は，瀋陽市，成都市，南通市，襄樊市，フフホト市を追加）に拡大し，そのうち5都市で『個人向け補助金支給プロジェクト』を実施する」との方針を採択した。

但し，その時点では，「5都市」が明確に言及されていないため，業界関係者の間では「新エネルギー車の個人向け補助金支給プロジェクトは，どの5都

市で実施されるのか」が一つの焦点となっている。

　工業信息化部の苗圩副部長（次官に相当）は 2010 年 1 月 9 日，「第 11 回北京大学光華新年フォーラム」にて，中国の新エネルギー車現状について，以下のように重要な発言をした。「中国の新エネルギー車関連技術は，世界と比べるとまだ遅れている。特に，モーターコントローラーと動力バッテリー用隔膜に関しては，国内での調達が不可能で全数を輸入に頼っている。そのような現状を考えれば，新車市場に占める新エネルギー車のシェアは，2020 年までは 10 〜15％程度にとどまるものと思われる。従って，ガソリン車とディーゼル車の燃費改善にも引き続き取り組まなければならない。元旦休暇の期間中，『ハイブリッドの安全規格に関し，国際連合（国連）は日本の規格を国際規格として採用する方向で議論を進めている』との報道を目にした。そこには，トヨタをはじめとする日本メーカーの仕掛けた罠があるので，中国としてはそれに引っかからないように注意しなければならない。電気自動車やプラグインハイブリッドを全面的に普及させるとなると，充電の問題を解決しなければならない。マンション住まいが主流の中国では，ガレージ付きの一戸建てが主流の米国とは異なり，家庭用電源での充電は非現実的である。マンションの駐車場に充電スタンドを設ければよいとの意見もあるが，これは口で言うほど容易ではない。現時点では，完璧な新エネルギー車は存在しない。従って中国政府としては，あらゆる種類の新エネルギー車の普及を奨励していきたいと考えている。ただし，他国が特許を独占する規格が国際規格として採用された場合，高額の特許使用料を支払う必要がある選択肢は避けなければならない。『車両生産企業・産品公告』には，計 47 社の新エネルギー車が掲載されている。そのうち 27 社 47 モデルについて，科学技術部，財政部，国家発展改革委員会と共同で普及を推し進めている」と新エネルギー車生産・普及に関する中国の課題を明確に言及した。また，新エネルギー車の個人購入へのインセンティブに関する方針も明らかにした。「中国政府は，新エネルギー車の普及を促進すべく，個人向けにも補助金を支給する計画である。具体的な金額は，早ければ 1 月中に公布される可能性もある。但し，補助金の支給を恒久的に行うつもりはない。支給金額も，徐々に減らしていく予定である。なぜなら，長期にわたり補助金に依存するようでは，産業として持続的な発展が見込めないからだ。最終的には，企業がコスト削減努力を行い，消費者が購入時のコストが高くても維持費が少ないと考え，自主的に購入するようになる形が望ましい」。

Ⅳ　新エネルギー車関連政策と市場動向

　新エネルギー車の個人ユーザーへの補助金支給が正式に決定されたのは，2010年5月末頃であった。同5月31日に財政部，科学技術部，工業信息化部，国家発展改革委員会は，「新エネルギー車の個人購入へ補助金支給パイロット実験プロジェクトの展開に関する通達」を公布するとともに，同通達の付属書として新エネルギー車を購入する個人に対する補助金支給規定「新エネルギー車の個人購入へ補助金支給パイロット実験プロジェクト管理暫定弁法」を公布し，6月1日から実施することとなった（表3-6）。

表3-6　新エネルギー車の個人購入への補助金支給制度

実施期間	2010年6月1日〜2012年12月31日
実施都市	上海市、吉林省長春市、広東省深圳市、浙江省杭州市、安徽省合肥市
支給対象	個人消費者、リース会社
適用車種	プラグインハイブリッド乗用車、電気乗用車
性能要求	プラグインハイブリッド乗用車：バッテリー容量10kWh以上、かつEVモードで航続走行距離が50km以上／電気乗用車：バッテリー容量15kWh以上
保証期間	動力用バッテリー等の基幹部品は最低5年または10万kmの品質保証期間を設定
補助金額	バッテリー容量1kWh当たり、3,000元／kWhを支給但し、プラグインハイブリッド乗用車は3〜5万元／台、電気乗用車は4.5〜6万元／台
支給方法	個人消費者、車輌レンタル会社：中央財政からメーカーへ支給。メーカーは、補助金額分を割引いた価格で個人消費者、車輌レンタル会社に販売／バッテリーリース会社：中央財政からバッテリーリース会社へ支給。リース会社は、補助金額分を割引いた形でリース料金を設定
備考	累計販売台数がそれぞれ5万台に達した場合、以降の補助金は徐々に減少

出所：財政部の発表により筆者作成。

　今回の政策公布は，新エネルギー車に対する従来の公共交通に限定する「10城千輌」パイロット実験支援政策と比較すると，大きな進展である。対象都市となる5都市の選定基準は明らかになっていないが（のち，北京市が追加された），この6都市に限定せず，今後，第2期，3期等といった多数の対象都市が発表されていくと考えられる。但し，今回の政策措置は，補助金が直接ユーザーに支給されるのではなく，生産企業経由で間接的に支払われる形が取られており，ユーザーへのインセンティブより，生産企業への政策支援にも読み取れる。そのために，対象都市以外の生産企業，または中国民族企業だけでなく，

第1部　第3章　中国の自動車産業政策と市場動向

外資でも平等にチャンスが洗えることは，今後の政策の課題だろう。

4.4　地方政府の新エネルギー車補助金政策動向

　2010年7月6日，財政部，科学技術部，工業信息化部，国家発展改革委員会の関係者が深圳市で「全国新エネルギー車の個人購入パイロット実験プロジェクト業務会議」を開いた。同会議において，財政部の張少春・副部長は「パイロット実験プロジェクト実施都市の地元政府は，独自の補助金を上乗せすることで新エネルギー車の普及を促進しなければならない。それと同時に，ナンバープレート登録費用，車検費用，駐車場料金等の優遇政策も打ち出す必要がある」と呼び掛けた。同日，この中国政府の会議に合わせて，深圳市政府は「個人向け新エネルギー車購入補助金始動式典」を開催し，地方独自の補助金政策として，プラグインハイブリッドに3万元／台，電気自動車に6万元／台の補助金を支給することを発表した。このような補助金は，中国政府の補助金と合わせて受給可能になっている。また，支給の仕組みも中国政府の補助金と同様に新エネルギー車を生産する企業に支給され，生産企業は，補助金額分を割り引いた価格で個人消費者またはリース会社に販売することになる。つまり，深圳市で個人消費者が新エネルギー車を購入する場合，中国政府の補助金と合わせてプラグインハイブリッドで最高8万元／台，電気自動車で同12万元／台の補助金を受給できる計算となる。更に同市政府は，新エネルギー車を購入する市民に対し，9,000元／台の電力使用補助金を支給することも明らかにした。最初に補助金の恩恵を受けるのは，同市でプラグインハイブリッドの個人向け販売を進めている比亜迪汽車（BYD Auto）である。同社の王伝福総裁は「2012年までに，電気自動車の生産コストを同クラスのガソリン車並みに引き下げたい」と述べた。中央と地方の補助金を合わせると，比亜迪汽車（BYD Auto）のプラグインハイブリッドF3DMの価格は8万9,800元にまで下がる。これは，同クラスのガソリン車とほとんど変わらない価格になる試算もある。

　このような動向を受け，上海市と合肥市では深圳市に追随する動きが本格化し始めた。

　例えば，合肥市では電気自動車を購入する個人消費者に対して2万元／台（うち，安徽省の補助金が1万元／台，合肥市が同1万元／台）の補助金を支給する案が検討されている。また，上海市経済信息化委員会も上海市独自の補助金

Ⅳ　新エネルギー車関連政策と市場動向

政策の作成を進んでおり，近々公布する模様。

4.5　新エネルギー車補助金政策の実施結果

　2011年6月1日，個人向け新エネルギー車補助金支給パイロット実験プロジェクトがスタートして1年が経過した。しかし個人ユーザーへの新エネルギー車普及はさほど進んでいないのが現状。更にパイロット実験都市のうち上海市と長春市では関連の補助金政策すら公表されていない。

　各実験都市の具体的な状況について，深圳市では，2010年7月に深圳市政府による地方独自の補助金政策が公表された後，比亜迪汽車（BYD Auto）は同市内でプラグインハイブリッドのF3DMの個人ユーザー向け販売を本格化した。同社は「補助金政策の効果は限定的で，多く見積もってもF3DMの販売台数が1,000台を超えることはない」と予測していたが，実際の販売台数は，当初予測の半分にも満たない400台余りだった。杭州市では，2010年8月に杭州市政府は「バッテリーリース＋完成車リース＋完成車販売」の組み合わせで個人ユーザーへの新エネルギー車普及を推進する方針を発表した。具体的な支援内容は，次の3パターンに分かれる。完成車を購入してバッテリーをリースする個人ユーザーには，購入から3年または総走行距離6万kmのどちらかに達するまでバッテリーのリース料を無料とする。完成車をリースする個人ユーザーには，最高1,000元／月の補助金，ならびにリース利用開始から3年または累計走行距離6万kmのどちらかに達するまでバッテリーの充電・使用料を無料とする。完成車（バッテリーを含む）を購入する個人ユーザー：プラグインハイブリッドを購入する場合，バッテリー容量が10kWhを超えた部分に対して2,000元／kWh（最高3万元／台）の補助金を支給する。電気自動車を購入する場合，同20kWhを超えた部分に対して3,000元／kWh（同6万元／台）の補助金を支給する。いずれの場合も，購入から3年または累計走行距離6万kmのどちらかに達するまでバッテリーの充電料を無料とする。しかし，2011年6月現在では，個人電気自動車ユーザーが25名のみだった。合肥市では，2010年9月に合肥市政府は杭州市と同様に「バッテリーリース＋完成車リース＋完成車販売」の組み合わせで個人ユーザーへの新エネルギー車普及を推進する方針を発表した。具体的な支援内容は以下の通りである。完成車を購入してバッテリーをリースする個人ユーザーには，購入から2年間バッテリーのリース料を無料とする。完成車をリースする個人ユーザーには，購入から2

年間，リース料の半額（最高500元／月）の補助金を支給する。完成車（バッテリーを含む）を購入する個人ユーザーには，バッテリー容量1kWh当たり1,000元／台（最高3万元／台）の補助金を支給する。従来型燃料車から新エネルギー車に買い替える場合，更に3,000元／台の補助金を支給する。但し，同市のユーザー数が不明。上海市では，2011年4月に上海市で初めて電気自動車の個人ユーザーが8人誕生した。上海市はまだ補助金額に関する規定を公布していないものの，今回の8人に対しては4万元／台の補助金が支給された。長春市では，現在に至るまで，新エネルギー車を購入する個人ユーザーに対する補助金政策は公表されていない。

新エネルギー車の普及が進まない理由について，BYD Autoの関係者は「価格が高すぎるためだ」と指摘し，「北京市政府が実施しようとしている『新車総量規制対象・走行規制対象・課税対象からの除外』という『3除外政策』は，新エネルギー車の普及を大きく後押しする」と述べていが，価格だけが要因ではない。個人ユーザーは，新エネルギー車の品質・性能にまだ疑念を抱いていることも指摘できる。実際，2011年4月に杭州市でパイロット実験中の衆泰汽車製電気自動車タクシーが発火事故を起こし，消費者の間で「技術が成熟するまで，個人ユーザーは焦って新エネルギー車を購入すべきではない」との意見が広がった。一方，GMは2011年末に中国市場でシボレー・ボルトの輸入販売を計画しており，セールスポイントとして同モデルが「成熟した技術」と「従来型燃料車と変わらない使い勝手」としている。中国の消費者は，成熟した新エネルギー車の登場を待ち望んでいる。

中国汽車工業協会は2012年から，新エネルギー車の生産・販売データを統計項目にしたため，かつてより中国全体の状況がみえるようになった。2012年1月12日同協会の発表によると，「中国汽車工業協会の不完全な統計では，2011年自動車メーカーは新エネルギー車を8368台生産し，前年に比べて比較的に大幅に増加した。内訳としては，電気自動車が5655台，ハイブリッド車が2713台となる。販売については，8159台の新エネルギー車を販売した。内訳としては，電気自動車が5579台，ハイブリッド車が2580台となる」。また，4月11日同協会の発表によると，「中国汽車工業協会の不完全な統計では，2012年第1四半期自動車メーカーは新エネルギー車を8626台生産した。内訳としては，電気自動車が1655台，ハイブリッド車が1300台，代替燃料車が5671台となる。販売については，10202台の新エネルギー車を販売した。内

Ⅳ　新エネルギー車関連政策と市場動向

訳としては，電気自動車が1830台，ハイブリッド車が1499台，代替燃料車が6873台となる」。筆者は中国各都市での視察の経験から，ここで公表されている台数の大半は，商用車（バス系）と理解している。中国での良質な乗用系の新エネルギー車の本格的な生産は，かなりの努力と一定の時間が必要。

4.6　新エネルギー車を巡るグローバルメーカーの課題と留意点

「自動車産業調整振興計画」の「計画目標」部分には，「既存の生産能力を改造し，電気自動車，プラグインハイブリッド車及びハイブリッド車等の新エネルギー車の生産能力を50万台形成させ，乗用車の総販売台数に占める新エネ車の販売台数を5％にする」という目標については，既に前述のように紹介したが，但し，そのすぐ次の条文「主要乗用車生産企業は認証を通過した新エネルギー車製品を持つ必要がある」については，気付く或いは内容を理解する人が少ないだろう。「主要乗用車生産企業」というのは，合弁企業も該当するか。「認証を通過した新エネルギー車製品」を持てなければ，何か不利になるか。または持つようになると，何かメリットがあるか。

2011年7月，自動車投資案件の許認可を担当する国家発展改革委員会産業協調司の公式Webサイトに，以下のように一つの通達が掲載された。「国家発展改革委員会は，長安PSA合弁プロジェクトの申請報告書を核準（＝承認）し，以下の事項を同意した：長安汽車は中航汽車との再編に基づき，ハルビン飛行機深圳分公司の既存自動車資産を充分に活用し，PSAと自動車合弁プロジェクトを建設すること。プロジェクトの建設場所が深圳市にあり，製品が長安ブランド／シトロエンブランド／合弁企業自主ブランドの乗用車／軽型商用客車と搭載エンジン，及び合弁企業自主ブランドの新エネルギー車であること」。合弁企業で「自主ブランドの乗用車」，更に「合弁企業自主ブランドの新エネルギー車」を生産する理由は何か。

「長安PSA」案件とほぼ同時期に，一汽VWの「南方戦略」に当たる「仏山工場」の設立案件が次の通り盛んに報道されていた。「一汽VWは長春本社以外の広東省で分工場の『仏山工場』を建設する計画だが，国家発展改革委員会に申請しても認可が下らない。一汽VWの自主ブランド電気自動車である『開利（Kaili）』が工業信息化部の車両管理制度である『公告』に掲載された後に，『仏山工場』の設立許認可が下りた」。

一見ばらばらの動きに見えるが，筆者は「長安PSA」案件と「一汽VW仏

山工場」案件は，「自動車産業調整振興計画」に定められた「主要乗用車生産企業は認証を通過した新エネルギー車製品を持つ必要がある」という条文に密接な関係にあると理解している。

　因果関係を整理して見よう。「主要乗用車生産企業」というのは，合弁企業が該当することである。例えば，「長安 PSA」や「一汽 VW」。「認証」というのは，企業と製品の生産参入を担当する工業信息化部に生産車種の認定を受け，車両管理制度である「公告」に掲載されることである。更に「認証を通過した新エネルギー車製品を持つ」ことは，極めて重要な意義を意味することである。即ち，「合弁企業の新規設立」（例えば，「長安 PSA」案件），または「既存合弁企業の分工場建設」（例えば，「一汽 VW 仏山工場」案件）の際に，その「必要性」（新エネルギー車を持つこと）が確認されることになる。

　中国政府は「新エネルギー車」を「戦略性新興産業」と指定しており，上記動向に加えて，外資導入のガイドラインである「外商投資産業指導目録」の改定（2012年1月30日から施行）を契機に，一部新エネルギー車基幹部品に関する外資出資比率の制約条件等も定められている。グローバルメーカーの中国進出にとっては，今後部品を含む一層の技術供与が求められるだろう。

　直近では，待望の「省エネ・新エネ車産業発展計画（2011～2020）」は2012年4月18日にようやく国務院に批准され，そのポイントも明らかになった。発表によると，同政策は「当面，電気自動車とプラグインハイブリッド車の産業化を重点的に推進し，ハイブリッド車と省エネ型内燃機関車の普及を実施する」。「2015年までに電気自動車とプラグインハイブリッド車の累計生産販売台数が50万台，2020年には同500万台を超えるよう努力する」。「個人向け新エネ車補助を試験的に展開する」等となっており，中国政府は引き続き電気自動車とプラグインハイブリッド車の普及に尽力することを再度確認できるが，ハイブリッド車の取扱いは電気自動車とプラグインハイブリッド車と比べて一定の乖離にあることも歴然である。同政策は「ハイブリッド車の普及を実施」と明言している以上，今後，日系メーカーが得意とするハイブリッド車へのインセンティブの上方調整の可能性が焦点の一つになるではないかと思われる。

　本章をまとめると，中国政府の自動車市場喚起策である「自動車産業調整振興計画」（2009年～2011年）の導入は，経済需要の拡大と同時に，産業・製品の構造調整という役割も果たした。その結果，中国の自動車産業が金融危機に

Ⅳ　新エネルギー車関連政策と市場動向

もかかわらず再び好調に回復して，ついに世界1の自動車生産・販売大国に形成した。中国政府の主要政策措置は奏功したといえよう。一方，新エネルギー車の普及促進については，中国政府は意欲的な方策を打ち出しているが，技術の未熟という中国メーカーが固有する弱点も抱えているため，政策効果の出現や産業化の成立は一定の時間が必要ではないかと考えられる。

〔参考文献〕

呉保寧（2009）「中国自動車産業政策の狙い」上山邦雄（編著）『巨大化する中国自動車産業とグローバル競争——外資系と民族系の競合関係』日刊自動車新聞社，第4章

呉保寧「自動車メーカーの戦略に関わる中国自動車産業政策の重要問題」『中国経済』日本貿易振興機構，2011年1月，pp. 31-47

呉保寧「中国自動車産業の現状と将来」『日立総研』2010年8月，pp. 28-33

『中国の景気対策等経済政策の変化がもたらした中国自動車産業の事業環境の変化に関する調査研究』国際経済交流財団，2010年

『中国における自動車産業の成長とエネルギー政策に関する調査研究』国際経済交流財団，2009年

『中国汽車工業年鑑』中国汽車技術研究中心，2009〜2011年

『中国汽車市場年鑑』中国物流和采購聯合会，2009〜2011年

『中国汽車市場展望』国家信息中心，2009〜2011年

第2部
IT・自動車・工作機械市場と企業のビジネス戦略

第4章
中国スマートフォン市場の急成長と「ビジネス・エコシステム」

中川 涼司

I　本章の課題

　2011年中国のスマートフォン市場は驚くべき成長をし，世界最大の市場となった。約10億人の移動通信ユーザを抱える中国ではまだ比率としては大きくなく，厳密な意味ではスマートフォンは中国のボリュームゾーンとはいえないかもしれない。しかし，すでに世界最大の市場であること，今後も急激な市場拡大が見込まれること，現在の市場拡大の大きな要因が，非スマートフォン（フィーチャーフォン）時代にボリュームゾーンであった1000元前後の価格帯を狙った「千元スマートフォン」であることなどから，ネクスト・ボリュームゾーンとして分析する意味がある。

　本章が用いるキーコンセプトは「ビジネス・エコシステム」である。この概念は1993年ジェイムズ・F・ムーアによって提唱された概念であり，生物学における生態系の概念をビジネスの世界に応用したものである。企業はすでに個々のレベルで環境に適応しているわけではなく相互依存関係にある企業のネットワークとして環境に適応し，構成要素はこれらのビジネス・エコシステムの発展とともに発展を遂げていく。この概念は，サード・パーティを巻き込みつつ（あるいはサード・パーティとしてニッチのポジションを確保しつつ），新たなニーズとシーズに基づくイノベーションを大きなビジネスシステムの次元で達成できる企業が成長を遂げ，そうでない企業が没落していく今日のIT業

第 2 部　第 4 章　中国スマートフォン市場の急成長と「ビジネス・エコシステム」

界，とくに，変化の著しい移動通信業界のあり方を上手く説明できるものとして普及してきた。今日では学術界に留まらず，ビジネス界においても頻繁に用いられる用語となっており，とくに今日の主たるビジネス・エコシステムの先導者としてのグーグル自身がこのコンセプトでもって，自らの競争優位や競争戦略を説明するに至っている[1]。

今日の世界スマートフォン市場における主要な「ビジネス・エコシステム」は半クローズ・ドシステムとしてのアップル（iPhone）が主導するシステム，オープン・システムとしてのグーグル（Android）が主導するシステムおよび，それらによって蚕食されつつある伝統的な電気通信キャリアの主導するシステムである。これらは完全に相互排除的なものではなく，特に，電気通信キャリアの主導するシステムはアップルのシステムやAndroidのシステムと重なり合っている部分もある。

では，急速に拡大する中国スマートフォン市場におけるビジネス・エコシステムはどのような関係になっており，今後どのような発展方向を示すのであろうか？そこにどのような中国的な特徴がみられるのであろうか？これが本章の検討課題である。

この課題の解明のために，まず，2.では中国における第3世代移動通信サービスの開始およびスマートフォンの普及に至ったプロセスと現状について説明する。3.では「ビジネス・エコシステム」の概念やその移動通信業分析への適用方法について概念的に整理する。4.では，中国スマートフォン市場における各ビジネス・エコシステム間の共存と競争の関係について明らかにし，5.では今後の展開方向を展望する。

---

[1]　中国の携帯産業については丸川知雄の「垂直分裂」論による優れた研究が出されている（丸川（2007）や丸川・安本（2010）等）。今井健一は携帯電話のデザインハウスの存在に着目し，中国の産業が「高度化」していることをA.ハーシュマンの「後ろ向き工業化」論の論理を援用しつつ論理的に明らかにしようとした。しかしスマートフォン市場の発展でそれらの前提が大きく変わろうとしている。Zhang & Liang（2011）はビジネス・エコシステムの概念で中国移動とSP/CPとのかかわりを分析したものであるが，基本的に2G時代の分析である。

II 中国における第3世代移動通信サービスの展開とスマートフォンの普及

2.1 3大キャリアへの再編と第3世代移動通信サービスの開始

2008年末,長い議論の末,中国移動,中国電信,中国聯通の3大キャリアへの再編が実施された。移動通信に限って言えば,大キャリアである中国移動ではなく,小キャリアである中国聯通の側を分割した形になったため,契約者数の格差はむしろ拡大した。2009年6月末の契約者数を見ると,中国移動4億9,312万件,中国聯通1億4,038万件,中国電信3,928万件であった。

表4-1 3大キャリア3G技術比較(2009年7月時点)

	中国移動 (TD-CDMA)	中国聯通 (W-CDMA)	中国電信 (CDMA2000)
通信速度(下り)	2.8Mbps	14.4Mbps	3.1Mbps
同(上り)	384kbps	5.76Mbps	1.8Mbps
機能	テレビ電話,高速データ通信,WAP,彩信,音声通話,ショートメッセージ	テレビ電話,高速データ通信,WAP,音声通話,ショートメッセージ	テレビ電話,高速データ通信,WAP,彩信,音声通話,ショートメッセージ
世界的配置	中国以外では,ミャンマーとアフリカに試験網	100カ国以上,258ネットワーク	62カ国
世界的ユーザ数	中国41万+他国の試験ユーザ	3.2億,全世界市場占有率77%	9,500万,全世界市場占有率23%
国外代表的キャリア	なし	ボーダフォン,NTT Docomo	スプリント,KDDI(au)
中国主要機器製造業者	大唐移動,中興通訊,上海貝爾,鼎橋	エリクソン,華為技術,中興通訊,モトローラ	アルカテル,ノーテル,中興通訊,モトローラ

出所:杜妍・李琦「決戦3G」『IT時代週刊』180期,2009年7月20日より作成。

3大キャリアへの再編を受けて,2009年1月第3世代移動通信(以下,3G)の公式の免許交付が行われた。3Gの方式は中国移動が中国独自開発とされるTD-SCDMA,中国聯通はW-CDMA,中国電信はCDMA2000で,それぞれ3GのブランドをG3,沃(ないしwo),天翼(第2世代と同じ)としている。3大キャリアはいずれも,自らSP(サービスプロバイダー)として,音楽,ゲーム,ニュースなどの配信サービスをする方向を打ち出した。

第 2 部　第 4 章　中国スマートフォン市場の急成長と「ビジネス・エコシステム」

　2010 年末，移動電話ユーザ 8 億 5900 万人のうち，第 3 世代移動通信サービス契約者は 3473 万人増え，4705 万人となった。急増したとはいえ，全体の 5.5% にとどまった。2011 年 11 月において 3G 契約者は前年末よりも 7168 万件（うち TD-SCDMA2731 万件）増え，1 億 1,873 万件（うち TD-SCDMA4801 万件）と 1 億件を突破した[2]。2011 年 11 月時点の移動電話契約者数は 9 億 7533 万件であり，契約者の比率では，12.2% にまで高まった。1-11 月の契約者増加数に占める比率で見ると，1 億 1633 万件のうち，7168 件であり，その比率は 61.6% にまで達している[3]。

　注目すべきは TD-SCDMA の比率である。1 億 1873 億件のうちの 4801 万件であるから，40.4% である。3 大キャリアの中なので，低くはない（もっとも，この TD-SCDMA の数には農村部において事実上の固定電話として利用されている部分が含まれており，かさ上げがある）。しかし，上記のように 3 大キャリアへの再編時において契約者数でみて中国移動は 73% を占めていたのであるから，第 2 世代（以下 2G）における圧倒的な地位を 3G においては引き継げていないというのも事実である。

　3G 化の動きは業務収入中に占める付加価値通信業務収入の増大に寄与している。2006 年に付加価値通信業務収入が電信業務総収入に占める比重は 16.8% にすぎなかったが，2010 年には 24.2% に達した[4]。2011 年 1-11 月では，電信業務収入 9012 億元（対前年同期比 9.6% 増）のうち，非音声通話業務収入は 4185 億元（対前年同期比 16.5% 増），とくに移動データ通信および移動インターネット業務収入が 786 億元（対前年同期比 54.1% 増）となるに至っている[5]。

---

[2] 中国工業・信息化部「3G 進入規模化発展階段」2011 年 12 月 26 日 http://www.miit.gov.cn/n11293472/n11293832/n11294132/n12858447/14405125.html
　　なお，2012 年 1 月末で移動電話契約者は 9 億 9659 万 8 千件，うち，3G は 1 億 3660 万件である。同「2012 年 1 月通信業運行状況」2012 年 3 月 13 日。http://www.miit.gov.cn/n11293472/n11293832/n11294132/n12858447/14495225.html

[3] 中国工業・信息化部「2011 年 11 月通信業主要指標完成情況（二）」http://www.miit.gov.cn/n11293472/n11293832/n11294132/n12858447/14394809.html より算定。

[4] 中国工業・信息化部「2010 年全国電信業統計公報」2011 年 1 月 26 日 http://www.miit.gov.cn/n11293472/n11293832/n11294132/n12858447/13578942.html

[5] 中国工業・信息化部「通信業発展勢頭良好」2011 年 12 月 26 日 http://www.miit.gov.cn/n11293472/n11293832/n11294132/n12858447/14405153.html

Ⅱ　中国における第3世代移動通信サービスの展開とスマートフォンの普及

2.2　中国におけるスマートフォン市場の拡大

　世界市場においてスマートフォン市場が急拡大しているが，中国市場においても第3世代移動通信サービスの開始と歩調を合わせるように，スマートフォン（高機能携帯電話）の分野での各社の動きが活発化した。

　中国聯通はアップルと10カ月に及ぶ長期間の交渉を経て2009年8月28日の公式会見で2009年第4四半期にiPhoneを販売することを発表した。

　iPhoneの導入はその後の同社の売上，加入件数の伸び，ARPU（契約者一人当たりの月間収入）の改善に大きく寄与した。2012年3月に発表された大手3社の2011年12月期決算の結果，売上高は対前期比22％増の2091億6700万元となり，上位2社との差を詰めた。中国移動は9％増，中国電信は11％増だった。契約者数19％増で，もともとCDMA標準で契約者の少なかった中国電信の伸び率には及ばなかったが，第3世代加入件数が2.8倍の4001万件に達し，3G携帯による収入も2.8倍の327億3900万元となった。また，他2社がARPUを下げたのに対し，中国聯通は3Gに限ればARPUは110元に達し，全体でも（依然絶対水準は他社より低いが）8％増となった。iPhoneの販売台数はアップル社との協定により非公開であるが，『中国IT時代週刊』の推計では毎月30〜40万件，中国聯通の加入件数増加数の約20％程度となっている[6]。しかし，売上等の伸びの一方で，純利益の低さが目につく。全社の純利益は中国移動の30分の1程度であり，3G事業も損益では赤字である。その一つの要因として，アップルとの契約で，端末の割引販売のための販売奨励金を従来レベルの40％増とも言われるレベルでつけることが求められていることがある。また，下記のように，2012年3月から中国電信もCDMA版のiPhoneを売り出すこととなり，中国市場における独占供給は崩れている。

　中国移動は，ノキア，中興通訊，サムスン，酷派，モトローラなど50社以上の協力のもとにTD-SCDMA標準のスマートフォンの開発に取り組み，当初の8機種から2011年11月までに630機種まで機種を広げた。また，米グーグル社が開発した携帯向けプラットフォームのアンドロイド（Android）を中国向けにカスタマイズ（逆にグーグルのサービスへの連携機能は削除）した独自携帯基本ソフト（OS）であるOMSを開発し，それを各社の携帯端末に実装

---

(6)　杜舟・馬鳴「三大運営商争奪iPhone」『IT時代週刊』232期，2011年9月20日，38頁。

第 2 部　第 4 章　中国スマートフォン市場の急成長と「ビジネス・エコシステム」

図 4-1　2004～2010 年　世界スマートフォン年間販売台数（万台）

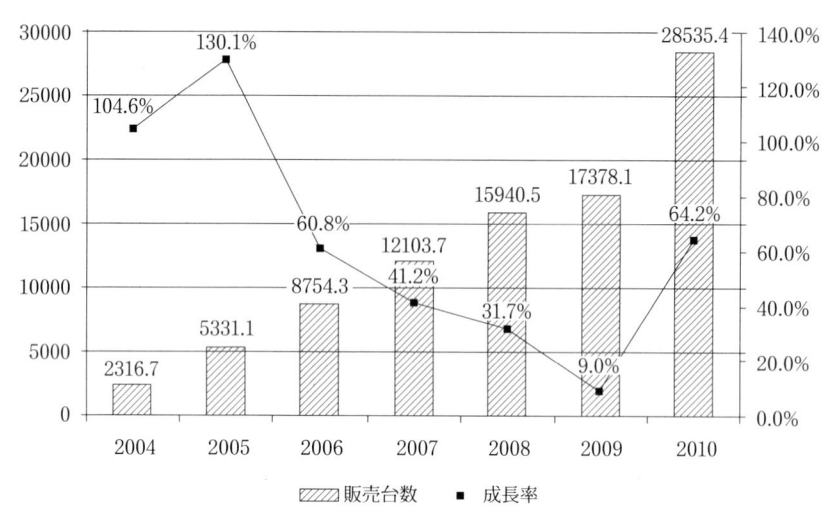

年	販売台数	成長率
2004	2316.7	104.6%
2005	5331.1	130.1%
2006	8754.3	60.8%
2007	12103.7	41.2%
2008	15940.5	31.7%
2009	17378.1	9.0%
2010	28535.4	64.2%

出所：賽迪顧問股份有限公司（CCID）（2012）『2010-2011　中国智能手機与操作系統市場研究年度報告』同社，2012 年，7 頁より作成。

図 4-2　2004～2010 年　中国スマートフォン販売台数（万台）

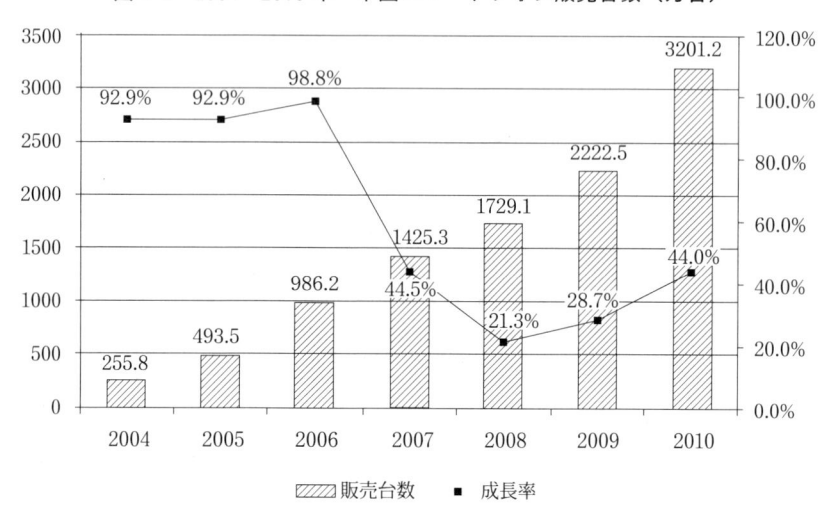

年	販売台数	成長率
2004	255.8	92.9%
2005	493.5	92.9%
2006	986.2	98.8%
2007	1425.3	44.5%
2008	1729.1	21.3%
2009	2222.5	28.7%
2010	3201.2	44.0%

出所：同前，12 頁より作成。

Ⅱ 中国における第3世代移動通信サービスの展開とスマートフォンの普及

表 4-2　電気通信大手3社の2011年12月期の業績

	売上高(百万元) (前期比増減比率)	純利益(百万元) (前期比増減比率)	ARPU(元) (前期比増減比率)	携帯加入件数(万件) (前期比増減比率)
中国移動	527,999　(9%)	125,870　(5%)	71　(−3%)	64,957　(11%)
中国電信	245,041　(11%)	16,502　(8%)	52.4　(−3%)	12,647　(40%)
中国聯通	209,167　(22%)	4,227　(14%)	47.3　(8%)	19,966　(19%)

（注）ARPUは加入1件当たり月間収入。1元は約12円。
出所：『日本経済新聞』2012年3月23日他。

してもらうことでそれらをOPhoneと呼ぶことにした。OPhoneのユーザ画面等はiPhoneそっくりであるが、iPhoneにはない携帯テレビ視聴アプリケーションのCMMBが搭載され、日本の「おサイフケータイ」に似た機能も搭載されるとされた。また、App Storeに似たモバイルマーケット（MM）が展開され、アプリケーションの提供窓口とされた[7]。2009年9月16日に中国移動と聯想移動の共同開発による初のOPhoneである聯想01が売りだされた。これはTD-SCDMA方式によるもので、ベースバンドチップは上海の聯芯科技[8]製である。OPhoneに対しては中国移動としては1年で60億元の補填をしていく予定であるとされた[9]。

興味深いのはiPhone導入を巡る同社の対応である。2007年時点で同社はiPhone導入を巡ってアップル社と接触を持っていることを明らかにしていたが、2011年8月時点では交渉は行っているが、合意に達していないと公式発表した。TD-SCDMA標準への対応という技術的問題というよりも、上記のように多大な販売奨励金が義務づけられ、また、利益分配として中国移動としては受け入れられない20~30%を要求してため受け入れらなかったと伝えられている[10]。しかし、同社は8月時点ですでに同社ネットワークに744万のiPhoneユーザがいることも明らかにした[11]。iPhoneはGSMにも対応しており、中国聯通向けに販売された、あるいは、輸入されたiPhoneに中国移動の

---

[7] 佐々木陽「中国移動が開発する『OPhone』の野望"日本型垂直統合モデル"を中国に注入『日経コミュニケーションズ』2009年7月15日
[8] 2008年3月に大唐電信科技産業控股有限公司によって設立されたTD-SCDMAチップ開発会社。TD-SCDMAの主要開発会社である大唐移動とは兄弟会社関係になる。
[9] 『21世紀経済報道』2009年9月1日
[10] 杜舟・馬鳴、前掲、41頁。
[11] 同前、38頁。

75

第 2 部　第 4 章　中国スマートフォン市場の急成長と「ビジネス・エコシステム」

SIM カードを移すことで中国移動のネットワークでも使用できる。しかも，これはユーザが勝手にしたことではなく，（中国移動自社用の SIM カードが iPhone 用の SIM カードよりも大きいことから）サービスショップで無料で SIM カードを小さく切るサービスまで行った。これに対し，中国聯通はこの行為を違法とし，iPhone 4 で機器と SIM カードの一体化を行い，かつ，契約期間に SIM カードを映した場合の電話番号消去などの対抗策を採った。

　中国電信は華為技術，モトローラ，HTC などから CDMA2000 対応のスマートフォンの供給を受けるとともに，2009 年 8 月 26 日，ブラックベリーと米パーム（Palm）の Treo を導入していく方向を出した。しかし，やはり消費者に訴求力があるのは iPhone であることから，アップルとの交渉を始め，2012 年 3 月から CDMA 版の iPhone を供給することとなった。なお，各社のビジネス・エコシステム構築に向けた動きは後に見る。

　賽迪顧問股份有限公司（CCID）によれば，中国では 2010 年に 3201 万台のスマートフォンが販売され，それは全世界の 11.2％に当たった。また，易観智庫によれば，2011 年第 1 四半期スマートフォン販売台数は 1564 万台，第 2 四半期 1,681 万台であり，半年で合計 3245 万台となる。これを同じ，易観智庫の発表している携帯端末販売台数第 1 四半期 6674 万台，第 2 四半期 6894 万台の合計 1 億 3568 万台との比率を計算すると，23.9％となる。MM 総研の推定では日本市場の 2010 年度通期（2010 年 4 月〜11 年 3 月）のスマートフォンの出荷台数は，前年比約 3.7％増の 855 万台となり，総出荷台数の 22.7％であった[12]（もっとも 2011 年は MM 総研は販売台数の 46.8％がスマートフォンになるとの予測を行っている[13]）ことや，2011 年 8 月 11 日に発表された 2011 年第 2 四半期（4〜6 月期）の世界携帯電話市場に関する調査結果でも，スマートフォンの販売台数は携帯電話市場に占める割合が 25％としていること[14]等，などを考えると，中国のスマートフォン化のスピードは著しい。また，3G との関係をみると，工業・信息化部のデータ[15]では 2011 年 1-6 月の 3G 契約者の純

[12] 「調査リポート：2010 年の国内スマートフォン出荷，Android がトップに――iPhone を追い抜く」http://www.itmedia.co.jp/promobile/articles/1105/12/news061.html
[13] 『日本経済新聞』2011 年 12 月 30 日第 23 面および MM 総研『2010 年度通期国内携帯電話端末出荷状況』より。
[14] 「世界の携帯電話販売台数に占めるスマートフォンの割合が 25％に――Gartner 調査」http://www.itmedia.co.jp/news/articles/1108/12/news015.html
[15] 中国工業・信息化部「2011 年上半年全国通信業運行状況」2011 年 7 月 28 日 http://

Ⅱ　中国における第3世代移動通信サービスの展開とスマートフォンの普及

図 4-3　2010 年　中国スマートフォン市場ネットワーク別販売台数比率

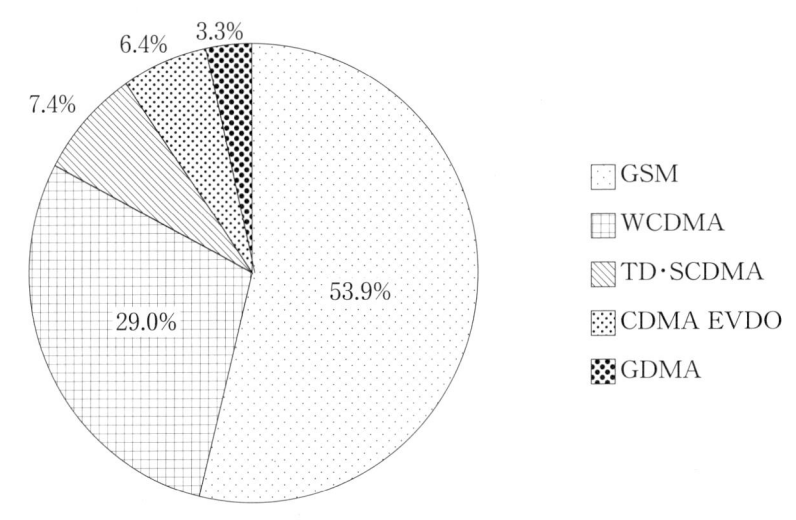

- GSM
- WCDMA
- TD・SCDMA
- CDMA EVDO
- GDMA

6.4%　3.3%　7.4%　29.0%　53.9%

（注）GMS と CDMA は第 2 世代。他は第 3 世代。
出所：同前，16 頁より作成。

増は 3346 万件であり，スマートフォンの新規販売台数とほぼ匹敵する。しかし，そのことは，中国のスマートフォン＝3G を意味しない。2G のスマートフォン≒3G の非スマートフォンであることを意味しているにすぎない。

Strategy Analytics 社が 2011 年 11 月 3 日に発表した調査によれば，中国が台数ベースで米国を抜き，世界最大のスマートフォン市場になった。同社によれば，2011 年第 3 四半期に中国のスマートフォンの出荷台数は 2,390 万台に達した。一方，米国は 2,330 万台であった。さらに DCCI 社が 2010 年に行った予測では非スマートフォン携帯の出荷量は 2013 年にスマートフォン販売台数（1 億 5834 万台）は非スマートフォン販売台数（1 億 3397 万台）を凌駕する[16]。

---

www.miit.gov.cn/n11293472/n11293832/n11294132/n12858447/13980292.html
[16]　中尾重光「中国のスマートフォン市場とソーシャルネットワーク市場」http://www.slideshare.net/osschina/ss-9260933

Ⅲ　ビジネス・エコシステムの概念と移動通信産業分析

3-1　ビジネス・エコシステムの概念

　ビジネス・エコシステム（Business Ecosystem）の概念は今日ではIT産業分析のフレームワークとして学界のみならず実務界においても広く使われている。とくにグーグルはCEOのシュミット（Eric Emerson Schmidt）ほか上級経営者がこの概念を用いて自社の優位や戦略を説明することから，単なる学術用語ではなくビジネス用語となっている。日本では単に「エコシステム」，中国語でも「生態系統」（生态系统）とされることが多いが，自然環境保護を目的とする概念と紛らわしいことから，本章ではビジネス・エコシステムとする。その提唱者とされるのは，ジェイムズ・F・ムーア（James F. Moore）であり，その代表的著作はMoore（1993），（1996）などである。これは生物学における生態系の概念をビジネスに応用したものである。この概念はその後，Angraenietal.（2007）や井上（2010）が整理しているようにさまざまな理論展開がされてきた。本章の目的はその概念整理ではないので，詳細には立ち入らず，ポイントしてビジネス・エコシステムは，「かなめ石」（Keystone。Iansiti & Levien（2004））となるハブ企業が存在し，そのハブ企業の提示する価値創出のロジックおよびガバナンスに依拠した数多くの企業のネットワークであることを確認するにとどめる。そのネットワークは系列関係のような固定性（特に資本関係や人的関係による外的固定性）のあるものではなく，ネットワーク参加企業のそれぞれのビジネスモデルにしたがって，相互の利害に基づいて関係が構築され，結合の度合いには強弱がある。企業間の競争は単に個別の企業間の競争にはならず，このビジネス・エコシステム間の競争となる。

3-2　移動通信分野におけるビジネス・エコシステム

　移動通信分野では，アップル（iPhoneおよびiOS）とグーグル（Android）のビジネス・エコシステムの比較対照がしばしば行われる。これらは双方ともハード，ソフト，コンテンツの一連の流れを統括し，また，移動端末と他の端末機器との共用性も持たせることで，知りたい情報やコンテンツを，必要な時に，必要な場所で，必要な形で簡便に入手できるようにするユーザオリエンティドなシステムであることは共通している。しかし，しばしば指摘される両

者の違いはアップルは閉鎖型でグーグルは開放型というものである。アップルは携帯端末機器，OS，チップを自ら提供し，アプリは自社系のApp Storeを通じてダウンロードされ，そのスクリーニングも厳格に行われる。それに対して，グーグルはPCユーザの約4倍のユーザが存在する携帯端末におけるポータルの位置を獲得（し，その顧客流によって広告収入を上げていく）するのが主目的であることから，OSであるAndroidをフリーで携帯端末製造業者に提供し，アプリのダウンロードも比較的自由であるということである[17]。ただし，両者は「閉鎖型」対「開放型」と言われるほどの両極ではなく，その区別は相対的なものである。アップルは携帯端末の製造は台湾の鴻海（Honhai）およびその中国大陸における製造会社富士康（Foxconn）に委託しており，チップの製造業者は秘匿されているが，サムスン電子であろうとされている。また，App Storeに組織されるのは多くのサード・パーティであって，自社ではない。また，Androidは逆に比較的オープンではあるが，単にフリーでOSを提供するだけなら，移動通信端末におけるポータルになるという同社の戦略は実現されないので，指定された仕様に基づかなければ自社系のアプリマーケットであるAndroid Market（2012年3月6日にGoogle Playと改称。本章では旧名を用いる）にはアクセスできないといった諸制限をつけてグーグルのポータル（玄関）化を図っている（もっともポータルになる形はPCの場合とはかなり異なる。PCの場合は検索エンジンが核となり，そこに，アドセンス広告等がついて行く形である。携帯端末の場合は，検索エンジンはついてはいるものの，中心となるのはアプリである）。また，2011年には，モトローラを買収し，自ら携帯端末の製造にも乗り出すこととなった（なお買収の主たる目的は端末製造に乗り出すことではなく，ますます激しくなる特許紛争に有効に対処するためにモトローラの有していた特許を獲得することにあった）。

　また，日本ではこの二つのビジネス・エコシステムの競争の中でますます影が薄くなりつつあるが，伝統的には電気通信キャリア主導のビジネス・エコシステムが存在し，「ガラパゴス」とも揶揄されるシステムを形成してきた。しかし，かつて「ガラパゴス」の先導者であったNTT DocomoがiPhoneおよびその日本での独占供給者（のちauも供給可能に）であったソフトバンクへの

---

[17] 坂村（2010）はビジネス・エコシステムという概念は用いずにガバナンスとしているがこのような対照を行っている。中国でも木公「"封閉＋高端" PK "開放＋多元" Android重囲難撼苹果孤軍」『人民郵電』2011年8月11日など）

第2部　第4章　中国スマートフォン市場の急成長と「ビジネス・エコシステム」

対抗のために，日本メーカーではなく，世界的レベルでアップルと対抗できる存在となっていた韓国のサムスン電子（Galaxy）等を選択したことから，「ガラパゴス」は崩壊した。しかし，サード・パーティのアプリを安心かつ安価に提供するシステムは NTT Docomo の i-mode によって切り開かれてきたもので，同社はその「遺産」を継続する方針であり，また，日本のユーザが（アップルを除けば）端末メーカーよりもキャリアに対する信頼度が高いことからキャリア主導のシステムが完全に崩壊したわけではない。

Ⅳ　中国移動通信市場におけるビジネス・エコシステム

4-1　中国移動通信市場におけるビジネス・エコシステムの基本構図

　第1節で見たように，中国におけるスマートフォン市場は急速に拡大し，（契約者全体に対する比率としてはまだ低いものの）絶対数においては世界最大の市場となった。そこではどのようなビジネス・エコシステムの競争となっているのだろうか？

　かつての市場占有率の高さという歴史経路依存から2011年段階では依然ノキアのシンビアンOSがスマートフォンの最大シェアを握っていたが，今後，世界市場と同じく，アップル対グーグルのビジネス・エコシステムの競争が軸になっていくことは疑いない。それとともに3大電気通信キャリア主導のビジネス・エコシステムが存在する。しかし，構図は3大陣営の対立というような単純なものではない。

　電気通信キャリアは一方では顧客の獲得にためにアップルとグーグル（とくにアップル）のビジネス・エコシステムに依拠するための競争を行うが，他方では，完全に主導権を渡してしまうと，単なる「パイプ」と化してしまうことから自社系のビジネス・エコシステムの構築を行おうとする。それが，中国移動のOPhoneなどの取り組みである（ベースはAndroid）。また，当然，3大電気通信キャリアは相互に競争関係にあり，他の電気通信キャリアとの競争のために，アップルやAndroidのビジネス・エコシステムに依拠する側面も持つ。

　また，端末機器ベンダーは中低エンド市場開拓のためにキャリアから出された「千元スマートフォン」のコンセプトとスキームに乗り，また，OPhoneのコンセプトにも乗ってキャリア主導のビジネス・エコシステムの一環を担うが，単に，中低エンド機器の提供を行うだけでは，第2世代移動通信標準において

Ⅳ　中国移動通信市場におけるビジネス・エコシステム

発生した「山寨機」と呼ばれる非正規品と外資の挟撃のなかで沈没するという失敗を繰り返すことになりかねない。そこで，自らハードとコンテンツを一体化した「楽Phone」（聯想集団），「Vision」（華為技術）に乗り出している（コンテンツの貧弱さは否めない）。

　さらに，各種のネットワーク事業者が，この中に参画している。中国におけるインスタント・メッセンジャー市場において圧倒的支配力を持つ騰訊（QQ）は，その優位をさらにゲーム，ポータルサイトその他に拡張してきたが，さらに，その優位を移動通信端末においても延長すべく，移動端末向けのソフトやサイト（移動QQ，微信など）を開発するだけでなく，携帯端末メーカーとの協力のもとで，当初からそれらのソフトやサイト向けにAndroidをカスタマイズした携帯端末を供給するようにした。電子商取引（B2B，B2C，C2C）において圧倒的地位を持つ阿里巴巴（アリババ），検索エンジンにおいて圧倒的地位をもち，電子商取引分野等への進出も伺う百度（Baidu）も同様である。

　Androidをカスタマイズさせたこれらの「OS」に基づくビジネス・エコシステムは大きく言えば，Androidのビジネス・エコシステムの一部であるともいえるが，移動通信におけるポータル獲得を目的とするグーグルからすればポータル機能を持つ騰訊や百度がそのポジションを奪ってしまうと，まさに，Androidを無料で提供しただけになってしまいかねず，競合する側面も小さくない。

　このように，中国スマートフォン市場におけるビジネス・エコシステムは競

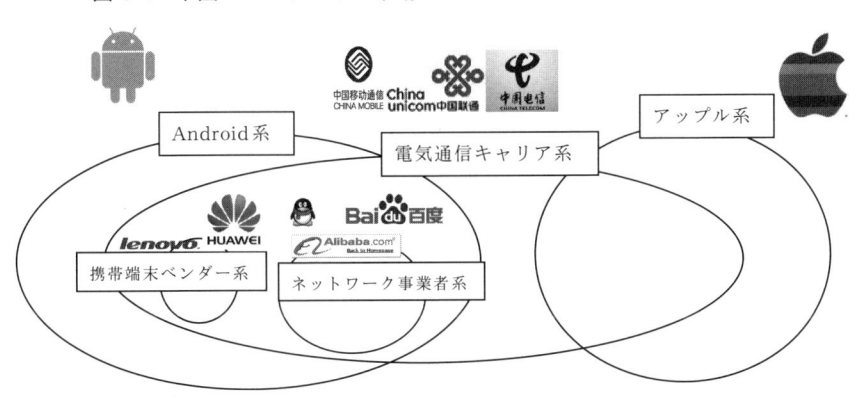

図4-4　中国スマートフォン市場のビジネス・エコシステムの概念図

出所：筆者作成。

合しつつも，重なり合ういくつかのシステムの複合体（メガ・ビジネス・エコシステムとも称することも可能である）である。その中でアクターとなる企業等は自らの利害に従い，ときに複数のビジネス・エコシステムの中で行動する。個々のアクターの命運は個としての行動だけでなく，自らの属するビジネス・エコシステム，さらにそれらの複合体の動きの中でもきまってくる。

4-2 アップルとAndroidのビジネス・エコシステム
4-2-1 スマートフォンをめぐるOSの争い

中国スマートフォン市場のOSをめぐる動きは世界市場の動き反映しているが，同時に中国的特徴もある。

アップルのiOSとグーグルのAndroidを基軸とした競争関係が注目されているが，世界市場においては2010年第3四半期ごろまではスマートフォンOSとしては，ノキア系のシンビアンOSが第1位のシェアを持っていた。これは世界の携帯市場におけるノキアの市場シェアを反映していた。しかし，各社のレポートではおおむね2010年第4四半期のクリスマス商戦において，Androidが急伸し，世界の第1位となった。

日本は従来もノキアがほとんど市場シェアを持たないため，スマートフォン市場においてもノキア系のシンビアンOSはほとんどなく，AndroidとiOSでもって二分されている。

中国の動きはこれにやや遅れている。2011年第2四半期においても第1位を占めるのは依然としてノキア系のシンビアンである。易観智庫によれば，同期のスマートフォンOS別シェアはシンビアン56.5%，Android16.3%，Windows Mobile10.0%，iOS6.2%，ブラックベリーOS2.9%，Linux0.8%，その他6.4%である[18]。しかし，シンビアンはシェアを急激に落としており，世界の流れと同様に，AndroidとiOSの争いが主軸となっていくと思われる。

中国市場において注目すべきは台湾系の聯発科技（メディア・テック，MTK）によるMTK OSの動きである。というのも，スマートフォン以前の携帯電話のOSにおいて圧倒的シェアを占めたのが，このMTK OSであるからである。艾媒市場諮詢集団（iMedia Research）の調べでは，MTKは非スマートフォンを含む携帯電話出荷台数のうち，2010年5億4500億台，2011

---

[18] 易観網 http://www.eguan.cn/

Ⅳ　中国移動通信市場におけるビジネス・エコシステム

年4億9600万台で，シンビアン（同8890万台，7550万台），iOS（同1100万台，1780万台），Android（1145万台，5390万台），Windows Mobile（1005万台，600万台），ブラックベリー（同160万台，170万台）を大きく引き離し，約80%のシェアを握っていた。しかも，同社はターンキー方式を採用しており，必要な機能を一括して提供していた。丸川（2007）はまさにこの点に着目をしていた。しかし，スマートフォンにおいてはMTKは出遅れている。チップとしてもMTK6516，MTK6513[19]などは第3世代移動通信に対応しておらず，3.5世代（HSPA）対応のMTK6573はAndroid用である。したがって，山寨機はともかく，正規版でかつ3Gに対応したスマートフォンとしてはローエンドを中心にMTK6573が使用されていくと思われるが，MTK OSは使用されないと思われる[20]。

4-2-2　スマートフォン端末機器のブランド別動向とビジネス・エコシステム

2010年のスマートフォンのブランド別シェアは以下のとおりである。2010年時点では，まだノキアの市場シェアが63.0%と大きい。これは非スマートフォン市場における圧倒的市場シェアを反映している。3位の酷派は深圳の宇龍計算機通信科技（深圳）有限公司のブランドである。5位の多普達（Dopod）は台湾の宏達電子国際股份有限公司（HTC）の100%子会社である。HTCは今日では自社ブランドによって世界に販売しているが，元はOEM（相手先ブランドによる製品供給）業者であり，中国での自社ブランド展開のために使われたブランドが多普達である。したがって，この中では酷派（Coolpad），中興通訊（ZTE），聯想（Lenovo）が国産系となる。国産系を合計しても6.6%にしかならない。

---

[19] MTKプロセッサの概要は以下の通り。MTK6235：MTK6516よりも前の世代の中国製携帯によく使用されているプロセッサ。これで偽iPhone 5も製造されている。MTK 6516：ARM 9, 460MHz。3G回線には非対応。多くのクローンAndroid携帯に利用。MTK6513：ARM 11, 650MHz。Angry Birdsがスムーズに動作可能に。MTK6573：CPUコアはARM11。650MHz。800万画素までのカメラをサポートし3.5G回線が利用可能。

[20] スマートフォン用のベースバンドICはクアルコムが圧倒的シェアを握り，アプリケーション等を操作するCPUについては，クアルコムのsnapdragon以外に，アップルのA4，A5，サムスンExynosなど，TIのOMAP，NVIDIAのTerga等が競り合う構図となっている。クアルコムはベースバンド，CPU，さらにはCPUコアまで一括供給し，MTKがGSM時代に展開したようなターンキー方式を実現しようとしているが，CPUにおいては独占が成立はしていない。

第 2 部　第 4 章　中国スマートフォン市場の急成長と「ビジネス・エコシステム」

表 4-3　2010 年中国スマートフォン市場ブランド別販売台数・市場シェア

順位	ブランド	販売台数（万台）	市場シェア
1	ノキア	2015.7	63.0%
2	モトローラ	455.7	14.2%
3	酷派（Coolpad）	147.1	4.6%
4	サムスン	147.1	4.6%
5	多普達（Depod）	123.9	3.9%
6	アップル	94.1	2.9%
7	ソニー・エリクソン	41.5	1.3%
8	中興通訊（ZTE）	38.6	1.2%
9	LG	29	0.9%
10	聯想（Lenovo）	26.9	0.8%
	その他	81.6	2.6%

（注）太字は国産系。
出所：賽迪顧問股份有限公司（CCID）『2010-2011　中国智能手機与操作系統市場研究年度報告』同社，2012 年，21 頁より作成。

　調査会社も異なるため厳密とはいえないが，艾媒市場諮詢集団による第 2 世代（GSM と CDMA）の 2010 年のブランド別市場シェアを比べてみよう。
　艾媒市場諮詢集団によれば，2010 年の中国携帯端末市場全体ではノキア（フィンランド系）27.0%，サムスン（韓国系）14.1%，華為技術 6.2%，天語 6.1%，中興通訊 5.8%，聯想 5.1%，LG（韓国系）3.8%，OPPO3.3%，歩歩高 3.1%，モトローラ（米国系）3.0%，酷派 2.2%，TCL1.2% であった[21]。その他に多くの国産系雑ブランドが入るのも無視しても，33.9% は国産系である。山寨機をカウントすれば，そのシェアははるかに大きい。スマートフォンによる国産系の後退は明確である（2011 年の「千元スマートフォン」のよる回復については後に見る）。
　国産系，外資系という区別とは別に，外資の中，国産系の中での変化も注目される。まずノキアはどちらにおいても 1 位ではあるが，非スマートフォン市場のシェアを維持できていない。ついで，台湾系の HTC は Android OS で世界中で市場シェアを拡張しており，スマートフォン市場におけるシェアが高い。モトローラは世界的に市場を落としているが，スマートフォンでの挽回が中国

[21]　艾媒市場諮詢集団『2010-2011 年度中国手機市場発展状況研究報告』http://wenku.baidu.com/view/441e7a4acf84b9d528ea7a0d.html

Ⅳ　中国移動通信市場におけるビジネス・エコシステム

市場にも現れている。国産勢では，技術力の乏しい天語などが消え去り，コストパフォーマンスの高いスマートフォンで売る魅族が国産の中ではトップに立つ。

　外資系で，モトローラ，サムスン，HTC，国産系は聯想 A60 が MTK を使用していることを除けば，Android OS であり，Android が外資，国産を超えて，メーカーを組織している様子がうかがえる。ノキアはシンビアン OS の開発を放棄し，Windows への依拠を表明しており，中国におけるシンビアン OS の後退はほぼ確実である。今後，iPhone 対 Android 機の構図となっていくことが予想される。

4-2-3　アップルとグーグルによるアプリの集積と中国アプリ開発業者の組織化

　2012 年 3 月 14 日に軟件遊撃狩手が公表した『2011 年中国区 App Store データ報告』によると，2011 年に App Store は爆発的な成長を遂げ，中国区 App Store の累計アプリ数は 61 万 3445 件に昇り，うち実際に使用されたのは 50 万 3138 件に昇る。使用アプリ数は対前年比 202% の成長である。逆に除却されたものはわずかに 7% にすぎず，使用されもしないものが形式的に増えているということではない。種類別にみると，ゲーム，娯楽，図書，教育，生活，がトップ 5 であり，それだけで全体の 55% を超す。ただし，かつて第 1 位であった図書類は唯一のマイナス成長（マイナス 20%）となっている。有料かどうかという点では，有料が依然主流であり，57.3% を占める。しかし，2011 年度に新しく増えたアプリだけについてみると，無料アプリが有料アプリの 2 倍となっている。価格としては 0.99 ドルが 42% を占める。開発者は 2010 年の 53,346 人から 138,801 人に 160% 成長を遂げた。うち，iPhone 向けのみの開発を行うものが 65%，iPad むけのみ開発を行うものが 19%，両者を行うものが 16% であり，iPhone 向けに傾いている[22]。アップル社はアプリ向けのプラットフォームを構築，アプリ提供者はアップル社の審査を受けた後，開発した商品を AppStore し販売（ないし初回は無料提供）し，アップル社とアプリ提供者との間でおおむね 3 : 7 の比率で収入は分配される。

　2011 年 6 月アップル社はこれまでの累計で全世界のアプリ開発業者に対して 25 億ドルの分配を行ったとし，そのうちの 10 億元（2011 年 6 月末の 1 ドル

---

[22]　「新浪科技　報告称去年苹果商店応用数量爆炸式増長」http://tech.sina.com.cn/i/2012-03-14/16536836691.shtml

＝6.462967元で計算すると約1.54億ドル）が中国に渡った[23]。いくつかの有力なアプリ開発業者は中国向けに販売するだけでなく，App Store のチャネルを通じて世界中に販売されることで大きく成長した。中国で最高の収入を上げたのが北京数字頑石によるゲーム「二戦風雲」であり，100人の企業で1年に2億元の収入を上げた。海外でもっとも多くの収入を上げたのは上海海游のゲーム「Haypi Kingdom」である。月平均70万ドルの売り上げを誇る。上海晨炎（Trinti）の「gamebox」は2010年の App Store ダウンロードランキングの第10位にランクされた。北京触動科技の「捕魚達人」は33カ国にダウンロード第1位になったことがある。中国国内でみると，深圳凱立徳のナビソフト「凱立徳移動導航系統」は中国国内 App Store ダウンロードランキングの長期にわたる第1位となっている。14.99ドルのこのソフトは2011年10月時点ですでに数10万セットを販売している。同じく，高徳軟件のナビソフト「高徳導航」も上位にある。もっとも2011年の中国区上位3位となったのはいずれも国外開発の「水果忍者（Fruit Ninja）（開発者：alfbrick Studios），「憤怒的小鳥（Angry Birds）」開発者：Rovio，「植物大戦僵屍」（Plants vs. Zombies）開発者：PopCap Games である。

このアップルのシステムの存立にかかわることで大きな問題もある。それはいわゆる Jailbreak（「脱獄」。中国語では「脱獄」ないし「越獄」）である。つまり，App Store を通じないで各種のアプリを入手できるようにすることである。これは世界中で見られることなので，中国に限ったことではない。しかし，前記の SIM カードの差し替えと，この「脱獄」により，日本貿易振興機構（2011a）が紹介していように，実際のところは中国聯通のネットワークを使う iPhone ユーザよりも中国移動のネットワークを使うユーザが多かったり，App Store 以外の第3者携帯アプリ市場などからも多く iPhone 向けアプリが一ダウンロードされたりする実態が生まれている。アップルのクローズドなシステムは実際のところはかなりの程度オープン化されてしまっているといえる。

Android Market での利用可能アプリ数は全世界では2011年4月に20万，8月に30万を超え，年末には40万に達した。もっともアップルの場合，半分以上が有料であるのに対し，Android の場合，40万のアプリのうちの約3分の2は無料である。易観国際の分析によれば，これらのうち中国国内で使える

---

[23] 『21世紀経済報道』2011年10月12日。

ものは27万である。もっとも，（公式上は）App StoreとはZなり，Android Marketを通じないでもAndroid向けのアプリは提供でき，それが4-5万程度あるとされている[24]。合計するとApp Storeの6割程度となる。中国における開発者の数に関してはアップルの14万人に対してAndroidの側は75万人[25]の開発者が組織されており，開発者の数の面では，Androidの側の方が大きく引き離している。アプリの数ではややアップルには劣るものの，Android向けプリも爆発的な増大である。3大キャリア系の天翼空間（中国電信系），中国移動MMが7〜8万程度，中国聯通沃商店が2万程度，携帯ベンダー系のLenovoMMが1万程度であることからすると2つのビジネス・エコシステムの中にアプリとアプリ開発者が吸収されていく様子がうかがえる。

4-3-4 アップルの販売チャネル

アップルの中国における販売チャネルは主に4つの総代理店（方正世紀，長虹佳華，佳木科技，翰林匯正）を通じて，代理店に製品を流していくシステムであった。しかし，より顧客ダイレクトにつながるとともに，アップル製品に対する不正な取り扱い（顧客に要求に応じアップルPCにWindowsをインストールする，iPhoneの「脱獄」をする，非正規ルートに横流しするといったもの）を防止する目的から，この総代理店を飛ばしてアップルの指定する「アップル優良代理店：APR」（「苹果優質授権商」）である英龍華辰，酷動，EBT，晶実科技（StudioA）の存在が大きくなっている[26]。アップルは流通チャネルにおいても比較的リジッドなシステムを構築しようとしている。

4-4 電気通信キャリアのビジネス・エコシステム

4-4-1 電気通信キャリアのビジネス・エコシステム形成の意図，目的，成果

これまでに見たように，中国移動，中国聯通，中国電信の3大キャリアは，それぞれ一面ではiPhoneやAndroid機を供給することでアップルやAndroidのビジネス・エコシステムの一環を担っている。契約者の増加とARPUの引き上げのために有力なスマートフォンは不可欠となっており，それは電気通信キャリア側にとっても好ましい。しかし，同時に，通信インフラを提供す

---

[24] 「分析師称Android商店可在中国使用的応用数量達27万」http://www.shendu.com/news/android-2095.html
[25] 艾媒市場うしろに集団をつける。
[26] 『21世紀経済報道』2011年9月26日。

第 2 部　第 4 章　中国スマートフォン市場の急成長と「ビジネス・エコシステム」

るだけの「パイプ」となっては，その効果はパケット流量増によって従来よりも高額のサービスセット[27]に移行する程度に限定される。そこで，OPhone-中国移動 MM（中国移動），天翼手機 - 天翼空間（中国電信），沃 Phone-中国聯通沃商店（中国聯通）というかたちでそれぞれ，キャリア仕様の携帯端末と自社系のアプリマーケットのセットで，自らのビジネス・エコシステムを形成しようとしている。しかし，前述のようにこれらのアプリマーケットはアプリ数でアップル，Android に大きく引き離されただけでなく，さらに，QQ や第三者ダウンロードサイトなどを通じたダウンロードが可能であることからアプリ主導型の成長モデルは現時点では大きな成功を収めているとはいえない。

4-4-2 「千元スマートフォン」の成功

むしろ，3 大キャリアが行った画期的な革新は主に国産系の携帯ベンダーとの協力による「千元スマートフォン」のコンセプト化である。第 2 世代の非スマートフォンにおいて 1000~2000 元の端末購入者は約 70% を占めていた。互

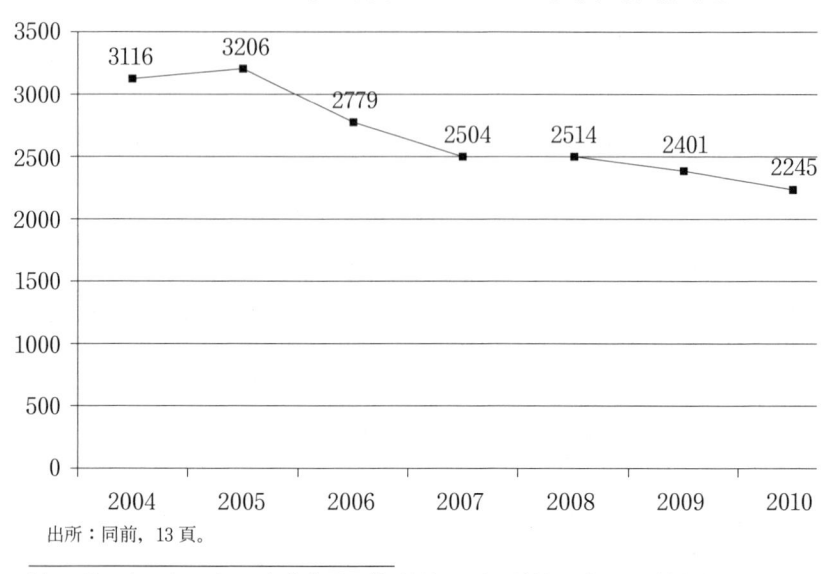

図 4-5　2004～2010 年　中国スマートフォン市場平均価格（元）

年	価格（元）
2004	3116
2005	3206
2006	2779
2007	2504
2008	2514
2009	2401
2010	2245

出所：同前，13 頁。

---

[27] 3 社の 3G サービスの価格体系は若干異なるが，電話，データ通信などのセットが，エントリーユーザからヘビーユーザまで対応できるよう 5-10 種類程度設定されていること，データ部分は定額制ではなく，セットごとに限度量（バイト）が定められ，それまでは定額であるが，それを超えると従量制になることなどはほぼ共通している。

Ⅳ 中国移動通信市場におけるビジネス・エコシステム

表4-4 2010年中国スマートフォン市場価格帯別市場シェア

ブランド	2000元以下	2001~3000元	3001~4000元	4001~5000元	5001~6000元	6001元以上	合計
ノキア	78.7%	57.4%	42.4%	22.0%	1.4%	0.0%	63.0%
モトローラ	13.7%	16.3%	7.5%	26.3%	13.1%	6.3%	14.2%
酷派（Coolpad）	1.9%	4.4%	12.6%	7.4%	17.9%	0.0%	4.6%
サムスン	0.9%	7.0%	14.3%	7.2%	7.5%	11.0%	4.6%
多普達（Dopod）	0.2%	5.9%	9.5%	18.8%	5.6%	1.9%	3.9%
アップル	0.0%	0.0%	0.0%	13.6%	48.1%	80.8%	2.9%
ソニー・エリクソン	1.0%	0.8%	2.7%	2.9%	3.1%	0.0%	1.3%
中興通訊（ZTE）	1.3%	1.1%	1.7%	0.0%	0.0%	0.0%	1.2%
LG	0.0%	1.2%	4.3%	1.4%	0.0%	0.0%	0.9%
聯想（Lenovo）	0.2%	2.0%	2.2%	0.0%	0.0%	0.0%	0.8%
その他	2.1%	3.9%	2.8%	0.4%	3.3%	0.0%	2.6%
合計	100.0%	100.0%	100.0%	100.0%	100.0%	100.0%	100.0%

出所：同前，22頁。

聯網消費調研中心（ZDC）が2011年7月に行ったアンケート調査でも購入したいスマートフォンの価格帯は1000~2000元が37.7%ともっとも多く，2000~3000元が34.2%となっている。実際に販売されている平均価格も2004年段階の3116元から2011年には2245元にまで徐々に低下している。

さらに，価格帯別のシェアをみると，各社の傾向がはっきりと見てとれる。アップルは明らかにハイエンドに傾斜し，外資系でもノキアはローエンドが中心で，モトローラはどの価格帯も平均的である。サムスンはミドルレンジを中心にしている。国産系はハイエンドに強い酷派を例外とすると，ほぼミドルレンジ以下にしか活路はない。

ここで，アップルやAndroidのビジネス・エコシステムに包摂しまわれたくない電気通信キャリアとローエンドに活路を見出したい国産系ベンダーの利害が一致した。「千元スマートフォン」は単に低価格だということではない。それ以前にも千元よりも安いスマホまがいの機種は存在した。しかし，それらの機種は一見するとスマホのようであるが，静電容量式のタッチパネルでなく加圧式であったり，また，CPUも携帯用のキラーアプリである「憤怒的小鳥」などが問題無く稼働するレベルに無かったりした。2011年6月ごろにコンセプトが明確化された「千元スマートフォン」はCPU600MHZ以上で，静

第2部 第4章 中国スマートフォン市場の急成長と「ビジネス・エコシステム」

電容量タッチパネルが最低条件である。この条件では，部品と材料だけで700元程度のコストがかかり，さらに組み立て費用，販売費用，その他間接経費を含めると，1500元程度でないと採算は取れないものである[28]。そこで，電気通信キャリアが販売促進補助金を出し，結果的に1000元での販売を可能にした。中国におけるスマートフォン市場の急成長は実はこの千元スマートフォンの販売拡大に負うところが大きい。

4-5 ネット事業者のビジネス・エコシステムとスマートフォン

インスタント・メッセンジャー，検索エンジン，電子商取引のそれぞれの分野で中国において圧倒的地位を持つ，騰訊科技（テンセント，QQ），百度，阿里巴巴はスマートフォン時代を迎え，移動端末への取り組みを強化している。それぞれの入り口がこれまでのPCからかなりの程度移動端末に移行（しさらに拡大）する可能性が高いからである。これらの企業は移動端末向けに新たにサイトやソフトを開発するだけでなく，携帯ベンダーとの協力のもと，Androidを自社サービス向けにカスタマイズした「QQ OS」，「百度・易」，「雲OS」を投資したカスタマイズ携帯を供給するようになった。とくに騰訊科技は若年層に広く普及するインスタント・メッセンジャーQQを持つだけでなく，検索エンジン，ゲームダウンロードサイトなど包括的なポータル機能をもっており，グーグルのポータル戦略への影響は大きい。

これらは大きく言えばグーグル（Android）のビジネス・エコシステムの一部であり，また，電気通信キャリアのビジネス・エコシステムの構成要素でもあるが，それぞれの機能を侵食する側面もある。

4-6 携帯端末ベンダーのビジネス・エコシステムとスマートフォン
4-6-1 聯想移動

聯想集団は2002年に厦華電子との合弁企業を設立して携帯端末製造事業に参入，2005年に携帯端末市場で国内第4位，国産メーカーでは第1位となった。合弁会社はその後聯想集団が厦華電子の持ち分をすべて買い取って聯想集団の完全子会社（聯想移動）となった。聯想移動は携帯端末メーカーとして大きく発展していたにもかかわらず2008年1月，聯想集団の本業集中の方針から，

---

[28] 『21世紀経済報道』2011年10月3日

Ⅳ　中国移動通信市場におけるビジネス・エコシステム

聯想集団の親会社の聯想ホールディングスの傘下にある弘毅投資を中心とするプライベート・エクイティに売却され，いったんは聯想集団からは独立した形になった。しかし，2009年に楊元慶氏がCEOに復帰し，次の成長戦略が描かれる中で，同年11月に2億ドルで買い戻された。

聯想移動は2008年に聯想TD800で国内メーカー初のTD-SCDMA方式の第3世代移動通信認証を受け，また，TD-SCDMA標準による第3世代移動通信事業を行う中国移動通信業界最大手の中国移動がスマートフォンとして技術標準を設定した「Ophone」のスペックに基づく聯想01シリーズの製造を行った。

しかし，聯想はキャリア主導のスマートフォンの製造で満足はしなかった。米アップルのiPhone同様に，メーカー主導で，サービス＋端末のビジネスモデルを作り上げるべく，2010年1月7日に米国で開催された「コンシューマー・エレクトロニクス・ショー（CES）2010」で「楽Phone」が公表された。5月11日に中国聯通向け（GSM，WCDMA）「楽Phone」が，ついで9月28日には中国電信向け（CDMA）「楽Phone」が発売された。

単純なスペック比較では「楽Phone」は「iPhone3GS」を上回っていると評価することもできる。またサービスも「Android OS」を使用した台湾HTCなどのスマートフォンが検索はグーグル，地図はGoogle Map等米国標準となっているのに対して，「楽Phone」は「百度」と「霊図天行者」を標準サポートし，また，C2Cサイトの「淘宝（タオバオ）」，ツィッターの「新浪微博」，インスタント・メッセンジャーの「QQ」，中国語入力ソフトの「捜狗輸入法」，電子書籍の「盛大小説」，電子フリーメールの「網易郵箱」など中国ではそれぞれの分野で最も使われているアプリケーションをプレインストールしている。

しかし2010年7月1日～9月30日の第1四半期報告では売り上げは12万台にとどまり，目標の年間100万台のペースには大きく届かなかった。そこで販売促進のため聯想は中国聯通等のキャリアとの協力関係を強めている。つまり，聯想が全国の津々浦々まで展開したPCの販売網を携帯端末の販売にいかすべく，PC販売店で電話契約および無料通話時間サービスの提供ができるようにし，また，中国聯通の直営店でも「楽Phone」の販売を始めた。これで聯想は自らのPC販売網，蘇寧，国美などの独立大型家電販売業者，中国聯通などのキャリア直営店のいずれでも購入が可能となった。

第2部　第4章　中国スマートフォン市場の急成長と「ビジネス・エコシステム」

4-6-2　華為技術

　華為技術は1988年に元人民解放軍の軍人であった任正非によって設立された。通信機器の代理販売から事業を始めたが，自社製造に切り替え，軍隊式人事管理，国内および海外において周辺部から中心に攻め上がる経営戦略，毎年売上の10％以上をR&Dへ投資するなどの研究開発の重視，ブランド力の弱さをキャリアを通じた販売によりカバーする等により，成長を遂げ，売上では世界第2位の通信機器メーカーに成長した。華為技術は従来は基地局などを主たる事業とし，電気通信キャリアを主たる顧客として成長，エリクソンに次ぐ売上世界第2位の通信機器メーカーになった。しかし，今後の需要や技術動向から，「雲，管，端」すなわち，クラウド・コンピューティング，電気通信システム，端末を統合し，企業向け，消費者向けの機器およびサービスの供給を行うことを戦略方針としてもっている。2003年からは端末機器の製造にも力を入れ，2010年端末機器売上45億ドルを達成し，総収入の17％を占めるようになった[29]。スマートフォンは上記の千元スマートフォンのスキームにも乗りながら，（スマートフォンとしては）ローエンドを中心に展開し，2011年2月に同社製のC8500は累計100万台を販売した初の国産スマートフォンとなった。また，千元スマートフォンとしてC8650を発売し，ブームを先導した。単に端末機器を販売するだけではなく，自社系のアプリマーケットを備えたコンテンツ連動型の「Vision」戦略を打ち出すに至っている。

V　まとめとこれからの展望

　以上みてきたように中国のスマートフォン市場は急速に拡大しつつあり，すでに世界最大の市場となっている。2010年ごろまでは2G（第2世代）に基づくスマートフォンがまだまだ多く，ノキアの端末，シンビアンOSの比重が高かったのが中国の特徴であるが，その後の市場の動きをみる限り，世界の市場と同様に，アップルiPhone系対グーグルAndroid系の対立構図に移行していくことが見て取れる。ただし，それに加えて，電気通信キャリアが上記の2つのビジネス・エコシステムに一面では組み込まれつつ，同時に，独自のビジネス・エコビジネスを構築しようとしている。さらに，そこに，ネットワーク

---

[29] 呉穎「華為　重新生長」『IT経理世界』2011年3月5日，第05期，総第311期

V　まとめとこれからの展望

事業者系，携帯端末ベンダー系のエコ・ビジネスシステムが入り込んでいる。このようなエコ・ビジネスシステムが入れ子構造になっているのが中国的特徴であると言える。

　では今後どのように展開していくのだろうか？大外れになるリスクも承知しつつ，大胆に予測してみたい。中国は約10億人の携帯ユーザがおり，その20%がスマートフォンユーザになるだけで，約2億人という巨大な市場となる。今後，国内外の関連業者の中国シフトはより明確化するであろう。その中で，ビジネス・エコシステム間の競争も激しくなるだろう。現在，各ビジネス・エコシステム（の先導企業）の方向性はハード，ソフト，コンテンツの一体化によって囲い込みをする方向でほぼ一致している。しかし，よりユーザが集う「勝ち馬」のプラットフォームに乗るのがコンテンツ業界の鉄則である。少数のプラットフォームへの集中が起こり，その結果，競争に敗れた企業の囲い込み戦略はむしろ裏目にでる。ネット業界ではそこに人を引き付ける何かがあり，多くの人が集えば半ば勝利したも同然である。現時点でのトレンドからみれば，アップルとAndroidのビジネス・エコシステムへの集中が起こることはほぼ間違いがないだろう。それと対抗するのは，電気通信キャリア系ではなく，ネットワーク事業者系，とくに騰訊系ではないかと予想する。中国移動がサード・パーティのコンテンツ業者を組織し始めたのは3G時代に始まったことではない。2000年にすでに日本のi-modeを参考に，移動夢網（Monternet）」というプラットフォーム作り，そこにサービスプロバイダ（SP）さらにそれを通じてコンテンツプロバイダ（CP）を組織しようとした。しかし，当時の通信環境から無理のあるWAPを展開しようとし失敗，ショートメッセージ（短信，SMS）で成功を収めるも，スパムメールやフィッシングメールの洪水をもたらし社会問題化させ，また，自らがSPとなろうとしたが，他のSPからの反発で頓挫した。結局，コンテンツの約半分は5大SPである捜狐（Sohu），新浪（Sina Com），網易（NetEase），空中網（Kong Zhong），Tom.com，騰訊（Tencent）を通じたものとなって，中国移動は半ばパイプ化してまった。中国移動は基本的にインフラ企業であり，中国移動MMもまたAndroid系，騰訊などのネットワーク事業者系およびそれ自体をビジネスとする第3者ダウンロードサイト等の挟撃のなかで「かなめ石」（Keystone）のポジションを維持発展できないのではないだろうか。（OSを持たない）携帯端末ベンダー系も同じである。そこにネットユーザが集合する論理が無く，それゆえ，コンテンツ

第2部 第4章 中国スマートフォン市場の急成長と「ビジネス・エコシステム」

開発業者が集合する論理がない。ビジネス・エコシステムを貫く価値創出のロジックに乏しく，これも「かなめ石」（Keystone）としてのポジションを維持発展するのは難しいと思われる。ただし，中国市場の特性を考えると，アプリをどこが主導するかというだけでなく，（千元スマートフォンの事例をみるように）ローエンド端末機器をだれがどのように供給するのか，も市場を見る上での大きな分岐点になっていくであろう。

〔参考文献（資料的なものは脚注参照）〕
■英語
Anggraeni, Elisa, Erik den Hartigh and Marc Zegveld（2007）.*Businessecosystem as a Perspective for Studying the Relations between Firms and Their Business Networks.* Paper presented at the ECCON 2007 Annual meeting, http://secouu. files.wordpress.com/2009/06/anggraeni-den-hartigh-zegveld_2007_business-ecosystem-as-a-perspective.pdf

Moore, James F.（1993）"Predators and Prey: A New Ecology of Competition", *Harvard Business Review,* 71-3, pp. 75-86.

───（1996）*The Death of Competition Leadership and Strategy in the Age of Business Ecosystems,* Harper Business

Iansiti, Marco and Roy Levien（2004）*The Keystone Advantage: What the New Dynamics of Business Ecosystems Mean for Strategy, Innovation, and Sustainability,* Harvard Business School Press（杉本幸太郎訳（2007）『キーストーン戦略：イノベーションを持続させるビジネス・エコシステム』翔泳社）.

Zhang Jing and Liang Xiong-Jian（2011）"Business Ecosystem Strategies of Mobile Network Operators in the 3G Era: The Case of China Mobile", *Telecommunications Policy* 35

■中国語
賽迪顧問股份有限公司（CCID）（2012）『2010-2011 中国智能手機与操作系統市場研究年度報告』同社

楊国強（2010）「楊元慶 決戦移動互聯網」『IT経理世界』第305期，12月5日

■日本語
藤本隆宏・新宅純二郎（2005）『中国製造業のアーキテクチャ分析』東洋経済新報社

今井健一・川上桃子編（2006）『東アジアのIT機器産業：分業・競争・棲み分けのダイナミクス』日本貿易振興機構アジア経済研究所

V　まとめとこれからの展望

今井健一・丁可編（2008）『中国　産業高度化の潮流』アジ研選書
井上達彦（2010）「競争戦略論におけるビジネスシステム概念の系譜——価値創造システム研究の推移と分類——『早稲田商学』第 423 号，3 月
情報流通ビジネス研究所（2010）『LTE-FDD/TD-LTE/WiMAX の最新情勢とグローバルプレーヤーの動向分析』同所
丸川知雄（2007）『現代中国の産業』中公新書
丸川知雄・安本雅典編（2010）『携帯電話産業の進化プロセス　日本はなぜ孤立したのか』有斐閣
中川涼司（2000）『国際競争戦略——日中電子企業のグローバルベース化——』ミネルヴァ書房
―――（2007）『中国の IT 産業——経済成長方式転換の中での役割』ミネルヴァ書房
―――（2008）「華為技術（ファーウェイ）と聯想集団（レノボ）——多国籍化における 2 つのプロセス」（丸川知雄・中川涼司編（2008）『中国発・多国籍企業』同友館，所収）
日本貿易振興機構（2009）「中国携帯電話コンテンツ市場調査 2009 年版」
　　　　　http://www.jetro.go.jp/jfile/report/07000107/chinamobile.pdf
―――（2011a）「中国コンテンツビジネスレポート　2011 年度（1）」
　　　　　http://www.jetro.go.jp/jfile/report/07000683/report.pdf
―――（2011b）「中国コンテンツビジネスレポート　2011 年度（3）」
　　　　　http://www.jetro.go.jp/jfile/report/07000767/report.pdf
坂村健（2010）「経済教室　企業経営の課題　下　携帯電話の脱ガラパゴス化　黒船襲来をチャンスに」『日本経済新聞』2010 年 12 月 31 日

: # ◆第5章◆
中国自動車市場と日米欧韓中企業の戦略

陳　晋

Ⅰ　はじめに

　本章は，近年の中国自動車市場の変化と上位日米欧韓中各社の競争戦略を比較・分析する。特に，日本メーカーの中核製品であるセダン市場において急成長を見せた欧米韓中系メーカーの成長と，日系メーカーの成長が遅れている原因を分析するものである。

　21世紀に入って，特に2008年のリーマンショック以降，日米欧先進国市場の停滞や縮小とは対照的に，中国の自動車市場は急速に成長している。生産台数は2000年の世界8位から09年に世界一になり，それと同時に販売台数も世界一になった。その中でも，特に乗用車生産の成長が最も速い。自動車総生産台数に占める乗用車の割合は20世紀末の30％未満から2010年の76％と2倍以上に拡大してきた（図5-1参照）。

　このように市場の拡大が見られる中，セダン車販売上位各社のデータ[1]，特にリーマンショックの2008年以降各社の成長率を見ると，成長が速いグループと遅いグループに分けられる。2009年と2010年の平均成長率を見ると[2]，

---

[1] ここで使用した各社のセダン販売データについて，VWは上海VWと一汽VW，GMは上海GMと上海GM五菱，トヨタは一汽トヨタと広州トヨタ，ホンダは広州ホンダと東風ホンダ，現代は北京現代と東風悦達起亜のセダン販売量の合計である。なお，上述したセダンはSUV，MPV，及び乗貨両用車を含まない基本型乗用車を指す。
[2] この2年間の平均成長率の計算はCAGR計算法を使用した。

第 2 部　第 5 章　中国自動車市場と日米欧韓中企業の戦略

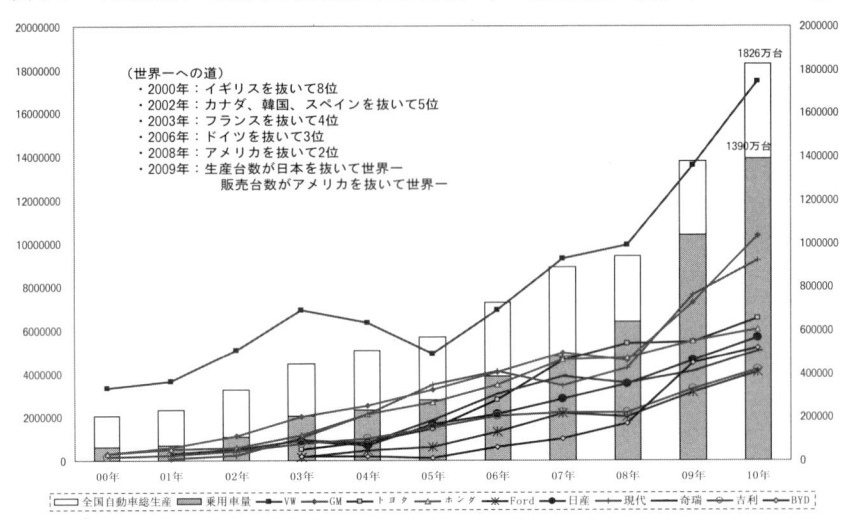

図 5-1　中国自動車・乗用車生産台数と上位各社セダン販売台数の推移（2000〜2010 年）

（注）左軸は全国自動車と乗用車総生産台数（棒形）の基準を，右軸は上位各社のセダン販売台数（折線）の基準を示す。
出所：『中国汽車工業年鑑』2001〜2011 各年版の「全国汽車産販量分車型構成」と「中国基本型乗用車分品牌産販量」データにより筆者作成。

　欧米系の GM は 50％，Ford は 42％，VW は 33％，韓国系の現代は 47％，中国民族系[3]の BYD 汽車は 74％，吉利汽車は 37％と，大きく成長しているのに対して，日系の日産は 27％の成長で健闘しているが，トヨタ（10％）とホンダ（13％）の成長率は上位の他社に比べると大幅に遅れている。

　これに関連して，2008〜2009 年の中国市場におけるセダン販売量上位 10 モデルの変化（表 5-1 参照）を観察すれば，VW，GM，現代，BYD，奇瑞など欧米韓中系メーカーの製品が多くを占める一方，日系製品（トヨタのカローラとカムリ，ホンダのアコード）の順位は低下の一途をたどり，2010 年にはとうとう上位から消えてしまった。

　本章は以上のデータを踏まえて，中国自動車市場の最新動向と各社車種政策の変化，及び自動車部品基盤の要因を分析し，日本企業の中国市場開拓に新し

---

[3]　民族系メーカーとは，完成車生産において，株式上場で外資調達を一部行っているが，2010 年まで外国の企業と合弁事業がなく，中国側が完全に経営を主導している企業とする。

I　はじめに

表 5-1　中国市場でセダン販売量上位 10 モデルの変化（2008～10 年）

順位	2008 年	2009 年	2010 年
1	VW Jetta (1.6L)	BYD F3 (1.5L)	BYD F3 (1.5L)
2	GM Excelle (1.6L)	GM Excelle (1.6L)	VW Lavida(1.6L)
3	トヨタ Corolla (1.8L)	現代 悦動 (1.6L)	現代 悦動 (1.6L)
4	トヨタ Camry (2.0L)	VW Jetta (1.6L)	VW Jetta (1.6L)
5	ホンダ Accord (2.0L)	VW Santana (1.8L)	GM Excelle (1.6L)
6	現代 Elantra (1.6L)	ホンダ Accord (2.0L)	VW Santana (1.8L)
7	一汽 Charade (1.3L)	現代 Elantra (1.6L)	一汽 Charade (1.3L)
8	Ford Focus (1.8L)	奇瑞 QQ (1.0L)	奇瑞 旗雲 (1.5L)
9	BYD F3 (1.5L)	トヨタ Corolla (1.8L)	GM Cruze (1.6L)
10	VW Santana (1.8L)	トヨタ Camry (2.0L)	VW Bora (1.6L)

（注）L は排気量のリットルを指す。
出所：中国汽車工業協会統計信息網（www.auto-stats.org.cn）のデータにより筆者作成。

い視点を提供したい。

II　ボリュームゾーンの拡大と政府の小型車奨励政策

　中国経済は長年にわたる高度成長を経て，富裕層だけではなくボリュームゾーン（中間消費層）までも急増した。このような背景から，近年，車の購入層は沿海部の都市から内陸部，農村部まで拡大し，特に中間層の手も届く小型車の販売は爆発的に増加している。

2.1　富裕層と中間層の同時拡大

　中国経済は連続 20 年以上の高度成長を経て，金融危機以降，世界に先駆けて回復をみせた。自動車販売が急増した要因としては中国国民所得水準の上昇である。都市部の 1 人あたり可処分所得は 2009 年に前年比 8.8％増加し，2003 年からの 6 年間で所得倍増を実現した。このような大幅な所得水準の上昇により，消費者の購買力が高まった。

　このような経済成長が著しい中国で，中間層と呼ばれる層が注目されている。ジェトロは 2010 年，『中国統計年鑑』各年のデータより，中国都市部で年収 3 万～6 万人民元（約 39 万～78 万円）の中間層世帯が，全世帯の中で 10％（2000 年）から 50％（2008 年）まで成長したことを推計している[4]。同時に年収 6 万

---
(4)　ここで言われる中間層の基準は経済産業省のアジア新興国中間層定義と若干異なる。

第2部　第5章　中国自動車市場と日米欧韓中企業の戦略

元以上の,「外資系製品に対する有望購買層世帯」も都市部全体では4.7%から24.3%へ増大した。

このような経済発展と所得水準上昇を背景に,中国自動車の購買層は富裕層からボリュームゾーン（中間層）へと拡大した。こうした変化が内外自動車メーカーに大きなチャンスを与えている。ただ,この中間層の消費者には自動車購入に対する知識の少ない者が多く,平均収入は富裕層より低いので,求める車の価格帯も富裕層よりかなり低いと考えられる。すなわち,多数の中間層消費者は性能も重視するが,価格を最重要視した購入になりがちだと言える。乗用車の登録台数を見れば,2008年後半から小型車・軽乗用車とも月間伸び率で全体成長率を上回るようになり,乗用車市場の牽引役となった。とりわけ,小売価格3万元から6万元（約40万円～80万円）の軽乗用車に対する旺盛な需要が連年確認された。例として,日米欧各社の同型車より価格をかなり低めに設定した北京現代のElantra（悦動を含む）とBYDのF3という,共に1台目の自家用車として購入する中間層をターゲットとした小型乗用車がある。この2モデルは6万～13万元の価格帯において,それぞれの細分市場で2位以下に大差をつけたトップであり,しかも新車投入効果が短いといわれる中国市場において4年連続ヒットを続けた[5]。

2.2　沿海から内陸,大都市から中小都市への購買層の拡大

中国の改革開放政策の実施は1980年代初期に華南地域の珠江デルタから始まり,1990年代に華東地域の長江デルタへと広がった。そこで,主に外資系企業の進出・現地生産・大量輸出に基づいて,華南地域や華東地域を中心とする沿海都市の経済が著しく成長した。この時期から,内陸部との格差は拡大しながらも,沿海部都市市民の生活は豊かになってきた。

21世紀に入り,中国政府は巨大な財政を支出し,2000年に「西部大開発」,2004年に「東北振興」,2009年に「中部振興」など,相次いで内陸部振興政策を打ち出した。リーマンショック以降,先進国の経済が低迷すると中国からの輸出も縮小することにかんがみ,中国政府は4兆元投資の経済対策（2008年11月～2010年12月に実施）を打ち出した。主に交通・農村インフラ,震災復興,

---

経済産業省の「通商白書2010」の定義によると,中間層とは,年間の世帯可処分所得が5,000ドル以上,35,000ドル未満の世帯を指す。
(5) 『FOURIN中国自動車調査月報』2009.9, 52～53頁と2010.6, 40～41頁による。

Ⅱ ボリュームゾーンの拡大と政府の小型車奨励政策

安価住宅建設，イノベーション，環境，医療・衛生・文化・教育などの分野に投入し，就職機会の拡大など内陸・農村の振興を更なる促進した。

4兆元投資の経済対策により，中国経済は09年第1四半期（6.1%）を底にV字回復した。また，2009年には，農村部の一人当たり所得や支出が都市部と3倍の差があるものの，農村部のGDP成長率は都市部を超えるものとなった。内陸部や農村部の成長が加速したことで，沿海部と内陸部，都市部と農村部の成長スピードが逆転したため，表5-2に示されたように，乗用車の新車登録台数の増加率は1級大都市から5級中小都市へ，沿海発達地域から西部開発地域へ行けば行くほど伸び率が高くなる，という現象が起きている。また，2009年度軽自動車（排気量が1リーダ以下）の地域別販売実績から見ても，沿海地域のシェアは揃って減少（華南地区は2.23%減，華東地区は1.28%減，華北地区は0.52%減）したことに対して，内陸地域はともに増加（西南地区は1.59%増，西北地区は0.75%増，華中地区は0.91%増，東北地区は0.91%増）した[6]。背景として，2009年の内陸部地域経済成長率が沿海部地域を超える伸びをみせつつあることが考えられる。

表5-2　乗用車の地域別都市GDP規模別の登録台数前年同期比伸び率

（2009年1～6月，%）

地域＼都市GDP規模	1級	2級	3級	4級	5級	総計
沿海発達地域	9.7	23.3	23.5	20.7	6.6	15.2
中進地域	19.2	31.7	22.4	36.6	30.0	29.3
西部開発地域	37.6	89.9	27.7	46.8	34.1	39.3
総計	13.9	29.8	24.0	36.6	30.3	24.1

出所：『FOURIN中国自動車調査月報』2009年9月号9頁のデータにより作成。

2.3 政府の奨励政策と小型車の販売好調（表5-1との関係）

4兆元投資の経済対策を実施すると同時に，中国政府は2009年1月から順次主要10大産業（鉄鋼，自動車，繊維，設備製造，造船，石油化学，軽工業，非鉄金属，電子情報，物流）の調整振興計画も推進している。

自動車産業に対しては，「汽車下郷（自動車が農村へ）プロジェクト」を2009年3月から実施した。具体的には，農業用三輪から軽トラックへの買い

---

[6]『中国汽車工業年鑑』2010年版の第322～323頁による。

第 2 部　第 5 章　中国自動車市場と日米欧韓中企業の戦略

替え・軽自動車（排気量 1.3L 以下）の購入等について，5,000 元を上限に，購入額の 10％を補助する。また，「以旧換新プロジェクト」も 2009 年 6 月から実施し，都市の自動車の買い替え需要を喚起しつつ，省エネ，環境に配慮して，排ガス規制を満たしていない自動車からの買い替えに対しては購入税額を上限に補助している。

　また，中国政府は 2009 年 1 月から 1 年間「小型車減税政策」，すなわち排気量 1.6L 以下の小型車を対象にした自動車取得税の減税措置を導入した。税率を本来の 10％から 5％に下げたのである。さらに，2009 年末で期限が切れる小型車を対象にした減税措置を 2010 年 1 月から同年末まで延長することを決めた。税率は 5％から 7.5％に上げられるが，09 年以前より低い税率は維持し，減税措置は続ける。加えて，2010 年 1 月からは農村部の自動車の買い替え時に支給される自動車下取り補助金は 5,000 元から 1.8 万元に増える。

　そもそも 21 世紀に入り，中国の WTO 加盟にそなえ，多数の内外メーカーが乗用車市場に参入していた。そのため，価格競争，特に中国系メーカーが集中している小型車の競争はますます激しくなっている。乗用車平均価格の前年比下げ幅は，2004 年に 13.1％，2005 年に 3.0％，2006 年に 6.5％，2007 年に 7.2％であったことからも競争の激しさが伺える。乗用車の購買層は 90 年代の

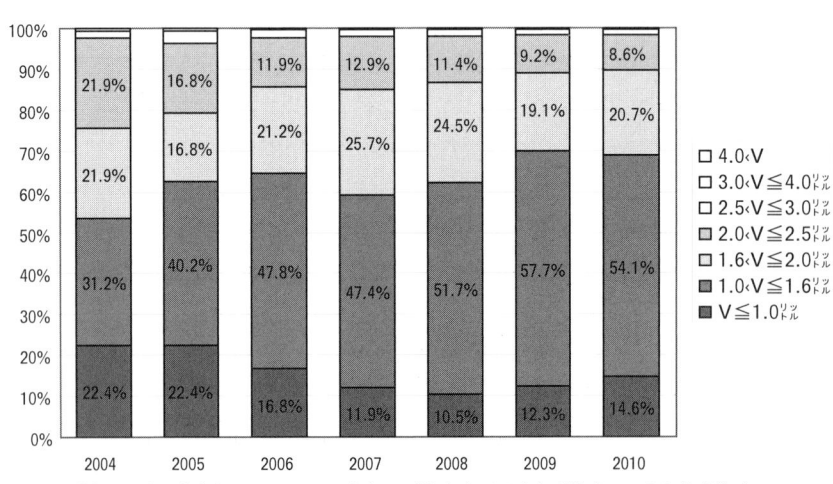

図 5-2　乗用車の排気量別販売量比率推移（2004〜10 年）

年	V≦1.0ℓ	1.0<V≦1.6ℓ	1.6<V≦2.0ℓ	2.0<V≦2.5ℓ	2.5<V≦3.0ℓ	3.0<V≦4.0ℓ	4.0<V
2004	22.4%	31.2%	21.9%	21.9%			
2005	22.4%	40.2%	16.8%	16.8%			
2006	16.8%	47.8%	21.2%	11.9%			
2007	11.9%	47.4%	25.7%	12.9%			
2008	10.5%	51.7%	24.5%	11.4%			
2009	12.3%	57.7%	19.1%	9.2%			
2010	14.6%	54.1%	20.7%	8.6%			

出所：『中国汽車工業年鑑』2005〜2011 年版の「汽車産販量分車型構成」により筆者作成。

Ⅲ　部品調達の現地化と欧米中系企業の中間層戦略

官庁，法人，企業やタクシー用中心から富裕層へ，21世紀に入ってからさらに中間層に拡大し，価格的に中間層の手にも届く小型車の販売拡大が目立っているのである。とりわけ，08年世界金融危機以降，政府の小型車購入奨励政策もあり，排気量1.6L以下の小型車の販売が急増し，乗用車販売総台数の7割まで拡大した（図5-2参照）。

　以上，近年の中国自動車市場の変化を考察した。市場の変化は，2008年以降，中国市場におけるセダン販売量上位10モデル（表5-1参照）の中で，欧米韓中系メーカーの排気量1.6L以下の小型車製品の順位が上がる一方，日系の排気量1.8L以上の中型車製品の順位が下がり，最終的に上位から消えてしまったことの原因をうかがわせてはいるが，欧米系の排気量1.8L以上の中型車（VWのサンタナ）の順位が逆に上がり，日系メーカーの排気量1.6L以下の小型車が1モデルも上位に入れなかったかについては説明できていない。これについては，以下に述べる部品調達の現地化と関係がある。

Ⅲ　部品調達の現地化と欧米中系企業の中間層戦略

　早期に中国市場に進出した欧米メーカーはいち早く部品調達の現地化を推進し，その上旧モデル中心の全車種戦略から小型車モデル増加へと転換している。一方，中国民族系メーカーは外資系小型車モデルを模倣して，低価格で生産規模の拡大を追求している。

3.1　各社の進出時期と部品産業基盤

　1980年代末，中国政府は乗用車の生産企業を一汽と東風，上海汽車のいわゆる「三大」基地，並びにすでに技術導入していた北京汽車，天津汽車と広州汽車の「三小」基地という，6社に限定する政策を打ち出した。さらに，これに92年に参入してきた軍需企業の貴州航空と長安機器を加えて，中国の乗用車生産メーカーはいわゆる「三大・三小・二微」[7]の8社体制を形成し，90年

---

[7]　いわゆる「三大・三小・二微」の呼び方は実は中国政府に認可された企業の乗用車生産の規模，時期及び生産の車種などのことを混ぜて，非常に大雑把な分類方法である。例えば，「三小」は先に認可された「三大」より生産規模が小さくて，しかも国からの重視度も低いと見られ，「小」と呼ばれた。また，「二微」は「三大・三小」と区別するために，「微型車」（軽自動車）の特徴を取った呼び方と思われる。

第2部　第5章　中国自動車市場と日米欧韓中企業の戦略

図 5-3　各社の乗用車生産参入時期

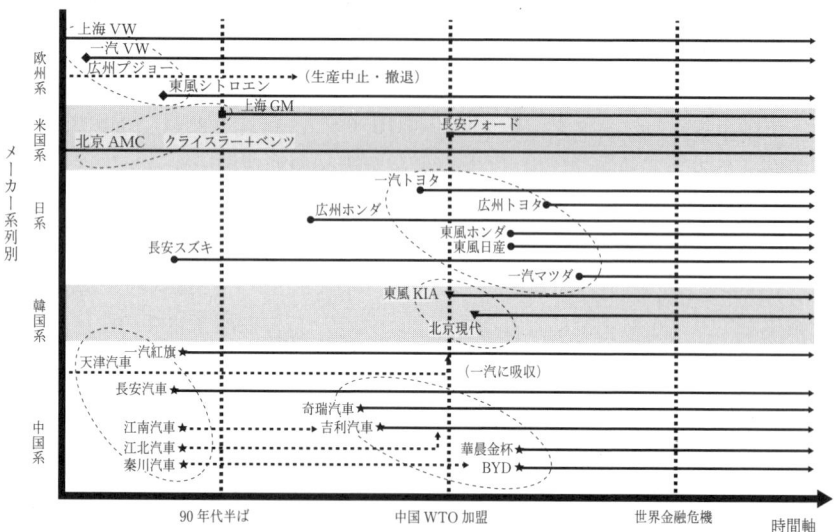

```
三大：第一汽車，東風汽車，上海汽車
三小：北京汽車，天津汽車，広州汽車
二微：長安（＋江南，江北，秦川）
　　　貴州航空（＋昌河，ハルビン飛行機）
```

メーカー系列別		
欧州系	上海 VW / 一汽 VW / 広州プジョー / 東風シトロエン（生産中止・撤退）	
米国系	上海 GM / 北京 AMC クライスラー＋ベンツ / 長安フォード	
日系	一汽トヨタ / 広州ホンダ / 広州トヨタ / 東風ホンダ / 東風日産 / 長安スズキ / 一汽マツダ	
韓国系	東風 KIA / 北京現代	
中国系	天津汽車 / 一汽紅旗 / 長安汽車 / 奇瑞汽車 / 吉利汽車 / 江南汽車 / 江北汽車 / 秦川汽車 / 華晨金杯 / BYD（一汽に吸収）	

時間軸：90年代半ば　中国WTO加盟　世界金融危機

（注）長安汽車，江南汽車，江北汽車，秦川汽車は 90 年代初共に兵器工業総公司に所属し，兵器工業総公司を窓口としてスズキからアルトのライセンスを導入した。

出所：『中国汽車工業年鑑』各年版を参照して筆者作成。

代の末まで維持された[8]（図 5-3 参照）。

　図 5-3 を見れば，90 年代まで中国市場に参入してきた乗用車メーカーは主に VW，GM，プジョー，シトロエンなど欧米系メーカーであり，生産された乗用車は主に官庁用やビジネス用であった。一方，軽自動車や小型車を中心とする中国民族系メーカーも参入し，庶民用の低価なタクシーを生産してきた。この早期に参入してきた民族系メーカーの一部は後発の現在は上位の民族系メーカー（吉利汽車や BYD 汽車）からの出資を受け，その生産工場になった。

---

[8]　90 年代の半ばまで，「三大・三小・二微」合弁先の外資系メーカーを見れば，一汽と VW，東風とシトロエン，上海汽車と VW，GM，北京汽車とクライスラー，広州汽車とプジョー，長安機器とスズキ，貴州航空と富士重工は，それぞれ合弁で企業を作っている。天津汽車はダイハツから技術導入したが合弁ではなかった。また，貴州航空と富士重工は量産に入らないまま契約を解消した。

Ⅲ 部品調達の現地化と欧米中系企業の中間層戦略

　また，早期に参入してきた欧米系メーカーは90年代から中国政府の「部品国産化政策」に応じて，本格的に部品供給システムを構築してきた。その中で，上海VWは1988年から納入部品メーカー，銀行，大学，研究所などを網羅した「上海サンタナ国産化共同体」を作り，上海汽車の主導の下で，長江デルタを中心にしてサプライヤー・ネットワークを形成しはじめた（李春利，1997）。このサプライヤー・ネットワークはGMの参入でさらに拡大し，後に参入してきた中国民族系メーカー（奇瑞汽車や吉利汽車）にも活用されている。

　中国自動車一次部品企業数は，2001年時点では1612社である（王，2004）。これらの部品企業の地域分布を見てみると，約5つの地域に集約されている。一つは吉林省，遼寧省で企業数は196社，大手自動車メーカーの一汽とVWの合弁企業がある地域である。二つ目は北京市，天津市で企業数は111社，クライスラーが北京に，トヨタが天津に進出している。三つ目は湖北省，重慶市で企業数は196社，日産と東風グループ，スズキがある（後にフォードが進出）。四つ目は広東省で企業数は57社しかないが，ホンダが（後にトヨタも）進出している。五つ目は長江デルタで企業数は327社，上海汽車や上海VW，上海GMがある。長江デルタは，中国自動車部品製造業において，企業数のシェアが約20％，売上高では40％のシェアを持ち，電子部品やエアコン関係の部品が全国のシェアの7〜8割を占めている。

　中国のWTO加盟前後，乗用車市場に参入してきた日系のホンダ，トヨタ，日産や韓国系の現代は，主に先行した欧米系を追撃する形でハイエンドの中型車を中心に展開してきたため，一次部品メーカーの一部は中国現地に進出した

表5-3　日欧米韓系各社の部品調達先

完成車メーカー	部品調達先所属の分布率（％）		
	同一系列	同一国	中国系
上海VW	−	13.4	53.9
一汽VW	−	13.3	54.2
東風シトロエン	−	7.5	59.4
上海GM	−	16.6	42.1
長安Ford	−	31.8	27.3
北京AMC	−	15.0	57.1
長安スズキ	−	12.6	59.5
東風日産	27.3	43.4	34.0
広州ホンダ	15.1	54.8	24.7
天津トヨタ	48.9	78.7	14.9

出所：MARUKAWA(2006) pp.99の表6をもとに作成。

ものの，二次以下の部品は主に本国から調達してきた。MARUKAWA（2006）の研究（表5-3参照）によると，スズキ以外の日系メーカーは同一国（日系）の部品メーカー，特に同一系列の部品メーカーからの部品調達率が欧米系よりはるかに多いことが解明された。

3.2 欧米系の部品調達の現地化優位と旧モデル中心の戦略

前述したように，欧米系，特にVWとGMは外資系の先発メーカーとして早期に中国市場に進出し，部品調達の現地化がかなり進んでいた。後発のFordも積極的に長安やスズキが構築してきたサプライヤー・ネットワークを活用し，部品調達の現地化を展開してきた。すなわち，欧米本国系の部品メーカー[9]より「中国系」や「その他（本国系や中国系以外）」の部品メーカーから多数の低コスト部品や素材を調達している。これは欧米系メーカーが中間層のニーズに応え，コスト・パフォーマンスを実現した一つの重要な要因と考えられる。

欧米系のもう一つの特徴は，長年販売されていた旧モデルを，部品の90％以上の中国現地調達を行いながら引き続き中国市場で拡販している。例えば，上海VW（図5-4参照）のサンタナ（1.8L）や一汽VWのジェッタは共に1980年代前期に市場に投入したモデルで，いまも中国市場で大量生産されている。また，上海VWのポロ，パサットや一汽VWのボラ，ゴルフも長年生産してきた製品であり，先のサンタナやジェッタと合わせて，近年両社とも全体の50～60％は旧モデルを生産している。表5-1のように，上海VWの排気量1.8Lのサンタナ（7～8万元）は日系の同じ排気量車（トヨタのカローラは1.8Lで17万元，ホンダのアコードは2.0Lで18万元）の半値以下になるので，中間層に対して存在感が高い。

上海GMでも，2009年まで生産モデルの40％以上（2010年も30％以上）を占めていたエクセラ（10~12万元）は2003年から投入された旧モデルであ

---

[9] ここでいう「本国系」とは，欧米系部品サプライヤーと中国系企業との現地合弁企業も含まれる。世界の大手自動車部品メーカーは，WTO加盟以降の中国への進出拠点を創造する目的で，既存中国部品企業の買収や合弁拠点に対する出資率引き上げを行い，過半数出資や100％子会社化を果たすなど，経営権掌握を目指す動きが活発化している。その結果『FOURIN中国自動車部品産業2007』によれば，中国自動車部品産業における民族資本の構成比は1980年のほぼ100％から1996年には86％に低下し，2005年時点で73％台にまで低下した。

Ⅲ　部品調達の現地化と欧米中系企業の中間層戦略

図5-4　上海VWが生産モデルの移り変わり（2002〜2010年）

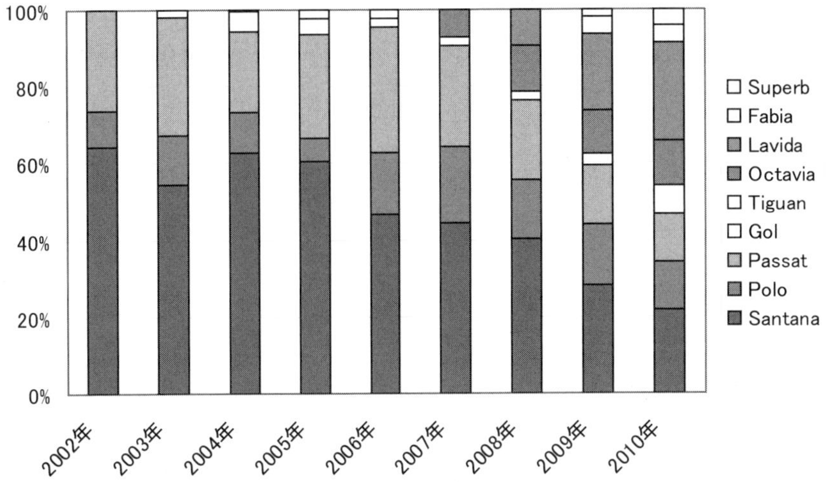

出所：『FOURIN中国自動車調査月報』のデータにより筆者作成。

るが，政府の優遇政策を享受するために，そのモデルを排気量1.8L型中心から1.6L型中心へチェンジした。その上，シボレート（1.4〜1.6L，7.5〜10万元）など小型車を2005年以降投入し，上海GM五菱は1L級小型車やミニバンの生産を拡大し，農村や都市部の中間層に販売してきた。一方，長安フォードも近年，部品調達の現地化を推進しながらマツダ小型車の投入を加速してきた。以上の例が示すように，上位欧米系メーカーは部品現地化のコスト優位性と旧モデルの活用により，大中小全車種戦略を堅持しながら，小型車モデルの投入を増加させ，市場の変化に対応してきたのである。

3.3　中国系の小型車中心戦略と少品種大量生産

中国民族系の「新ビッグ3」と言われる奇瑞汽車，BYD汽車と吉利汽車は，先発した内外のメーカーに比べて歴史が短く，資本と技術も不足しており，乗用車の生産を開始したのが2000年前後であった。これらの中国ローカル企業はリバース・エンジニアリングという方法で外資系の既存製品（主に小型車）の動作を観察したり，製品を分解したりする解析行為を通し，製品の構造や機能，要素技術を逆探知し，そこから製造方法や動作原理，設計図などの非公開情報を調査（李澤建，2009）していた。中国メーカーは外車を模倣するときに，

第 2 部　第 5 章　中国自動車市場と日米欧韓中企業の戦略

外資系からの提訴を避けるため，事前に外車の知的財産登録状況を調べ，特許が申請されていない部分をそのままコピーし，申請されている部分を微調整して改造を行っていた。例えば，表 5-1 に上げられた奇瑞の QQ は GM 大宇の MATIZ の模倣品，BYD の F3 はトヨタのカローラの模倣品（図 5-5 参照）だと言われている。ちなみに，これらの「模倣品」は「本物」の半値程度で販売されている。

図 5-5　GM 大宇の MATIZ と奇瑞の QQ，および左側がカローラ，右側が F3 の合成写真

出所：「車168」(http://www.che168.com/)などサイトより引用。

　リバース・エンジニアリングで技術不足を補う一方，部品調達については部品開発能力の蓄積，部品品質の保証とコストの削減を同時に追求し，独自のサプライヤー・システムを構築してきた。生産現場で品質を確保するため，複雑な製品を簡単な部品に分解し，賃金が安い作業員に簡単な作業を任せ，同時にジグを使用させることで，機械生産と変わらない品質のものを低コストで製造することができた。さらに，完成車を外資系の製品よりはるかに低い価格設定で市場に出し，中小都市から農村にまで構築してきた販売ネットワークを通じて大量販売を行い生産規模の拡大を追求している(10)。

　ただし，奇瑞汽車，BYD 汽車と吉利汽車のような中国民族系メーカーを「新ビッグ3」と呼ぶものの，常時値下げを行うなどの低価格戦略により生産規模拡大を優先した結果，1 台当たりの営業利益は外資系に比べかなり少ない

---
(10)　2015 年までに 100 万台以上の生産規模に到達しない自動車メーカーを淘汰していく，という中国政府の産業政策は，中国後発企業の規模拡大を最優先させる要因となっている。

Ⅳ　市場変化に対応する日韓系企業の戦略差異

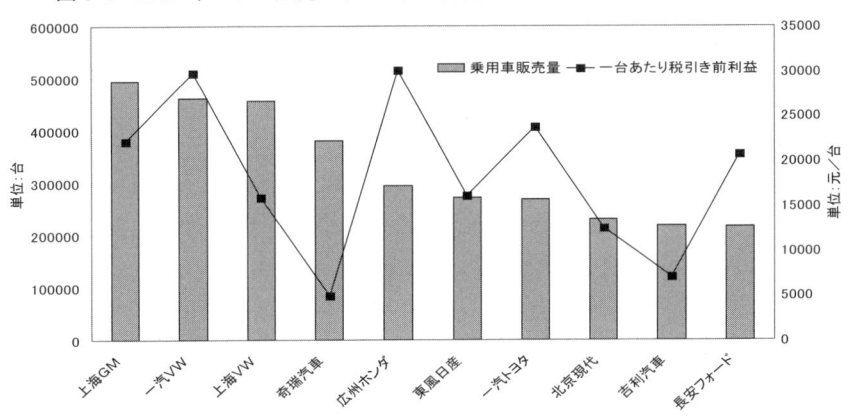

図 5-6　2007 年セダン販売上位 10 社の販売台数と 1 台当たり税引き前利益

出所：『2008 年中国汽車年鑑』により筆者作成。

ことも，図 5-6 で明らかにしている。極端な例としては，奇瑞汽車に生産された小型車 QQ（1.0L）の 1 台当たりの利益は，広州ホンダの中型車アコード（2.0L）の 50 分の 1 にも達してないと複数の報道から推測されている。

Ⅳ　市場変化に対応する日韓系企業の戦略差異

　韓国系の現代と日系のホンダ，トヨタ，日産はともに中国の富裕層や政府・法人消費者をターゲットとし，高い利益を狙って中型車の投入を中心戦略にして中国市場に参入してきた。中国市場の中間消費層拡大とそのスピードへの対応の差から，戦略に差異が現れはじめている。

4.1　中型車中心から小型車中心への転換

　韓国系の北京現代や日系の東風日産は，2000 年代中期以降の中国自動車市場変化に対応して，従来の中型車中心の車種政策を小型車中心へといち早くシフトしはじめた。
　図 5-7 に示したように，北京現代の戦略は車種を少数モデルに絞って集中投入し，大量生産するものである。2002，2003 年には中型車であるソナタ（2.0L，13〜15.5 万元）をメインにしていたが，03 年から中間層のニーズに応えるために，小型車エラントラ（1.6〜1.8L）を投入し，04 年にそのシェアを一気に拡大

第2部　第5章　中国自動車市場と日米欧韓中企業の戦略

した。その後，2005年～2007年において，中国市場での全体販売順位は下がり続け，特に2007年の販売台数は対前年割れにもなった。そうした中，現代は中国市場向けの新型車開発に力を入れていた。2008年4月に発表されたエラントラ悦動（1.6L）は，中国市場のために中国人の好みに合わせて設計し，ホイール・ベースを多少伸ばし，車体を拡大し，ボディタイプも一新した。販売価格を日系の同型車より大幅に安い9.98万元に設定し，高いコスト・パフォーマンスで人気車種になり，09年に一気に中国市場のセダン販売量上位第4位に入った。エラントラやi30，Accentなど小型モデルを合わせると，09年の小型車販売の割合は85％程度に達している。2010年から，北京現代はブランド力を浸透しながら，新たに中型SUVのix35と小型車のVernaを中国市場に投入し，製品の多様化を展開している。

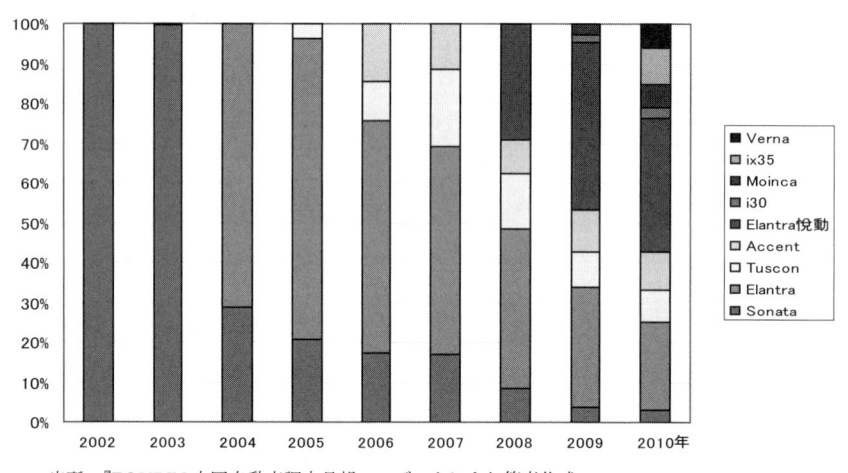

図5-7　北京現代モデルの移り変わり（2002～2010年）

出所：『FOURIN中国自動車調査月報』のデータにより筆者作成。

部品調達について，北京現代は2006年の時点で北京の周辺から70％，韓国本土から30％を調達していた。北京周辺調達分の中の半数以上は韓国系メーカーであり，残りは中国系やその他のメーカーである。韓国の部品メーカーは一次部品メーカーだけではなく，二次部品メーカーも北京周辺に多数進出している。2007年にはコストをさらに削減するため，部品子会社を含めて部品の現調率を40％台から60％台へ向上する計画を実行している。また，販売体制

Ⅳ　市場変化に対応する日韓系企業の戦略差異

も強化し，販売店は 2008 年の 440 店から 09 年の 500 店，10 年の 600 店に拡大している（呉，2010）。

　一方，日産は中国乗用車生産への参入も遅く，図 5-3 で見たように，外資系の後発メーカーとしては他の日系メーカーよりもかなり遅れた 2003 年 6 月に東風日産を設立したのである。それにもかかわらず東風日産は中国市場で急成長し，僅か 5 年半で中国での販売台数は日本を超え，その成長スピードは日系中のトップになっている。東風日産は中型車のサニー（2.0L，20 万元）中心から，近年の中国市場ニーズの変化に合わせた後部座席のワイド感や高級感も出す設計に力を入れて，ティーダ，Sylphy（1.6〜2.0L，1.6L 中心，12〜17 万元），Livina（1.6L，8〜10 万元）など小型車モデルを相次いで投入した。その結果，2009 年には排気量 1.6L 以下小型車が全体の販売額の 6 割以上を占めるに至った（中村，2010）。

　また，東風日産は内陸地域に販売網を構築し，2 級都市と 3 級都市に全体の 4 分の 3 以上の約 300 店を展開している。部品調達についても，中国現地調達を積極的に拡大している。これは日産が導入された「LLC（リーディング・コンペティティブ・カントリー）調達」と呼ばれる制度とも関係がある。それによれば，中国やタイ，メキシコからの部品調達を増やし，2009 年現在のコストに占める LLC からの調達比率 10％ を，5 年間で 80％ にまで高めていくと計画している。

4.2　ホンダとトヨタの中型車競争と小型車の課題

　広州ホンダは 1998 年に設立し，生産開始からの 2 年で，初期投資を全額回収した。その上，2001 年から図 5-6 でも見られたように，営業利益は長年中国業界のトップレベルを占めていた。それは，最初に「ホンダの顔」といわれる中型車アコード（2.0〜2.4L）の最新型モデルを中国市場に投入し，政府と企業・法人団体などの公用車・業務用車の利用者と，所得水準の高いニューリッチたちを狙ったホンダの車種戦略の成功がもたらしたと考えられる。この戦略は外資系，特に日系自動車メーカーの手本となり，その後のトヨタや日産の広州進出にも関係ないとは言えないだろう。現に，トヨタは 2004 年に広州トヨタを設立し，富裕層をターゲットにして 2005 年に中型車カムリ（2.0〜2.4L）の生産を開始し，大いに成功を収めてきた。そのため，（図 5-8 参照）近年広州トヨタで生産されたカムリと広州ホンダで生産されたアコードは逆転と再逆

第 2 部　第 5 章　中国自動車市場と日米欧韓中企業の戦略

図 5-8　トヨタのカムリとホンダのアコードの生産台数推移（2006～2010 年）

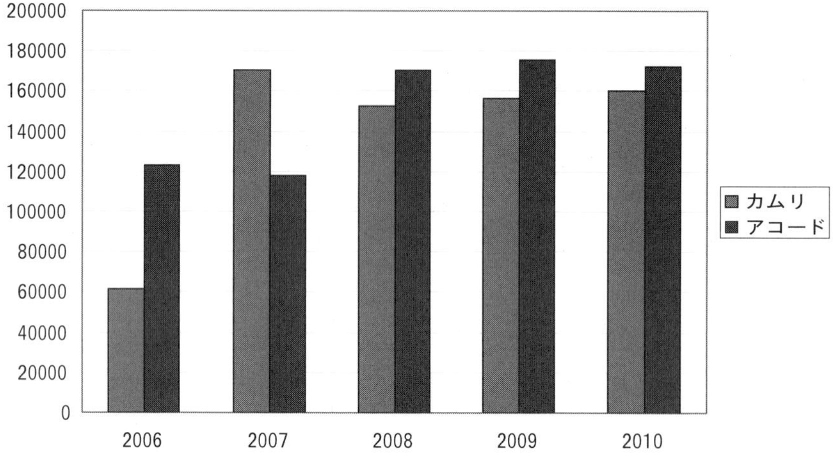

出所：『FOURIN 中国自動車調査月報』のデータにより筆者作成。

転の熾烈な競争を展開している。

　ただし，ホンダとトヨタは高い利益を狙い，主に富裕層をターゲットにした中型車中心の車種戦略を推進していたが，小型車市場での戦略展開はあまり好ましくない。日本で販売が好調だったホンダのフィット（1.5 L）やトヨタのVitz（中国名：Yaris，1.6 L）は中国市場ではハッチバックにしては高すぎると思われ，外観デザインも中国消費者に合わなかったため，予想通りに売れなかった。トヨタのカローラやホンダのシビック，シティーなどの小型車モデルも，欧米韓中系メーカーの同型車より価格が高く，コスト・パフォーマンスで負けていた。

　例えば 2007 年に投入された一汽トヨタのカローラは，排気量 1.8L 中心のモデルを生産してきたが，2009 年の中国政府の排気量 1.6L 以下小型車奨励政策に合わせて，1.6L エンジンを搭載したカローラの生産を拡大した。しかし，価格は 12～14 万元（同模倣車 BYD の F3 は 6 万元）で，依然として高く売れ行きが思わしくなかった。これを打破するために，北京現代が 2008 年 4 月に行ったエラントラのモデルチェンジと同様，一汽トヨタは 2009 年 8 月に，排気量 1.6L のカローラ新モデルを価格も現代のエラントラ悦動と同じ 9 万 9800 元に設定した。しかし，この新モデルは現代のエラントラようにフルモデル

チェンジではなく，内装を簡略化する程度で売上（2010年，対前年比29％増の106,111台）を伸ばしたが，市場からの評価は現代のエラントラ新モデル（2009年，対前年比3倍以上増の233,177台）のように高くはなかった。

トヨタやホンダが小型車へとモデルチェンジしても価格が抑えられない一つ重要な原因は，前述した（表5-3参照）部品の現地調達率が低いことにある。そもそも，2000年代半ばまで中国の自動車購入者層は主に政府や法人，富裕層であった。これらの消費者は自動車を購入する際に，性能を最も重視し，価格に対しては過剰敏感ではなかった。しかし，リーマンショック以降急速に成長してきた中間消費者層は車の性能を重視しながらも，価格に対する反応は非常に大きい。この変化に応えるために，日本の部品メーカーに依存して部品調達してきた日本自動車メーカーは如何に部品の現地調達率を高めコストダウンをはかるかということが大きな課題となっている。もちろん，日本の二次部品以下の中小部品メーカーが中国で現地生産を拡大していくこともこれからの課題になる。

Ⅴ　おわりに

伝統的な多国籍企業論は現在まで，先進国の本国側から経営資源など優位性の源泉が移転されれば海外市場で競争優位性を発揮できると想定しており，経済格差からくる新興国の市場条件や資源条件の違いを中心に置いた議論が少ない。本章は近年，中国自動車市場における内外企業成長の格差を分析し，新興市場の立場から多国籍企業の戦略を再検討してきた。

リーマンショック以降，先進国市場の停滞や縮小に対照して，中国の自動車市場は急速な成長を見せている。内陸部や農村部の市場は沿海部より速いスピードで成長し，富裕層と共にボリュームゾーンの購買も急速に拡大してきた。それに加え，中国政府の小型車購入奨励，農村部販売奨励など政策も追風になり，小型車を中心とした自動車の販売が急拡大してきた。

中国自動車市場の環境変化に適応して，欧米系のVWやGMは長年生産してきた古いモデルと部品現地調達の優位性を活用しながら，小型車中心のフルモデル戦略を展開してきた。中国民族系メーカーは外資系の小型モデルを模倣し，部品の現地調達や生産現場の「人海戦術」で低価格車の大量生産を実現した。一方，韓国系の現代と日系の日産は中国市場変化に応じて，速やかに中型

第 2 部　第 5 章　中国自動車市場と日米欧韓中企業の戦略

車中心から小型車中心の車種戦略へ転換し，現地ニーズに合わせた製品を開発し成功を収めた結果，ブランドを確実に浸透させている。それに対して，日系のホンダとトヨタは中型車から小型車への転換が遅れ，また部品の現地調達の展開が遅れたためコストが下げられず，中国市場での成長が遅れる一因となった。

　従来の日本企業は，日本を基軸に先進国市場をターゲットとした技術・知識集約型のハイエンド製品を中心に生産し，そのための研究開発・製造・販売体制に注力してきた。しかし，新興国市場の台頭と経営環境の変動に対して，日本を基軸としたマネジメントから，新興国市場のニーズにも応えるために，新しいグローバルなマネジメントが求められている。具体的に自動車メーカーは，交通安全のイメージアップや内装のバランスを取りながら，新興国の新しいニーズを満たす「適正品質（機能）」や「適正サービス」を提供していくことが求められている。そのため，コストを一層削減し，現地製品のR&D，部品・素材調達の現地化や途上国調達，物流の合理化を加速しながら，内陸部を含めた販売ネットワークの確立が必要である。

　現に，トヨタは2010年11月にすでに100％出資で中国の部品産業集積地である江蘇省常熟市「東南経済開発区」にトヨタ自動車研究開発センター（中国）有限会社（Toyota Motor Engineering & Manufacturing = TMEC）を設立した。TMECでは，日本の研究開発センターと連携・協力しながら，中国での車両使用環境や顧客ニーズの調査・商品企画への反映，中国導入車両の徹底した品質確認，中国における省エネ・新エネ車の調査・研究，中国向けエンジンの開発業務，これらを実現するための人材育成，などを行う。従業員数は天津や広州の開発部門が50人程度だったことに比べ，200人で立ち上げ将来的には1000人規模を目指している。ホンダも中国でのさらなる販売拡大のため，計画通り生産能力の拡大を進めるほか，現地での開発機能の強化，部品調達のさらなる拡大を推進している。環境・安全に配慮しつつ，中国の需要により的確に対応できる車両を提供するために設立するもので，すでに中国合弁会社に設置されている研究開発センターとともに，中国現地での市場環境調査・研究開発をこれまで以上に充実させていく方針である。

〔参考文献〕

　Christensen, C. (1997). *The innovator's dilemma*. Boston: Harvard Business School

V　おわりに

Press. 邦訳，クレイトン・クリステンセン（2000）『イノベーションのジレンマ』玉田俊平太監修，伊豆原弓訳，翔泳社

MARUKAWA T. (2006) The Supplier Network in China's Automobile Industry From a Geographic Perspective. *Modern Asian Studies Review,* 1(1), 77-102

呉在烜（2010）「現代自動車の現地適応戦略：エラントラが売れる理由」『京都大学東アジア経済研究センター主催：中国自動車シンポジウム』2010.11.6

新宅純二郎（2009）「新興国市場開拓に向けた日本企業の課題と戦略」『JBIC 国際調査室報』2. pp.53-66

中村公泰（2010）「日産流の中国市場開拓：トヨタ・ホンダに勝てる理由」『日経ビジネス』2010.6.28. pp.90-93

李春利（1997）『現代中国の自動車産業』信山社

李澤建（2009）『中国民族系自動車メーカーの発展経路：奇瑞汽車の自社開発能力の構築過程を中心に』京都大学大学院経済研究科博士論文

吉村章（2009）「つれづれなるままに思う中国」『アジアＩＴビジネスジャーナル』3. pp.30-33

王文彦（2004）「中国長江にデルタにおける自動車部品製造業の集積」『現代アジア研究会』第 14 回月例報告会，(http://www.f.waseda.jp/hideok/documents/report20040113.doc) 早稲田大学，2004 年 1 月 13 日

第6章
中国市場における勝ち組の組織間協業のポジショニング戦略

朴　泰勲

I　はじめに

　本章の問題意識は組織間協業をどのようにデザインすれば，中国市場で成功できるのかである。この問題意識に対する答えとして，本章ではハイブリット的組織間協業のポジショニングの重要性に注目する。開発では高度な擦り合わせによる協業をしながら，製品の完成度を高めつつ，生産ではモジュール生産に基づく分業型生産の構築が中国市場の開拓に有効であることをインプリケーションとして導出する。

　近年グローバル競争の激化により，世界自動車産業では有効な競争手段として組織間協業のあり方をめぐる議論が活発化されている。米国企業の中には，競争力を向上するため，入札を実施しながらも，日本企業のように組織間協業を強化する企業が増加している（Dyer, 1996 ; MacDuffie and Helper, 2006）。また，日本企業も米国企業のように組織間取引に競争のメカニズムを導入しており，系列取引が流動化しつつある。その結果，日米企業の組織間協業のハイブリッド化が急速に進展するようになった。さらに，世界の有数な自動車メーカーが世界最大の市場に浮上した中国に生産拠点を構えるようになり，中国における組織間協業のハイブリッド化も急ピッチに進んでいる。

　本章では，中国の外資系企業の中で近年勝ち組とされる自動車メーカーに焦点を当てて事例分析を行い，これらの企業の組織間協業で共通するハイブリッ

ド型協業とは何であるかを調査する。そして，中国市場の開拓に効率的な組織間協業のポジショニングとして，開発では緊密な協業を進めながらも，生産では分業を進めることが重要であることを示す。

本章では，事例研究対象として中国市場におけるフォルクスワーゲン（以下，VWと略記），現代自動車（以下，現代と略記），日産自動車（以下，日産と略記）を取り上げる。その理由は，近年上記の3社は中国市場で100万台以上の車を販売しており，中国市場で勝ち組として見なされているからである。

II 組織間協業に関する先行研究レビュー

先行研究では，組織間協業について多義的な解釈と定義がなされてきた。本章の目標は，自動車産業のハイブリッド型協業について調べることにあるので，組織間協業の範囲を自動車メーカーと部品メーカーの間の協業に限定することとする。本研究でいう組織間協業とは，ある組織が経済活動を通じて他の組織と共通の目標を達成するため，資源，能力，情報の共有を通じて問題と課題を協同で解決することを指す。それでは，自動車産業における組織間協業に関する先行研究について考察していこう。

2.1 組織間協業の日本型対米国型

Helper (1991) は自動車メーカーと部品メーカーの組織間取引をvoice型（発言型）とexit型（退出型）に分類した。voice型とは，取引で問題が起きた場合に，自動車メーカーが部品メーカーに意見を述べ，取引を持続する取引関係を指す。他方，exit型とは取引で問題が発生した場合に，取引をやめる取引関係のことである。この分類によれば，組織間協業の形態はvoice型取引関係に基づいて協業を行う日本型と，exit型取引関係に基づいて分業を行う米国型に分類できる（Womack, Jones and Roos, 1990；Dyer, 1996；藤本，2003；武石，2003）。

日本型とは，voice型取引に基づいて組織間で緊密な協業が行われる組織間システムのことである。日本型協業では，相手の機会主義的行動を阻止する統治構造として信頼が重視される（Levinthal and Fichman, 1988；真鍋, 2002）。組織間取引において信頼が蓄積されるほど，情報交換が増加し，緊密な組織間協業が行われる（Sako, 1996; Sako and Helper, 1998）。

一方，米国型では exit 型取引の下で分業型システムが形成される。exit 型取引を進める企業は問題が発生すれば，契約に基づいて取引相手との取引を中止する。契約が中止されると，組織間取引の継続性は低くなる。exit 型取引では，契約と入札が取引の統治手段であるため，市場メカニズムに基づいて価格が取引関係を決定する重要な要素となる。企業が価格に基づいて入札を繰り返すと，取引相手との間で敵対関係が形成される。敵対関係の下では，取引相手が取引の持続に不利な情報や問題解決に必要な情報の公開を回避する傾向がある。つまり，exit 型の状況では，詳細な契約に基づいて取引相手を統治する必要があり，米国型のように契約の作成と実行により分業型システムが形成される。

2.2　日米組織間協業のハイブリッド化

　前節では，日米型組織間協業について概観した。しかし，近年日米自動車メーカーを取り巻く環境が激変し，日米の組織間協業の形態もハイブリッド化しつつある。その背景には，日米自動車メーカーが競合企業のベストプラクティスを学習し，競争力の向上を図る過程で，日米のハイブリッド型協業が形成されるようになったという点がある。たとえば，クライスラー社は日本企業の優位性が明らかになるに伴い，1980 年代後半に日本的な組織間協業を学習して取り入れてきた（Dyer, 1996）。

　一方，日本企業も競争の激化とグローバリゼーションにより，日本的系列取引関係の再編を図っている。日本的取引関係の再編は系列取引の流動化を誘発し，オープンな取引が拡大しつつある（Ahmadjian and Lincoln, 2001）。日産の系列解体やホンダの世界最適調達などは，日本の系列取引の流動化を象徴する代表的なものである。

　米国企業の日本的協業の導入と日本企業の系列の流動化により，日米自動車メーカーの間の取引関係と組織間協業のハイブリッド化が進みつつある。その結果，日本型対米国型という二分法的組織間協業の類型化は，日米自動車メーカーの実態を正確に反映することが困難となってきた。市場の流動化と不確実性の高い環境によって，既存の分析枠組みの陳腐化が進展したのである。

　そこで，MacDuffie and Helper（2006）は，日本型と米国型のハイブリッド型協業を分析の枠組みとして提案した。日米のハイブリッド型協業とは，組織間取引のガバナンスレベルでは exit 型が，開発と生産という組織間のタス

クレベルでは協業型が形成されることを指す。つまり、ハイブリッド型協業では、exit 型取引により信頼が形成されていないにもかかわらず、組織間協業が行われる。彼らは協業を信頼に基づく協業と信頼に基づかない協業に大別し、信頼に基づかない協業形態をハイブリッド型協業と称したのである。

これまで日米自動車産業における組織間協業のハイブリッド化が活発化していることを考察した。

しかし、新興国のボリュームゾーンで成功している企業が形成しているハイブリッド型組織間協業の共通点に関する研究はあまり行われていなかった。また、中国における自動車産業の研究では、主に産業の発展過程について焦点が当てられてきた（李、1997；陳、2009）。そこで、本研究では、中国市場に適するハイブリッド型組織間開発と生産協業のポジショニングについて検討することとする。

III 分析の枠組み

本節では、組織間協業の形態を明らかにするための分析の枠組みについて考察してみよう。本研究では、ハイブリッド型組織間協業を究明するため、図6-1 と図 6-2 のように組織間取引、組織間開発システム、組織間生産システム別に自動車メーカーと部品メーカーがどのような組織間システムを形成しているのかを調べることとする。そのため、組織間取引、組織間開発システム、組織間生産システムの定義と形態について次のように定義する。

まず、組織間取引とは、自動車メーカーが部品メーカーと形成してきた取引の持続に関する関係性と組織間の価格決定のあり方のことである。組織間取引は取引の監視と利益配分に関する統治構造として解釈できる。組織間取引では、企業が適正価格を決定するための「交渉」および「契約」を行うこととなる。この際に、取引相手の機会主義的行動を避けるために、取引契約者の行動や契約の履行を監視し、組織間協業から生まれる利益の分配規則を定義する必要がある。図 6-1 と図 6-2 のように、組織間取引は関係するタスクが開発なのか生産なのかによって、開発における取引関係と生産における取引関係に分類できる。開発における取引関係とは、製品の開発をめぐる取引関係である。他方、生産における取引関係とは、製品の生産をめぐる取引関係を指す。

組織間取引の形態は voice 型と exit 型に分類できる（Helper, 1991）。長期

Ⅲ　分析の枠組み

的取引関係を志向する場合，自動車メーカーは取引の経歴を有する部品メーカーと継続的に取引をする傾向がある。長期取引のため，自動車メーカーが部品メーカーに部品を発注する際に入札を行わない場合，組織間取引はvoice型に分けられる。

一方，exit型組織間取引では部品の価格，品質，納期で何らかの問題が発生した場合，契約に基づいて部品取引関係が解消される。exit型取引関係では，契約と入札が重視される。自動車メーカーが短期的に価格，品質，納期の面で最も高い評価を得た部品メーカーを入札で発注先として指名する場合，組織間取引はexit型に分類できる。

図6-1　組織間取引と開発協業　　　　　図6-2　組織間取引と生産協業

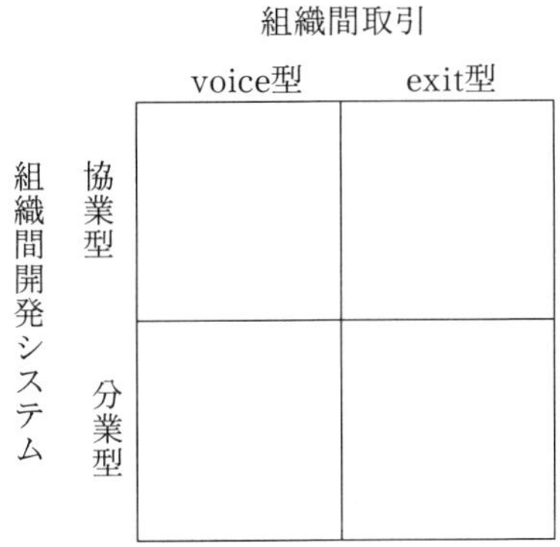

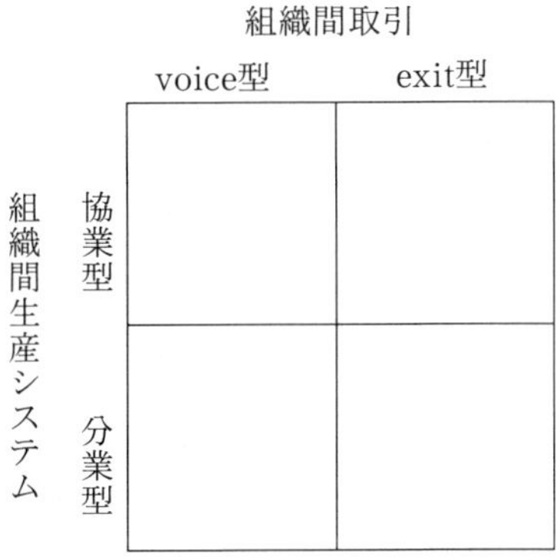

出所：朴（2011）。

また，組織間開発システムとは，自動車メーカーが部品メーカーと形成してきた開発業務の相互協業に関する体系を指す。組織間開発システムは図6-1と図6-2のように協業型と分業型に分類できる。協業型とは，製品全体の最適性を実現するため，自動車メーカーが部品メーカーと緊密な協業をしながら開発を進めていく開発体系のことである。他方，分業型とは，自動車メーカーが部品の組み合わせによる製品開発を進めるため，部品メーカーと協業をせず半独立的に開発を進めていく開発体系を指す。

さらに，組織間生産システムとは，組織間で形成されてきた生産業務に関する協業の体系のことである。組織間生産システムは協業型と分業型に分けられる。協業型とは，自動車メーカーが生産現場の総合的管理能力を高めながら，

品質向上とコスト削減をするため，部品メーカーと緊密な協業を行う生産体系を指す。他方，分業型とは，自動車メーカーがコスト削減と品質向上をするため，詳細な業務ルールを決定し，部品メーカーと半独立的に生産を進めていく組織間の生産体系のことである。

Ⅳ 事例研究対象

本研究では，大衆車メーカーを事例研究対象として取り上げることとする。一汽フォルクスワーゲン汽車有限公司（以下，一汽VWと略記），北京現代汽車有限公司（以下，北京現代と略記），東風日産乗用車公司（以下，東風日産と略記）は大衆車メーカーであるため，3社を事例研究対象として取り上げる。

車種の相違が組織間協業の形成に影響を及ぼすので，表6-1のように類似する排気量と価格帯を有する中型車を事例研究対象として取り上げる。自動車メーカーの多くは色々な車のラインアップを有している。たとえば，一汽VWは比較的高級車であるアウディも生産し，車種別に異なる組織間協業を形成してきた。つまり，車種によって組織間協業の形態が異なる可能性がある。中国自動車市場のボリュームゾーンである中型車市場を分析することで，ハイブリッド型組織間協業についてより精緻に調査することができる。

表6-1 事例研究の対象車種と価格

会社	モデル名	排気量	価格帯
一汽VW	ニューボーラ	1595～1900 cc	7.68～10.18 万人民元
北京現代	中国型エラントラ	1599～1795 cc	9.98～12.98 万人民元
東風日産	ティーダラティオ	1600 cc	9.48～12.8 万人民元

出所：太平洋汽車網（http://price.pcauto.com.cn）。

事例研究では1.5リッターから2.0リッター級の中型車クラスに分類される一汽VWの「ニューボーラ（中国名：新宝来）」，北京現代の「中国型エラントラ（中国名：悦動）」，東風日産のティーダラティオ（中国名：頤達）の開発事例を取り上げることにする。三車種は市場において競合車種でもあり，製品として成功をしている。

本章では組織間協業が必要とされるシステム部品について調べることとする。部品メーカーが生産する製品が1つのシステムを有する製品として捉えれば，それらの部品はシステム部品と標準部品に分けられる。組織間協業について調

Ⅳ　事例研究対象

べることが本章の目標であるので，インパネやシャーシーのように組織間協業が必要とされるシステム部品について調査する。そのため，一汽 VW の部品メーカーとしてシャーシーを生産する大衆一汽平台有限公司（以下，VW 一汽平台と略記）と，インパネを生産する長春富維江森自控飾件系統有限公司（以下，富維 JCI（Johnson Controls Inc）と略記）を取り上げる。また，北京現代の部品メーカーの事例研究では，インパネを生産する北京現代摩比斯汽車零部件有限公司（以下，北京現代モービスと略記）について調べる。東風日産の事例としては，インパネを生産する康奈可（広州）汽車科技有限公司（以下，広州カルソニックカンセイと略記）を取り上げ，事例分析を行う。

4.1　一汽 VW
4.1.1　一汽 VW[1] と VW 一汽平台[2] の協業

　一汽 VW は一汽集団，VW，アウディ，VW 中国汽車投資有限公司の出資により，長春に 1991 年 2 月に設立された。主要生産車種はジェッタ，ゴルフ，アウディ，ニューボラ，キャディなどである。

　VW 一汽平台は VW のビジネスユニットである VW ブラウンシュヴァイク（VW AG, Business Unit Braunschweig）が 60％を，一汽が 40％を出資し，2004 年に長春経済開発区に設立した会社である。VW ブラウンシュヴァイクは 1997 年に VW のブラウンシュヴァイク工場が独立採算制を取ることによって誕生したシステムモジュールメーカーである。同社は図 6-3 のようにフロントアクスル・モジュール，リアアクスル・モジュール，サスペンション・モジュール，ショックアブソーバー・モジュール，ブレーキ・モジュール，ステアリング・モジュール，クラッチ・モジュールで構成されるプラットフォームを VW に供給している。同様に，VW 一汽平台は一汽 VW にプラットフォーム・モジュールを納入している。

　一汽 VW はプラットフォーム・モジュールが技術的に重要である上，VW 一汽平台がグループ会社であったため，新車の開発で入札を行わなかった。このことから，一汽 VW と VW 一汽平台の組織間取引は voice 型であることが分かる。

---

(1)　一汽 VW でのインタビュー（2007 年 8 月 1 日）による。
(2)　VW 一汽平台総経理 Thomas Schneider 氏とのインタビュー（2006 年 12 月 28 日）による。

第2部　第6章　中国市場における勝ち組の組織間協業の ポジショニング戦略

以下では，一汽VWとVW一汽平台がニューボーラをどのような組織間開発システムで開発したのかについて紹介する。

図6-3　VWブラウンシュヴァイクのプラットフォーム・モジュール

出所：VW『Der Golf』(DVD)。

　VWブラウンシュヴァイク本社はVWとプラットフォーム・モジュールを開発するため，VW本社の仕様設計会議に参加し，1週間に1回程度調整を行った。VWブラウンシュヴァイクの開発センターでは，約100人以上の技術者がプラットフォームの開発に取り組んだ。VWブラウンシュヴァイクは図面設計段階に起きる問題をVWと協同で解決するため，ゲストエンジニアをVWの研究開発センターに約2年間派遣した。VWはドイツのプラットフォームの図面を一汽VWに提供した。一汽VWの研究開発センターは中国の道路の状況に合わせてプラットフォームの図面の一部を改良し，VW本社の承認を得た。図面の改良を行う際に，一汽VWの設計技術者，品質管理技術者，VW一汽平台の技術者，ドイツ人の技術者がプロジェクトチームを立ち上げ，問題解決のため頻繁に調整を行った。以上見てきたように，一汽VWとVW一汽平台の組織間開発システムは協業型に分類できる。

　VW一汽平台と一汽VWとの部品取引では，プラットフォームが重要モジュールであるので，入札が行われなかった。つまり，生産におけるVW一汽平台と一汽VWの組織間取引はvoice型である。

　次に，一汽VWとVW一汽平台の組織間生産システムについてみる。一汽VWとVW一汽平台はプラットフォームの生産を容易にするため，マニュアル化と標準化を進めていた。現場のワーカーはマニュアルに基づき，チェックシートに点検記録を残す必要がある。TPM活動の一環として設備の故障の原

因究明による標準化をするため，ブルーカードとレッドカードが使用される。カードには機械番号，日付，問題を発見したオペレーターの名前，問題点を発見した部位，問題点の詳細な説明などを記入する欄がある。ブルーカードは自主保全の時に，レッドカードは保全工が必要な時に用いられる。一汽VWはVW一汽平台が原材料の購入から出荷検査までの全工程で守るべき規定を設定している。生産のモジュール化と現場管理のマニュアル化の進展を考慮すると，一汽VWとVW一汽平台の組織間生産システムは分業型である。

4.1.2　一汽VW[3]と富維JCI[4]の協業

　富維JCIは米国のジョンソンコントロールズ社と一汽四環股份有限公司の折半出資で2001年8月に長春に設立された内装部品メーカーである。富維JCIは2,150人の職員を有し，主に自動車用のインパネ，シート，ドアトリム，天井トリムなどを生産している。以下では，開発における一汽VWと富維JCIの間の取引形態について考察する。

　ニューボーラのインパネを国産化するため，部品入札が行われた。一汽VWの部品入札に富維JCI以外にも，延峰偉世通汽車飾件系統有限公司（ビステオン社の小会社），李爾汽車内飾件系統有限公司（リア社の小会社），弗吉亜汽車配件有限公司（フォレシア社の小会社），中国の民営企業が参加した。入札の結果，発注先として富維JCIが指名された。この結果から，開発における一汽VWと富維JCIの組織間取引はexit型であることが分かる。

　次に，一汽VWと富維JCIの間の開発システムについて検討してみよう。富維JCIはインパネの外観部分の設計は車体全体の外観の構成要素としてドイツで行われたので，インパネの車体への装着の側である後部の構造を設計した。一汽VWと富維JCIは図面設計段階にVW本社の承認を得るため，VWの厳しい設計品質基準を満足させる必要があった。そのため，一汽VWは富維JCIと緊密な協業が必要となり，開発部門，購買部門，品質部門によって構成されるSQE（Supplier Quality Engineer）チームを立ち上げた。ドイツ人の技術者もSQEチームに参加し，技術指導を行った。SQEチームは色々な問題の対策会議，部品メーカーの訪問技術指導，重要部品メーカーの開発日程管理，重要問題の改善と進捗状況の管理を行っていた。また，富維JCIの開発部門は

---

[3]　一汽VW（2009年8月19日）でのインタビューによる。
[4]　富維JCI（2009年8月20日）でのインタビューによる。

JCIのミシガン本社に技術支援を要請したので，米国人技術者が富維JCIに派遣された。一汽VWも技術援助をするため，ドイツ人技術者を設計顧問として富維JCIに常駐させた。さらに，富維JCIは一汽VWにゲストエンジニアを派遣していた。つまり，インパネを国産化するため，一汽VWと富維JCIは協業型開発システムを形成していたのである。

　生産における一汽VWと富維JCIの組織間取引について考察してみる。契約書を更新する際に，一汽VWはVDA6.3やVW品質管理規定などの基準に基づいて富維JCIの一年間の品質管理状況を評価し，契約更新の可否を決定した。それでは，一汽VWがどのように部品メーカーの評価を行い，契約更新の有無を決定していたのかについて考察してみよう。

　一汽VW購買委員会はサプライヤー年度査定標準に基づいて，富維JCIの一年間の品質管理とコスト管理をA級，B級，C級に評価した。富維JCIはB級とC級に評価された場合，受注量の削減と取引停止になる恐れがあったが，審査結果，A級の評価を受けたので，部品取引が持続した。このことから，生産における一汽VWと富維JCIの組織間取引は，exit型に分類できる。

　次に，一汽VWと富維JCIの間の生産システムについて検討してみよう。一汽VWは部品コストを削減するため，モジュール生産の外注化を進めてきた。富維JCIはインパネ・モジュールを組み立て，一汽VWに納入している。一汽VWと富維JCIはモジュール生産を容易にするため，マニュアル化と標準化を積極的に進めてきた。一汽VWはルーチン作業のマニュアルとして，VW品質管理規定，標準作業書，検査工程表，部品選択表，不良品収集規定，工程点検規定，公差測定記録表，検査工具操作規定，既存問題解決方案一覧表，重点問題追跡解決書，故障処理手順書を作成している。また，富維JCIでは操作指導記述書，発泡工程QC工程表，発泡工程のシフト交代検査記録表，予防保全チェック表，重点問題記述書などが使用されている。生産のモジュール化と現場管理のマニュアル化が進展しているため，一汽VWと富維JCIの組織間生産システムは分業型に分類できる。

Ⅳ　事例研究対象

4.2　北京現代
4.2.1　北京現代[5]と北京現代モービス[6]の協業

　北京現代は現代自動車と北京汽車の折半出資で，2002年10月に北京市順義区に設立された。主要生産車種としては，エラントラ，中国型エラントラ，EFソナタ，NFソナタ，i30，ix35，ツーソン，ベルナ，アクセントなどがある。現代モービスは現代の傘下にある起亞自動車が約17％の株を所有している現代のグループ会社である。北京現代モービスは現代モービスの全額出資で2002年11月に北京市順義区に設立された。工場の敷地は約7千坪で，職員数は458人であり，シャーシー・モジュール，インパネ・モジュール，フロント・エンド・モジュールを生産している。図6-4は現代モービスが生産するモジュールを示す。以下では，開発における北京現代と北京現代モービスの間の組織間取引について検討することとする。

図6-4　現代モービスが生産するモジュール

出所：2010年現代R&Dパンフレットとホームページ。

　北京現代はインパネの発注の際に，北京現代モービスが重要なモジュール部品を生産するグループ会社であったので，入札を行わなかった。部品価格を交渉する際に，北京現代と北京現代モービスはコストテーブルの情報を共有した。その理由は，北京現代と北京現代モービスの間では，長期取引に基づく信頼が形成されており，重要情報の共有が円滑に行われてきたからである。これによって総合的に判断すると，北京現代と北京現代モービスの間の組織間取引の形態は，voice型である。

---

[5]　北京現代と現代モービスでのインタビュー（2011年8月28日）による。
[6]　北京現代モービスでのインタビュー（2010年1月27日）による。

第2部　第6章　中国市場における勝ち組の組織間協業の ポジショニング戦略

　以下では，北京現代と北京モービスの開発システムについて見ていくこととする。中国市場の競争の激化によって現地開発が重要となり，現代自動車は現地モデルの開発に着手した。中国型エラントラの内装品やヘッドライトは，中国人の消費者ニーズに沿って改良された。現代自動車と現代モービスは中国型エラントラの設計図面を作成する際に，現代自動車でデザインレビュー会議を開き，問題点を検討した。図面設計段階において，現代モービスは現代自動車の開発情報の収集と部品設計を行うため，韓国の現代自動車の南陽総合研究所にゲストエンジニアを派遣した。北京現代モービスは試作品の寸法と公差が図面と合っているのかどうかを北京現代の工場と韓国の南陽研究所で検証した。この際に，技術的な問題が発生し，北京現代は北京現代モービスに技術支援を行った。また，試作品の耐久実験を中国で行う際に，北京現代と北京現代モービスは色々な技術情報を交換した。以上の事例分析から，北京現代と北京現代モービスの開発システムは協業型であることが分かる。

　本節では，生産における北京現代の組織間取引について考察してみよう。北京現代は北京現代モービスと部品契約を更新する際に，入札を実施しなかった。北京現代の購買本部は北京現代モービスの品質管理やコスト管理能力を「グランド5スター」，「5スター」，「4.5スター」，「4スター」，「3スター」に分類し，毎年評価した。しかし，その結果が取引の継続には直接影響を及ぼさなかった。既存部品の価格改定の際に，北京現代モービスが部品生産に関するコストテーブルを北京現代に公開した。その背景には，生産過程でVAによってコスト削減に成功した場合，北京現代モービスがそのマージンを部品単価の切り下げに反映させる必要があった点がある。これを踏まえて総合的に判断すると，北京現代の組織間取引はvoice型に分けられる。

　次に，北京現代と北京現代モービスの間の生産システムについて検討してみよう。北京現代は韓国と同様に重要モジュールの生産を円滑に進めるため，北京現代モービスとの間で現場管理のマニュアル化と標準化を進めた。北京現代モービスの現場では，問題情報表，検査現況表，直行率表，検査作業指示書，重点管理工程書，加工工程検査成績書，異常時対応手順の一覧表がマニュアルとして使用されている。これに基づいて総合的に判断すると，北京現代と北京現代モービスの間の生産システムは分業型に分類できる。

4.3 東風日産
4.3.1 東風日産と広州カルソニックカンセイの協業

東風日産は2003年に東風汽車と折半出資で設立された（向，2011）。同社の広州花都工場の生産車種は，シルフィ，ティーダ，リヴィナシリーズ，キャシュカイ，エクストレイルなどである。日産は好業績を背景に中国の大連工場（インフィニティを生産）も2012年に着工した。

カルソニックカンセイはインパネ・モジュール，ラジエーター，エアコンを生産していたカルソニックとメーターやエアバッグなどを製造していたカンセイが合併し，誕生した会社である。カルソニックとカンセイが合併した際に，日産は重要モジュールを生産する部品メーカーとの系列関係をさらに強化するため，カルソニックカンセイに増資をした。図6-5はカルソニックカンセイが生産する主なモジュールを示す。カルソニックカンセイは2002年に広州に子会社を設立し，インパネ・モジュール，フロント・エンド・モジュール，エキゾースト・モジュール，天井ルーフモジュールなどを東風日産に納入している。

東風日産はグローバル最適調達で，日系以外から調達している部品も若干あるが，調達先の大部分は日系部品メーカーである。その代表的部品メーカーとして，住友電装，ブリジストン，シロキ工業，ジャトコ，ユニプレス，東プレ，ヨロズ，三五，スタンレー電気，三桜工業，ヒラタ，河西工業，今仙電機，タチエス，日立オートモティブシステム，アルファ，鬼怒川ゴム工業，エフテックなどがある。中国で立ち上げた車と日本で立ち上げた車の品質を同一にするため，中国でもできるだけ日本と同じ部品メーカーに発注している。東風日産はインパネを発注する際に，カルソニックカンセイとの資本参加もあり，入札を行わなかった。つまり，東風日産と広州カルソニックカンセイの組織間取引は，長期取引に基づくvoice型取引である。

東風日産は開発を日本で，生産を中国で行うことから脱皮し，徐々に中国で開発を行っていくため，約200名規模の研究開発センターを広州に設立した。広州テクニカルセンターは神奈川県厚木市にある日産テクニカルセンターと密接に連携し，車両開発を進めてきた（岩田・時，2009）。設計作業の現地化を進めるため，中国人技術者を2008年には20人，2009年には30人を約5ヵ月間日本のテクニカルセンターに派遣した。東風日産テクニカルセンターは従業員同士の円滑なコミュニケーションが促進できるようにオープンフロアを採用

第 2 部　第 6 章　中国市場における勝ち組の組織間協業のポジショニング戦略

している。研究開発のグローバル・ミーティングで打ち合わせと成果報告を実施し，グローバル・ミーティングには東風汽車の担当者も参加した（岩田・時，2009）。

図 6-5　カルソニックカンセイのインパネ・モジュールとフロント・エンド・モジュール

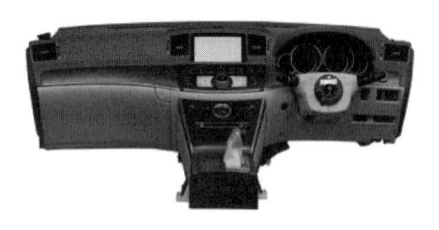

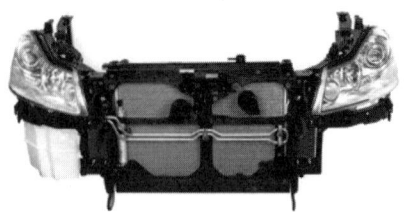

出所：カルソニックカンセイのホームページ。

　カルソニックカンセイは中国現地プロジェクト開発，部品の研究・開発，技術譲渡，技術コンサルティング，技術調査などを目指し，約 100 人規模の康奈可汽車科技（上海）有限公司テクニカルセンターを 2004 年に設立した。中国の広州テクニカルセンターは中国人技術者を日本に研修で送り，技術力を高めてきた。カルソニックカンセイは製品開発を日本と中国で同時に進めており，日産にゲストエンジニアを派遣している。開発中に起きた問題を調整するため，東風日産の品質保証の担当者が広州カルソニックカンセイを訪れた。そして，品質の安定化のため，量産立ち上げの際に広州カルソニックカンセイの工程監査を行った。以上の分析から，東風日産と広州カルソニックカンセイの組織間開発システムは協業型であることが分かる。

　東風日産は広州カルソニックカンセイが日産系列であるので，部品生産の契約を更新する際に，品質とコストに関する評価で契約更新の可否を決定しなかった。つまり，車種が持続する間はインパネの生産は広州カルソニックカンセイに指定されていたので，東風日産と広州カルソニックカンセイの取引は voice 型である。

　日産は，ゴーン社長就任後，積極的に進めてきた部品のモジュール生産を広州花都工場でも行っている。東風日産の工場がある広州花都汽車城では，モジュール部品メーカーが入居しているサプライヤー・パークがある。東風日産の組立ラインの横には，広州カルソニックカンセイのインパネ組立ラインがあり，広州カルソニックカンセイのワーカーが直接東風日産のサブ組立ラインで，

モジュール部品を組み立てている。

東風日産はモジュール生産と連携し，顧客の注文に基づく順序生産方式である同期化生産を用いて生産システムを標準化してきた。東風日産では標準化された生産ラインであるNIMS（Nissan Integrated Manufacturing System）を構築し，標準的なグローバル立ち上げをしている（今田，2012）。フレキシブルなグローバル汎用標準ラインで構成されているNIMSは，モジュール生産と同期化し，生産ラインのリードタイムを短縮している。NIMSにより世界中どこでも標準的な手順でモジュール生産ができるようになった。カルソニックカンセイの生産技術センターは新製品・新工法のラインと設備を日本で標準化し，中国の生産拠点で展開している。また，ツーリングについても，日本のツーリングセンターでグローバル標準化を推進し，中国の金型生産拠点で金型の生産と補修を行っている。モジュール生産及び現場管理のマニュアル化と標準化により，東風日産と広州カルソニックカンセイにおける組織間生産分業が一層進展するようになった。

V 事例分析結果――協業型開発と分業型生産

本章の事例分析結果に基づき，事例研究対象の企業の組織間協業のポジショニングをプロットしてみると，図6-6と6-7になる。まず，一汽VWはVW一汽平台とvoice協業型開発‐voice分業型生産を，富維JCIとはexit協業型開発‐exit分業型生産を形成していることが分かった。VWは富維JCIと異なり，VW一汽平台に直接資本参加をしている上，プラットフォームの方がインパネより技術的重要であることもあり，プラットフォームの入札が行われなかった。つまり，一汽VWは製品の技術的・機能的重要性を考慮し，VW一汽平台と富維JCIと異なる組織間取引を形成している。また，北京現代と北京現代モービスと，東風日産と広州カルソニックカンセイはvoice協業型開発‐voice分業型生産を形成していた。

中国市場の勝ち組である3社の組織間取引システムには相違が観察されるものの，組織間開発では協業型が，組織間生産では分業型が形成されているという共通点があった。これらの組織間システムは伝統的な日米型とは異なるハイブリッド型である。さらに，VW一汽平台と北京現代モービスはシステムモジュールメーカーとしてモジュール生産という面だけではなく，組織間取引形

態や企業の形態において類似する点が多いことが明らかとなった。

　広州カルソニックカンセイはシャーシー・モジュールを生産していないものの，VW一汽平台と北京現代モービスと生産するモジュールの一部が重複しており，いずれも自動車メーカーによる資本参加があるという共通点があった。以下では，なぜ協業型開発－分業型生産組織間システムが形成されていたのかについて検討してみる。そのためまず，一汽VW，北京現代，東風日産の協業型開発システムの形成要因について考察する。

　将来中国の消費者の所得が向上すれば，中国市場向けの自動車の開発でも，ブランドの信頼性が販売に大きく影響を及ぼすこととなり，完成度の高い車を設計することが何より重要である。したがって，多少開発コストが高くなっても，徹底的な設計図面の品質検証を行う必要がある。自動車メーカーが設計図面の品質検証を行うためには，部品メーカーと協業を通じて部品知識を蓄積していくことが重要である。

　自動車の開発は複雑な試行錯誤を通じて顧客向けの付加価値を創出する必要がある。車の付加価値を高めるためには，自動車メーカーと部品メーカーが市場ニーズや開発技術に関する情報を共有する必要があるだろう。つまり，自動車メーカーと部品メーカーが設計品質を確保しつつ，中国市場のニーズに沿った製品を開発する過程で，協業型組織間開発システムが形成される。

　一汽VW，北京現代，東風日産は積極的に生産のモジュール化を進める過程で分業型組織間生産システムが形成されてきた。その理由は，次の通りであ

図6-6　組織間取引と開発協業

組織間開発システム	組織間取引	
	voice型	exit型
協業型	北京現代モービス 広州カルソニックカンセイ VW一汽平台	富維JCI
分業型		

図6-7　組織間取引と生産協業

組織間生産システム	組織間取引	
	voice型	exit型
協業型		
分業型	北京現代モービス 広州カルソニックカンセイ VW一汽平台	富維JCI

出所：筆者作成。

る。

　まず，モジュール生産の外注化が進むと，マニュアル化が容易になり，分業型組織間システムが形成される。モジュール化を進めるためには，分業の責任範囲を明確にする必要があり，現場のマニュアル化と認証化が促進される。マニュアル化が進むと，組織間分業が進展する。

　また，モジュール生産は現地化を促進し，分業型組織間協業が形成される。モジュール生産ではマニュアル化と標準化により現地のワーカーの人的技能形成にあまり頼らなくても良いので，短期間で生産の現地化を達成できる。現地のワーカーの人的技能形成の必要性が低下すると，組織間調整の回数が減少し，組織間分業が促進される。

　さらに，モジュール生産を外注化すると，自動車メーカーの組立ラインが短くなり，生産コストを削減できる。自動車メーカーの組立ラインの縮小により，工場の管理面積とワーカーの人数が減少する。

　最後に，モジュール生産を外注化すると，組立時に発生する部品間の干渉が減少する。部品メーカーがモジュールを組み立てると，自動車メーカーの組立ラインで組み立てるより，車体の傷やスクラッチを気にせず，組立ができる。そのため，不良が減少し，生産コストが削減できる。

VI　まとめ

　本節では，ここまでの議論を振り返りながら，分析結果が意味する含意と今後の課題について検討してみる。

　本章の分析結果によれば，ハイブリッド型協業として，開発では緊密な擦り合わせによる協業をしながら，製品の完成度を高めつつ，生産ではモジュール生産に基づく分業型生産の構築が中国市場の開拓に有効であることが明らかとなった。本章の貢献点として，次の点が挙げられる。

　本研究は開発協業と生産協業の組み合わせに自由度があるため，ハイブリッド型組織間協業の形態に多様性があることを示した。これにより，ハイブリッド型組織間協業でもポジショニングできる組み合わせがあることが明確となった。

　本研究では一汽VW，北京現代，東風日産を調査し，ハイブリッド型組織間協業の形態として協業型開発－分業型生産という共通性があることを明らか

第2部　第6章　中国市場における勝ち組の組織間協業の ポジショニング戦略

にした。他方，組織間取引においては部品の技術的重要性や資本参加など様々な要因が影響を及ぼし，各部品メーカーとのポジショニングが異なることが分かった。

　次に，本研究の調査結果の戦略的含意について考察する。

　中国市場を攻略するためには，グローバル的な視点とローカル的な視点による複眼的な見方であるグローカリゼーションが求められる。グローカリゼーションのためには，中国市場で色々な選択肢を比べながら，従来のものを織り交ぜていくハイブリッド的な組織間協業について深く検討すべきである。中国の顧客ニーズ，市場セグメンテーション，現地で取引可能な部品メーカーの能力を適切に見極めながら，最適な組織間取引，開発と生産の協業体制を構築することが重要である。その方法として，次の項目が挙げられる。

　中国市場では，品質もさることながら，価格が重視される市場である。中国の顧客ニーズに対応するため，やみくもにコスト削減を追求し，分業型開発に大きく偏る必要はない。なぜなら，開発は複雑な施行錯誤が必要な高付加価値領域であり，品質を犠牲にした製品開発を進めると，将来ブランドに傷が付く可能性があるからである。協業型による設計品質と商品性の確保が中国市場の開拓にも重要な要素となる。高度な調整による最適な開発協業をし，品質の維持と実現可能な機能の絞り込みによる適正価格化を実現することで中国の消費者にアピールできる製品を販売する必要があるだろう。

　一方，生産においては，中国市場で直面する価格競争に対応するため，現地化と標準化で大量生産体制の構築が求められる。中国市場では現地化と標準化ができる生産システムとして，分業型生産が適切である。なぜならば，価格競争が激しい中国市場では，低コストの量産体制を確立する必要があり，ワーカーのレベルにあまり依存しない分業型を構築する必要があるからである。標準化とマニュアル化に基づく分業型生産を推進すると，中国で現地化と管理が容易となる。したがって，現場のワーカーの技能がまだ成熟していない中国で早期に，しかも低コストで生産を立ち上げるためには，分業型生産が欠かせないだろう。

　本研究には限界もある。それは以下の通りである。

　第1に，本研究の議論をより一般化するためには，質問票のデータ等を用いて，組織間協業のポジショニングと企業パフォーマンスについて定量分析を行う必要がある。本研究は事例分析により，中国におけるハイブリッド型組織間

VI まとめ

協業の有効性について分析した。事例研究結果をより一般化するためには，大量のサンプルを用いて本研究の主張を実証することが求められるだろう。

第2に，本研究ではシステム部品を生産する企業が事例研究の対象であったため，標準部品を生産する企業の組織間協業の形成要因については明らかにされていない。標準部品を生産する企業の組織間協業の形成においては，製品アーキテクチャが強い影響を及ぼすと考えられる。つまり，製品アーキテクチャが異なれば，自動車メーカーの組織間協業の形成に及ぼす影響要因も異なるため，本研究の調査結果を適用できる範囲は限定的である。

第3に，本研究では中型車の事例研究を行ったため，大型車や小型車においては組織間協業の形成にどのような要因が影響を及ぼしているのかが論証されていない。フルラインを有する自動車メーカーの場合は，中型車と大型車を生産する際の組織間協業の形態が異なる可能性がある。その上，大型車ではどの自動車メーカーも中型車より品質を重視する傾向があり，自動車メーカー間の組織間協業の形態にあまり大きな相違点が見られないかもしれない。

〔参考文献〕

Ahmadjian, C. and J. Lincoln (2001), "Keiretsu, Governance, and Learning: Case Studies in Change from the Japanese Automotive Industry," Organization Science, 61(6), pp. 683-701

陳晋 (2009)「中国自動車と家電企業の競争力蓄積に関する研究」『立命館ビジネスジャーナル』，第3号，pp. 1-22

Dyer, J. (1996), "How Chrysler Created an American Keiretsu", Harvard Business Review, July-August, pp. 2-11

藤本隆宏 (2003)『能力構築競争——日本の自動車産業はなぜ強いのか』中公新書

Helper, S.(1991), "How Much Has Really Changed between U.S Automakers and Their Suppliers?," Sloan Management Review, Summer, 32, pp. 15-28

今田治 (2012)「自動車企業（日産自動車）のグローバル化と生産システム」『商学論纂』第53号，第5・6巻，pp. 97-126

岩田智・時鍵 (2009)「日本企業の中国における研究開発のグローバル化：日産自動車の事例」『経済学研究』，第59号，第3巻，pp. 99-116

Levinthal, D. and M. Fichman (1988), "Dynamics of Interorganizational Attachments: Auditor Client Relationships," Administrative Science Quarterly, 33, pp. 345-369

李春利 (1997)『現代中国の自動車産業——企業システムの進化と経営戦略』信山社

MacDuffie, J. and S. Helper (2006), "Collaboration in Supply Chains With and Without Trust", in Heckscher, C. and P. Adler (Eds.), The Firm as a Collaborative Community-Restructuring Trust in the Knowledge Economy, Oxford: Oxford University Press, pp. 417-466

真鍋誠司 (2002)「企業間協調における信頼とパワーの効果——日本自動車産業の事例」『組織科学』, 第36巻, 第1号, pp. 80-94

朴泰勲 (2011)『組織間協業の形態と形成要因——中国におけるフォルクスワーゲンと現代自動車』, 白桃書房

Sako, M. (1996), "Suppler Associations in the Japanese Auto Industry: Collective Action for Technology Diffusion?," Cambridge Journal of Economic, 20(3), pp. 651-667

Sako, M. and S. Helper (1998), "Determinants of Trust in Supplier Relations: Evidence from the Automotive Industry in Japan and the United States," Journal of Economic Behavior & Organization, 34, pp. 387-417

武石彰 (2003)『分業と競争——競争優位のアウトソーシング・マネジメント』有斐閣

Womack J., D. Jones and D. Roo(1990), The Machine that Changed the World, New York: Rawson Associates（沢田博訳 (1990)『リーン生産方式が世界の自動車産業をこう変える』経済界）

向渝 (2011)「中国自動車企業の合弁パートナー選択と提携形成——広州汽車とホンダの乗用車合弁事業を通じた分析」, 立命館大学学イノベーション・マネジメント研究センターディスカッションペーパーシリーズ, No.015

◆ 第7章 ◆
金融危機後の工作機械産業と日中企業の競争戦略

韓　金　江

I　本章の背景と視点

　工作機械は，大きく金属切削型と金属成形型とに分類されるが，特に切削型工作機械は，種々の金属部品を精密に加工する生産設備として，機械工業にとって高品質の各種製品を生み出すための欠かせない生産財である。このような特性から，切削型工作機械産業は工業国の経済発展において，重要な役割を果たす一分野であると言える。本章では，主として中国の切削型工作機械業界の現状を中心に検討する。
　2008年9月の米国に端を発した世界的金融危機は，グローバル経済の減退をもたらしただけではなく，世界の工作機械産業にも黒い影を落とした。日本の工作機械業界もその影響を受け，生産額は2009年に前年比56％減と不振を極め，1982年以来占めてきた世界トップの座を中国に明け渡した。その背景には，①中国の国内市場規模の拡大，②日本経済の低迷や金融危機の影響による内外需減少という要因がある。
　「世界の工場」となった中国はWTO加盟後，生産設備の需要が急増し，世界最大の工作機械市場に成長した。その急速な経済成長に伴い中国の工作機械産業も速いテンポで発展してきた。世界的金融危機の影響を受け，2009年の輸出入は大きく落ち込んだものの，国内市場の成長により工作機械の需要・供給は増加し続けている。そのため，日本を含む各国の工作機械メーカーは中国

市場への参入を加速させており，市場シェア拡大のために様々な戦略的取り組みを行っている。

　中国の工作機械産業や2000年以降の日本企業の中国進出に関しては，これまでいくつかの研究がなされている[1]。これらの研究は，中国の工作機械産業の特徴や企業の発展状況についても述べているが，金融危機後の状況や企業の戦略動向に関する分析はなお不十分と言える。特に，リーマン・ショック後の中国市場をめぐる日中企業の経営戦略には新たな変化があったと予想される。

　中国の製造業では，熟練労働者不足や人件費上昇により，近年多くの企業は生産ラインの自動化を重視し始めており，工作機械に関しては相対的に自動化水準の高い中級機の需要が増えている。とりわけ，中国などの新興国ユーザーの多くは，工作機械の機能と精度よりも低価格を求めるため，低価格の中級機を中心とした新たなボリュームゾーンの市場が形成されていると考えられる。現在，低価格中級機をめぐって，日本や欧米企業の他に，韓国と台湾企業も中国市場に積極的に参入している。これらに加え，中国企業の競争力が年々強くなっており，低価格中級機市場における企業競争はますます激化している。

　このような状況に関して，M.E. ポーター（Michael E. Porter）の競争の戦略という理論の視座から，金融危機後の中級機市場に関する企業競争を見た場合には，中国企業と日本企業はそれぞれどのような基本戦略を採択しているのか。換言すれば，日本企業は中級機市場で現在も差別化戦略を堅持しているのか。また，中国企業は中級機市場に対して従来の低級機市場でのコストリーダシップ戦略を実施しているのか。これらの課題の解明は，製造設備などの生産財市場における中国ビジネスの現状を理解する上で重要だと思われる。

　本章では，金融危機後の中国工作機械産業の現状を分析すると同時に，中国市場をめぐる日中の工作機械メーカーそれぞれの競争戦略の実態を明らかにする。そのため，まず成形型工作機械を含めた工作機械産業の全体状況を検討した後，切削型工作機械業界を中心に，その現状および日中両国企業の取り組みを考察する。なお，工作機械産業を研究する際，機種別の分析も重要ではあるが，工作機械の機種は多く，市場規模の小さい機種も少なくない。したがって，本章では，基本的に市場規模の大きい旋盤とMC（Machining Center：マシニングセンタ）を生産する企業を中心に見ることにする。

---

[1]　広田（2006），小林（2007），永井（2009），および姜（2010）。

Ⅱ 中国の工作機械産業の発展状況

ここでは，世界の工作機械産業の近況を見ながら，中国の位置づけを確認する。

2.1 生産状況

世界の工作機械生産は2003年から2008年までの好況期において，増加していた。2008年には，前年比11％増の816億ドルに上り，過去最高の生産高を上げた（表7-1）。しかし，金融危機による世界同時不況の影響を受け，2009年には前年比32％減の547億ドルと大幅に落ち込んだ。2010年の世界工作機械の生産高は前年比21％増の約663億ドル（推定値）に達し，2008年の81％まで回復している。このような急回復の要因として，中国などの新興国の成長が挙げられる。

表7-1 世界における工作機械生産の主要国（地域）の状況

単位：百万ドル

2010年の順位	2007年 合計	2007年 切削	2007年 成形	2008年 合計	2008年 切削	2008年 成形	2009年 合計	2009年 切削	2009年 成形	2010年（推定値）合計	2010年（推定値）切削	2010年（推定値）成形
1 中国	10,750	7,848	2,903	14,220	10,238	3,982	15,300	11,628	3,672	19,980	14,585	5,395
2 日本	14,323	12,461	1,862	15,567	13,543	2,024	7,007	5,816	1,191	11,842	10,539	1,303
3 ドイツ	12,923	9,692	3,231	15,680	11,917	3,763	10,800	7,884	2,916	9,750	6,825	2,925
4 イタリア	9,999	5,000	5,000	7,831	3,916	3,916	5,242	2,674	2,569	5,166	2,738	2,428
5 韓国	4,550	3,094	1,456	4,372	2,973	1,399	2,758	1,903	855	4,498	3,104	1,394
6 台湾	4,492	3,549	943	4,807	3,846	961	2,266	1,745	521	3,803	2,929	875
7 スイス	3,515	2,988	527	4,013	3,411	602	2,165	1,753	411	2,185	1,836	350
8 アメリカ	3,247	2,500	747	3,939	3,230	709	2,219	1,686	533	2,026	1,459	567
その他	9,611	5,837	4,037	11,162	5,672	5,490	6,955	4,023	2,932	7,079	4,218	2,859
総計	73,410	52,969	20,706	81,591	58,746	22,845	54,712	39,112	15,600	66,329	48,233	18,096

注：2009年までは確定値だが，2010年は推定値である。また，「総計」は，28ヵ国とする主要国の合計である。
出所：Gardner Publications, Inc. ホームページ（http://www.gardnerweb.com）より筆者作成。

中国では，2008年11月に打ち出された総額4兆元（約57兆円）の内需拡大政策が奏功し，建機や自動車製造業からの工作機械受注が旺盛になっていたため，2009年の生産は成長の減速が見られたものの，2008年より8％増の153億ドルに達し，初めて世界一の座を占めた。さらに，生産高は2010年に前年比30％増の199億ドル（全体の30％）に上り，2年連続のトップとなった。

第2部　第7章　金融危機後の工作機械産業と日中企業の競争戦略

以上のように，リーマン・ショック後の 2009 年には，主要国の工作機械生産は軒並み減少したが，中国だけはプラス成長を維持し，ついに世界一の工作機械生産国になった。

2.2　貿易状況

2009 年の主要国（地域）の工作機械の貿易状況（表 7-2）は，金融危機の影響を受け，輸出高は前年比 40％減の約 276 億ドルであり，輸入高は前年比 40％減の 231 億ドルであった。一方，2009 年の中国の輸出高は前年比 30％減の約 14 億ドルであり，輸入高は前年比 22％減の約 59 億ドルとなっている。

2010 年には，工作機械の需要が回復しており，主要国（地域）の貿易状況も好転している。総輸出高は前年比 18％増の 326 億ドル（推定値）であり，総輸入高は前年比 13％増の 262 億ドル（推定値）である。中国の貿易状況は，輸出高は前年比 27％増の 18 億ドル（推定値）を計上しており，これまでの最高水準であった 2008 年の 21 億ドルに対し 85％まで回復している。一方，輸入高は 2002 年に初めて 1 位となってから，9 年連続世界のトップを維持しており，2010 年には前年比 54％増の 91 億ドル（推定値）に上っている。これは主要国における工作機械の輸入総計の 35％を占める。

表 7-2　主要国（地域）における工作機械の貿易状況（切削＋成形の金額）

単位：百万ドル

輸 出 状 況						輸 入 状 況				
2010 年順位	2007	2008	2009	2010（推定値）		2010 年順位	2007	2008	2009	2010（推定値）
1. 日本	7,461	8,517	4,216	7,833	24％	1. 中国	7,072	7,587	5,900	9,100	35％
2. ドイツ	9,151	10,262	7,247	6,624	20％	2. アメリカ	4,274	4,874	2,262	2,107	8％
3. イタリア	5,570	4,691	3,336	3,299	10％	3. ドイツ	3,684	4,337	2,246	1,908	7％
4. 台湾	3,471	3,701	1,740	2,995	9％	4. 韓国	1,400	1,334	1,133	1,444	6％
5. スイス	3,037	3,334	1,832	1,821	6％	5. インド	1,421	1,573	939	1,250	5％
6. 中国	1,651	2,106	1,410	1,800	6％	6. ロシア	529	990	1,023	1,069	4％
その他	10,955	11,968	7,886	8,294	25％	その他	18,546	18,197	9,653	9,334	36％
合計	41,296	44,579	27,667	32,666	100％	合計	36,926	38,892	23,156	26,212	100％

出所：表 7-1 に同じ。

2.3　工作機械の需要状況

表 7-3 に示すように，2009 年の世界主要工業国の工作機械の需要総額は，前年比マイナス 34％で近年の最低値となった。一方，中国は 2009 年に前年よりわずかではあるが，8,900 万ドル増の約 198 億ドルの需要額を上げ，最大の

Ⅱ 中国の工作機械産業の発展状況

工作機械需要国の地位を維持した。

2010年の世界の需要は前年比19%増の598億ドル(推定値)になっており,過去最高の2008年の78%に回復している。同年の中国の需要は2009年比37%増の272億ドルに達しており,9年連続で世界首位を維持している。このような急拡大により,中国は世界需要の約46%を占めるまでになり,国内市場規模は世界工作機械需要の半分弱まで拡大した。

以上のように,中国の工作機械の国内需要は急速に拡大している。その要因については,主にユーザー産業の需要拡大と,外資系企業の需要拡大,および前述の4兆元の内需拡大政策の三つがあると考えられる。

特に,内需拡大政策により西の内陸部市場の開拓も金融危機後強化されており,外国資本による中国市場開拓が一層加速している。2010年には,内陸部を含めたインフラ整備や消費市場の開拓の動きが明確になっており,工作機械産業の発展は主として国内の建機,自動車や電気機械など生産財および消費財分野のユーザーの成長に依存している。

表7-3 主要工作機械需要国の状況(切削+成形の金額)

単位:百万ドル,位

国名	2007 需要額	比率	順位	2008 需要額	比率	順位	2009 需要額	比率	順位	2010(推定値) 需要額	比率	順位
中国	16,171	23%	1	19,701	26%	1	19,790	39%	1	27,280	46%	1
ドイツ	7,455	11%	3	9,756	13%	2	5,798	12%	2	5,034	8%	2
日本	7,637	11%	2	7,793	10%	3	3,240	6%	4	4,445	7%	3
韓国	4,150	6%	6	3,796	5%	6	2,679	5%	6	4,264	7%	4
イタリア	7,062	10%	4	5,291	7%	5	2,799	6%	5	2,769	5%	5
その他	26,829	39%		29,508	39%		15,895	32%		16,083	27%	
合計	69,304	100%		75,845	100%		50,201	100%		59,875	100%	

(注)「需要額」=(生産+輸入)-輸出。また,「合計」は,28カ国とする主要国の総計である。
出所:表7-1に同じ。

以上,金融危機後の中国工作機械産業の発展状況を中心に述べてきた。同産業は国内需要の拡大に伴い,生産と輸出も急速な回復を見せている。また,需要だけではなく,生産も着実に拡大しており,世界における中国工作機械産業の地位が上昇してきた。2000年代初期までには,中国企業の競争の場は国内市場に限っていたが,2000年代半ば以降は海外市場に拡大し始めている。ただ,工作機械の貿易状況については,中国が依然として大幅な入超を続けている。次節から,切削型工作機械業界の状況を中心に見ていこう。

第2部　第7章　金融危機後の工作機械産業と日中企業の競争戦略

III　切削型工作機械業界の現状

　本節以下の内容は，基本的に切削型工作機械業界を中心に考察するが，まず本節で業界の現状，および中国国内市場の競争構造を見よう。

3.1　業界概要
3.1.1　業界規模
　まず，業界の基本状況を確認しよう。2009年現在，切削型工作機械メーカーは754社で，従業員数は20.5万人となっている。同年の生産高は前年比約10%増の997億元（表7-4）に達し，増加の幅はリーマン・ショック前の2007年の40%増に比べて大幅に縮小した。しかし，2010年の生産高は前年比約34%増の1,306億元に達しており，増勢を続けている。一方，2009年の売上高は前年比約14%増の985億元に上っており，増加の勢いが続いている。金融危機により同年の輸出が33%減となったにもかかわらず，売上高は前年を大きく上回ったままである。このことから，国内の販売が好調なことが判る。2010年には，売上高は1,274億元に増加しており，需要拡大がさらに続いている。

　また，2009年の生産量は前年比約6%減の58万台であるが，うちNC（Nu-

表7-4　中国の切削型工作機械の需給状況

単位：億元

項　目	2005年	2006年	2007年	2008年	2009年	2010年
生産高 A	420	550	769	909	997	1,306
輸出高 B	57	70	88	103	68	86
輸入高 C	371	429	380	390	314	495
内需高 D	734	909	1,061	1,196	1,243	1,715
国内供給率	49%	53%	64%	67%	75%	71%
輸出比率	14%	13%	11%	11%	7%	7%
輸入依存度	51%	47%	36%	33%	25%	29%
売上高	410	532	748	860	985	1,274
生産量（単位：台）	450,700	562,134	606,835	617,306	580,273	755,779
うちNC機台数	59,639	85,756	123,257	122,211	143,904	223,897
台数のNC化率	13%	15%	20%	20%	25%	30%

（注）内需高 D ＝ A － B ＋ C，国内供給率＝（A-B）/D，輸出比率＝ B/A，輸入依存度＝ C/D。
出所：『中国機床工具工業年鑑』，および中国機床工具工業協会ウェブサイトより筆者作成。

merical Control：数値制御）機は前年比約18％増の14万台で，同年の生産台数ベースのNC化率は25％に上昇した。さらに，2010年の生産量は30％増の76万台に著増しており，NC化率も30％に向上している。

3.1.2 需給状況

表7-4に示すように，切削型工作機械の内需は近年拡大しており，金融危機後の2009年にも前年比約4％増の1,243億元に達し，2010年には前年比38％増の1,715億元に増加した。このような近年の内需増加に伴い，国内メーカーによる国内供給率は徐々に高まっており，2000年代半ばの50％前後から2007年には60％を超え，2009年には70％以上に拡大した。このため，輸入高は毎年増加しているにもかかわらず，その依存度は近年低くなりつつある。これは工作機械の輸入が増加する一方で，国内企業の生産がそれ以上の勢いで増加したことによるものである。

一方，輸出比率は金融危機後，7％に低下している。国内需要の増加を併せて見れば，切削工作機械業界は輸出に関して将来的に発展途上国向けに増える可能性があるが，暫くは内需依存型産業として発展していくと思われる。

このように，中国の切削工作機械業界は基本的に国内市場向けで，なお依然として需要を十分に満たしていない。しかし，国内メーカーの技術進歩と経営能力の強化により供給力は強くなっていると言えよう。

3.2 中国市場における競争構造
3.2.1 企業類型から見た競争構造

2000年以降の主要工作機械企業に関しては，概ね3つの勢力に分類することができる。その一つは，再編やM&Aにより形成された，技術力の相対的に高い大型国有企業である。例えば，瀋陽機床集団，大連機床集団，北京第一機床廠，上海電気機床集団などの大型国有企業は，業界内の主力企業で，その多くは総合メーカーである。二つ目は，中小型国有，民営集団，民営個人企業である。例えば，広州機床廠や天津市第二機床廠などである。これらの企業のうち，民営個人企業は，主として中小企業が多く，企業経営には柔軟性があり，中級・低級機において比較的強い競争力を持っている[2]。三つ目は，外国企業

---

(2) 大型国有企業の関係者によると，特に浙江省と江蘇省の民営企業は2000年以降成長の勢いを見せており，ライバルとなっている（2011年3月7日の企業訪問による）。

第2部　第7章　金融危機後の工作機械産業と日中企業の競争戦略

や香港・澳門・台湾企業の直接投資による現地子会社（合弁会社を含む）である。日系の寧夏小巨人機床有限公司（ヤマザキマザック），米系の格里森歯輪科技蘇州有限公司（Gleason），ドイツ系の徳馬吉上海機床有限公司（DMG），および台湾系の杭州友佳精密機械有限公司（台湾友嘉実業集団）などがそれである。これらの企業は地元企業に比べ技術的に強みを持っており，中高級機市場で大きなシェアを占めている。

　2009年の切削型工作機械企業754社のうち，国有企業は97社で，業界総生産高（997億元）の41%を占めている。集団企業は30社（生産シェア4%），個人企業は482社（同46%），香港・澳門・台湾系企業は61社（同3%）である。また，外資系企業は67社で，5%の生産シェアを占めている。このような状況から，民営企業（個人企業＋集団企業）の生産規模は既に国有企業の規模を上回っていることが判る。しかし，国有企業は，その数としては民営企業の1/5に過ぎないが，ほとんど大中型企業なので，1社あたりの生産能力は依然として民営企業より大きいと考えられる。また，外資系と香港・澳門・台湾系企業は現地生産を行っているものの，規模はまだ小さく，発展の余地は十分にあると言える。

　また，2008年1〜11月の国内市場規模は約1,048億元で，輸入品のシェアは37%，残りの63%のうち，国有企業は27%，民営企業は33%，外資系と香港・澳門・台湾系企業は3%となっている[3]。このような状況は，ハイエンド製品については輸入品に依存していること，国産品の主力が国有企業から民営企業へと変わりつつあることを示している。

3.2.2　製品類型から見た競争構造

　中国市場で流通している工作機械は，大きく分けると，低級機・中級機・高級機に分類することができる。低級機は主に低価格の非NC機を指すのに対して，中高級機は主として各種の中価格・高価格のNC機を指す。中級機とは，3軸MCや2軸NC旋盤であるが，高級機とは，複合加工機，5軸加工機，FMSおよび超精密加工機などである[4]。

　現在の国産低級機の市場シェア（金額ベース）は，ほぼ100%であると言わ

---

[3]　中国機械工業聯合会機経網編『中国金属切削機床産業研究報告』(2009)，p.15。
[4]　高級機のうち，5軸加工機や超精密加工機などの製品は，安全保障上の理由で先進諸国の輸出規制の対象となっている。

III 切削型工作機械業界の現状

れる[5]。中級機・高級機（NC機）の市場競争はやや複雑になっており，国内企業と外国企業との競争があれば，国内企業間や外国企業間の競争もある。現在の中高級機市場では，例えば大型・高速・高精度MCの場合には，外国企業および外資系企業は市場シェアのおよそ50~60%を占めており，国産品の市場シェアは50%弱に達している。

図7-1は中国市場における企業競争状況の変化のイメージを表すものである。台数ベースの市場規模は2003年の約28万台から2008年の約45万台に拡大した[6]。同時に，中高級機の割合は2003年の19%（約5万台）から2008年の29%（約13万台）に伸びた。特に，中級機市場は中価格機と低価格機（3,000万円以下）に分化しつつあり，低価格中級機は各国メーカーのシェア争奪の新たなボリュームゾーンとなっている。中，高級機の中級機と高級機の内訳が公表されておらず，低価格中級機の市場規模を知ることは困難であるが，基本的

図7-1　中国市場における工作機械メーカーの競合状況の変化（イメージ図）

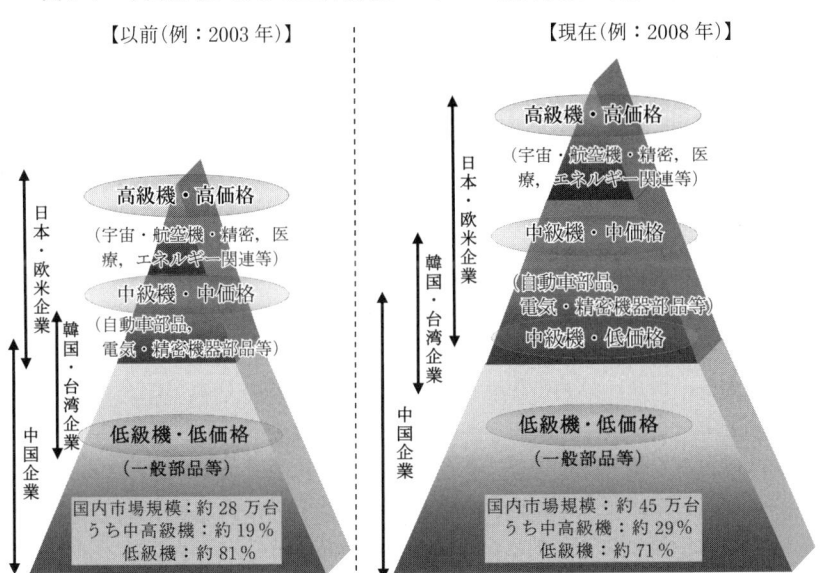

【以前（例：2003年）】　　　　　　　　【現在（例：2008年）】

（左のピラミッド）
- 高級機・高価格（宇宙・航空機，精密，医療，エネルギー関連等）
- 中級機・中価格（自動車部品，電気・精密機器部品等）
- 低級機・低価格（一般部品等）
- 国内市場規模：約28万台
- うち中高級機：約19%
- 低級機：約81%
- 日本・欧米企業／韓国・台湾企業／中国企業

（右のピラミッド）
- 高級機・高価格（宇宙・航空機，精密，医療，エネルギー関連等）
- 中級機・中価格（自動車部品，電気・精密機器部品等）
- 中級機・低価格
- 低級機・低価格（一般部品等）
- 国内市場規模：約45万台
- うち中高級機：約29%
- 低級機：約71%
- 日本・欧米企業／韓国・台湾企業／中国企業

出所：筆者作成。（注）ピラミッド形は台数ベースの市場規模を表し，縦の軸は製品レベルを表す。

---

[5] 中国機械工業聯合会機経網編，前掲，p.37。
[6] 『中国機械工業年鑑』（2004年版）および『中国機床工具工業年鑑』（2009年版）より計算。

第2部　第7章　金融危機後の工作機械産業と日中企業の競争戦略

表7-5　主要な韓国・台湾企業の中国大陸への進出状況

会社名	時期	進出場所	国・地域	業務内容
HYUNDAI WIA Corporation	2005年	山東省・済南	韓国	NC旋盤・MCなどの輸入・販売
Doosan Infracore	2003年	山東省・煙台	韓国	MC・旋盤・部品などの製造
HANKOOK Machine Tools	2005年	上海市	韓国	旋盤・MCの輸入・販売
Hwacheon Machine tool	2005年	上海市	韓国	旋盤・フライス盤の輸入・販売
Hanwha TechM	2003年	上海市	韓国	CNC旋盤の輸入・販売
天瑞精工機械有限公司	2000年	浙江省・寧波	台湾	立形・門型MCの製造・販売
台湾建徳工業集団	2004年	浙江省・杭州	台湾	平面研削盤の製造・販売
台中精機廠股份有限公司	1997年	上海市	台湾	NC旋盤・MCなどの製造・販売
台湾瀧澤科技股份有限公司	2002年	上海市	台湾	NC旋盤などの製造・販売
高明精機工業股份有限公司	2003年	上海市	台湾	各種MCの販売
崴立機電股份有限公司	2002年	江蘇省・常熟	台湾	MC・中ぐりフライス盤の製販
金垣興機械工業有限公司	2003年	江蘇省・昆山	台湾	NC門型フライス盤の製販
台湾引興股份有限公司	2003年	上海市	台湾	カバー、扉の製造・販売
永銓機器工業有限公司	2006年	江蘇省・昆山	台湾	大型NC精密旋盤の製販
台湾友嘉実業集団	1992年	浙江省・杭州	台湾	MC・NC旋盤・FMSの製販
台湾鉅業精機股份有限公司	2001年	浙江省・上虞	台湾	NCフライス盤・MCの製販

出所：各社資料およびウェブサイトより筆者作成。

に国産NC機が低価格中級機であるため，国内市場規模に占めるその割合の変化を見ると低価格中級機市場全体の動向を伺うことができる。2008年の国産NC機の割合は2003年の11％から22％に拡大し，同年の需要量も2003年の3万台から10万台弱に増加した。このように，低価格中級機市場はますます成長していると言えよう。

　図7-1に示すように，中国企業は基本的に低級機市場を支配しており，日本企業は主に中・高級機市場に競争力を持っている。要するに，日中間では中級機分野で一定の競争が存在しているが，まだ本格的な競合関係が形成されていないと言える。現在，日本企業は中・高級機分野においては，主として欧米企業とシェア争いをしている。しかし，低価格中級機市場をめぐっては，韓国と台湾企業がかなり競争力を付けてきたため，日本企業の主なライバルとなっている[7]。一方，中国企業にとっても低価格中級機市場に参入するためには，まず韓国や台湾企業と競争せざるを得ない。つまり，このボリュームゾーン市場において，現段階では韓国と台湾企業は中国企業と日本企業の共通のライバルであろう。

　韓国と台湾企業は市場シェアを拡大するために対中輸出だけではなく，直接

---

[7]　筆者のCIMT2011での聞き取り調査の時も日系企業からこのような競争状況を聞いた。

146

IV 主要中国企業の現状と経営戦略

投資も積極的に行っている。表7-5は，主な韓国と台湾企業の進出状況を表すものである。金融危機後，これらの企業は現地での生産と販売を強化している（日本企業の進出状況については，第5節に譲ることにする）。

IV 主要中国企業の現状と経営戦略

4.1 生産高トップ10社の状況

2008年の切削型工作機械生産高ランキングの上位10社は，合計で311億元の生産高を上げ，国内生産総額（約909億元）の34%を占めた（表7-6）。10社の生産台数は合計16万台余りで，国内生産総数（約62万台）の26%を占めた。また，この10社は合計4万台のNC機を生産し，NC機生産総数（12万台余り）の33%を生み出した。

生産高の上位5社は，瀋陽機床集団，大連機床集団，斉二機床集団，北京第

表7-6 2008年の中国における主要切削型工作機械メーカーの状況

順位	企業名	従業員数(人)	生産高(億元)	前年比(%)	割合(%)	生産量(台)	うちNC機	輸出高(億元)	国内売上(億元)	国内市場シェア(%)
1	瀋陽機床（集団）有限公司	18,556	115.5	10.0	12.7	85,995	20,858	12.6	101.1	8.8
2	大連機床集団有限公司	7,289	80.1	17.1	8.8	44,611	11,024	5.5	90.5	7.9
3	斉二機床集団有限公司	4,057	24.4	69.6	2.7	2,526	305	0.6	31.0	2.7
4	北京第一機床廠	3,604	23.0	46.4	2.5	4,357	954	13.0	11.5	1.0
5	斉重数控装備股份有限公司	3,323	19.7	38.0	2.2	1,525	1,102	1.0	23.7	2.1
6	武漢重型機床集団有限公司	2,803	10.9	25.6	1.2	253	134	1.2	10.1	0.9
7	陝西秦川機床工具集団有限公司	3,999	10.8	8.8	1.2	1,323	475	0.4	21.8	1.9
8	宝鶏機床集団有限公司	2,286	9.5	-14.9	1.1	10,801	4,288	8.9	7.6	0.7
9	天水星火機床有限公司	1,291	9.4	39.1	1.0	4,027	197	2.7	6.2	0.5
10	安陽鑫盛機床有限公司	2,045	8.1	-0.1	0.9	5,155	1,066	0.0	9.9	0.9
	上記10社の合計	49,253	311.4	1.8	34.3	160,573	40,403	45.9	313.4	27.3
	国内切削型工作機械企業の総計	200,300	908.5	17.1	100.0	617,306	122,211	102.5	757.5	66.0

（注）順位は生産高の順位。国内市場シェアは国内売上の国内市場規模（売上－輸出＋輸入）に占める割合。
出所：『中国機床工具工業年鑑』2009年版より筆者作成。

一機床廠および斉重数控装備である。生産台数を見ると，斉二機床集団，斉重数控装備および6位の武漢重型機床集団の生産台数は少ないが，その製品は主に大型機なので，生産高としては上位を占めている。一方，各社のNC機の生産比率（台数ベース）では，斉重数控装備（72%），武漢重型機床集団（53%），宝鶏機床集団（40%），陝西秦川機床工具集団（35%）および大連機床集団（25%）が上位に並ぶ。

売上高を見ると，この10社のうち，瀋陽機床集団と大連機床集団が他社に比べ圧倒的な存在である。輸出高に関しては，北京第一機床廠，瀋陽機床集団，宝鶏機床集団と大連機床集団は上位となっている。

2008年の工作機械市場規模はおよそ1,147億元であり，うち輸入工作機械は約390億元で，市場全体の34%を占めており，国内企業は66%の市場シェアを占めている。表7-6に示すように，国内企業のうち，瀋陽機床集団（8.8%）と大連機床集団（7.9%）は国内市場においてリードしており，この2社だけで全体の16.7%のシェアを占めている。斉二機床集団（2.7%），斉重数控装備（2.1%），陝西秦川機床工具集団（1.9%），および北京第一機床廠（1%）なども一定の市場シェアを占めている。他には，多くの中小企業も存在し，激しい市場競争を繰り広げている。

以上のように，工作機械の両大企業である瀋陽機床集団と大連機床集団は生産と販売の両方で業界のトップを争っており，この2社は成形型工作機械を含む売上世界ランキングのトップ10にも入っている。この2社を含む多くの大手企業は，以前はほとんど専門メーカーであったが，2000年以降は総合メーカーに発展してきた。このような総合化・大規模化により，一部の中国メーカーは着実に成長している。また，中国の工作機械メーカーの生産は，非NC機を中心とした生産体制から非NC機＋NC機の生産体制へとシフトしており，特にNC機を中心とする低価格中級機に関して一層の競合関係になると思われる。

4.2　主要企業の経営戦略
4.2.1　これまでの戦略変化

中国企業の今日に至るまでの戦略は，製品開発や国内外の市場開発などが挙げられるが，技術レベルは先進国に比べかなりの格差があるため，ほとんどの企業は改革開放後，様々な技術を外国企業から導入してきた。

Ⅳ　主要中国企業の現状と経営戦略

　1980年代には，工作機械企業の多くはライセンス契約や技術提携の形で外国技術を導入していた(8)。例えば，1980年の北京機床研究所によるファナックのNCシステムやサーボモータに関する技術導入，1985年の大連機床廠（大連機床集団の前身）による独Huller Hilleの複合加工機に関する部品技術の導入などがあった。

　1990年代には，改革開放の深化や市場経済の導入に伴う工作機械産業における対中直接投資の拡大により，工作機械メーカーの技術導入も合弁生産や提携生産などへと変化していった。北京阿奇夏米尓工業電子（1993年設立・スイス系）や大連渤海日平機床（現・億達日平機床，1996年設立・日系）などの合弁企業の設立は，工作機械産業の発展を促した。合弁企業を通して，外国技術を獲得しただけではなく，生産管理などのノウハウを学ぶ機会にもなったのである。1991～1997年において，工作機械・工具業界は計1,656件の技術を導入し，11.6億ドルの取引金額を計上した(9)。

　2000年以降，グローバル経済の発展による国際分業体制の調整と国内企業の競争力の向上に伴い，工作機械産業の国際化も進展しており，技術導入も新たな局面を迎えている。一部の企業は新たな技術獲得方法として，外国の有名企業を買収し，先進的な生産技術の獲得を図っている。2010年までに，既に10件以上の海外買収が行われた。

　以上のように，時代の変化に伴い，工作機械メーカーは様々な取り組みを通じて外国技術を導入し，競争力を高め成長してきた。とりわけ，中国企業は高いレベルの技術力を持つ先進国企業の買収を通じて，技術，販売ネットワーク，およびブランドなどの経営資源を獲得しており，企業の製品開発能力，製造能力および管理能力ともに向上している。

4.2.2　主要企業の競争戦略

　今日の国内工作機械市場については，高級機のほぼ全て，および中級機の一部は，輸入品に依存している。高級機に関しては，中国企業は未だ技術的に先進国企業に挑戦することができない状況にあり，市場シェアの拡大には如何に中級機の市場を開拓するかに関わっている。現在，中国メーカーが生産するNC機は，日本製のものに比べ概ね20～30年程度遅れているという指摘もあ

---

(8) 李健・黄開亮編（2001），pp.679-688。
(9) 『中国機電産品市場年鑑』（2000年版）機械工業出版社，p.349。

第2部　第7章　金融危機後の工作機械産業と日中企業の競争戦略

る[10]。また，筆者の第12回中国国際工作機械見本市（CIMT2011）での聞き取り調査では，日本の自動車部品など加工用のCNC旋盤メーカーの関係者からも，同類製品では中国製より20年位リードしているとの声が聞かれた。当面，

表7-7　主要中国企業の輸入部品の採用状況（中高級機分野）

企業名	類型	輸入NC	NC装置	輸入部品	主要部品の例
大連机床集団	国有	○	シーメンス社，ファナック社	○	シーメンス社の主軸モーターなど
雲南機床集団	国有	○	ファナック社	○	ドイツ，日本，米国の部品を採用
瀋陽機床集団	国有	○	シーメンス社，ファナック社	○	シーメンス社のモーター，ATC
中捷機床有限公司	国有	○	FIDIA社（イタリア）	○	FIDIA社の工具
重慶機床集団	国有	○	Flexium num（フランス）	○	Flexium社の主軸モーター
長沙西菱機床設備有限公司	民営	×	華中数控社	○	外国製と国産品（主軸：台湾製）
寧江機床集団股份有限公司	国有	○	三菱電機社，ファナック社	○	日本，欧州から輸入
長沙機床責任有限公司	国有	○	シーメンス社	×	機械部は自主開発のもの
天津市精誠機床製造有限公司	民営	○	Rexroth社（ドイツ）など	×	機械部は国産
北京精彫科技有限公司	民営	×	自社製	△	
武漢重型機床集団有限公司	国有	○	シーメンス社，ファナック社	○	シーメンス社や独HWISWN-HAN社部品
北京第一機床廠	国有	○	シーメンス社，ファナック社	○	シーメンス社やファナック社のモーター
北京機床研究所	国有	○	ファナック社	○	日本のリニアモーター，ドイツの案内面
江蘇楊力集団	民営	○	ファナック社	○	ドイツH+L社の液圧システムなど
江蘇金方園数控機床有限公司	民営	○	ファナック社	○	ドイツBLIS社などの案内面，親ねじ
漢江機床有限公司	国有	○	シーメンス社	○	ドイツなどの親ねじ，軸受
蘇州新火花機床有限公司	国有	○	FAGOR社，台湾宝元社	○	日本安川社モーターなど
大連意美機械有限公司	民営	○	シーメンス社，ファナック社	○	ドイツの電装，モーター，軸受など
天津京晨龍機床設備有限公司	民営	○	シーメンス社，ファナック社	○	シーメンス社，ファナック社のモーター
杭州華方数控機床有限公司	民営	○	ファナック社，国産品	○	ドイツ製のモーター
済南二機床集団有限公司	国有	○	シーメンス社	○	シーメンス社の主軸モーター
広州機床廠有限公司	国有	○	ファナック社	○	イタリアのDUPLOMATICのATCなど

出所：筆者のCIMT2011における聞き取り調査による（注：○＝採用，×＝非採用，△＝不明）。

---

[10]　大平（2010），p.23。

IV 主要中国企業の現状と経営戦略

中級機の開発に関しても，できるだけ性能面と品質面における輸入品との格差を縮小することが必要だと言える。

　中級機の市場開拓のために，中国企業は技術・製品開発に力を入れているが，製品の設計・開発だけではなく，先進国企業の製品に相当するレベルの部品が調達できることも鍵となる。工作機械製品の機能と品質を高めるために，外国製の高性能・高品質の部品が注目される。多くの中国企業は外国製部品の採用を通じて，自社製品の性能と品質の向上を図っている。筆者は，2011年4月に行われたCIMT2011での調査を通して，中国企業のこのような製品戦略を確認した。表7-7に示すように，多くの中国企業は工作機械の頭脳と言われるNC装置，加工精度に深く関わる主軸や案内面，自動加工のための自動工具交換装置（ATC）やサーボモータ，耐久性の優れた軸受などの主要部品を，日本や欧米など先進国・地域から採用している。これらの輸入部品の採用により国産工作機械の性能と品質はかなり向上し，国産中級機の市場供給率は徐々に拡大している。

　例えば，NC機の代表格であるMCの需給状況では，2005年以降国産MCの国内供給率は上昇傾向にあり，2005年の17％から2009年の43％に拡大した[11]。また，国産MCの輸出額は，金融危機の影響により，2009年は前年比44％減の5,460万ドルになったが，2005年（1,270万ドル）から2008年（9,820万ドル）までは増加し続けていた。このような状況は，中国企業は製品分野を低級機に集中するのではなく，特に日本企業にとってボリュームゾーンとなる中位機種に拡大していることを示している。国産中級機は技術水準において未だ輸入品に及ばないが，地元企業は製品の性能・品質を高めながら低価格を武器に，この市場でのシェア拡大戦略を採っていると考えられる[12]。

　このような中国企業の部品調達に関しては，日本の完成品メーカーにとっては，ある程度脅威になるかもしれないが，国内市場の縮小で悩まされる日本の部品メーカーにとっては，発展のチャンスと捉えるべきであろう。工作機械に取り付けるサーボモータ等の部品を手掛ける安川電機は中国での現地生産を2.5倍に拡大すると発表したなど，一部の部品メーカーは既に中国戦略を強化

---

[11] 『中国機床工具報』2010年6月20日付。
[12] 『中国工業報』（2011年2月14日付）によると，2008年に生産されたMCの平均単価では，中国の製品は日本製品の約4分の1であったという。

第 2 部　第 7 章　金融危機後の工作機械産業と日中企業の競争戦略

し始めている[13]。今後，中級機市場をめぐって，最大の供給国である日本と欧米の企業間競争が続くと共に，日中の企業間競争も激化していくと予測される。

4.3　工作機械メーカーの事例

2000 年以降，中国企業は，①先進国企業との合弁事業，②先進国企業の買収，③中位機種の製品開発という 3 つの取組みを経営戦略の中心に置いたと言える。ここでは代表的な企業の経営戦略を見ることにする。

4.3.1　瀋陽機床（集団）有限公司（SMTCL）

瀋陽機床集団は 1993 年に瀋陽市の三大工作機械メーカーと，ある NC 装置メーカーの統合により設立された。その後，同社は統合や吸収合併を繰り返して規模を拡大し，現在はグループ企業 12 社の国有企業集団に発展しており，中国最大の工作機械メーカーとなっている。その主要製品は，旋盤，中ぐり盤，MC および大型 NC 旋盤などである。

同社は 2000 年以降，国際戦略を強化し，イタリアの FIDIA と NC 装置（2002 年）および高速フライス盤（2003 年）を生産する 2 つの合弁企業を設立し，技術導入に努めた。さらに，同社は 2004 年に財務状況悪化などで倒産に陥った独シース（Schiess）社を買収した。

同社のシース社買収は，既存技術を獲得するだけではなく，R&D 資源も入手し技術競争力の向上を目的としている。同社は要員を定期的にシース社に派遣し，大型工作機の生産技術や管理ノウハウの習得に努めているとのことである[14]。また，同社は子会社である瀋陽機床股份有限公司にシース NC 工作機械事業部を設置し，買収した独シース社から大型旋盤の生産技術を吸収すると同時に，共同開発も行っている[15]。

また，同社は汎用 NC 旋盤や MC などの主力製品について，ドイツや日本などの外国部品を採用し，製品レベルの向上を実現している（表 7-7）。例えば，同社の NC 機に組み込む制御装置は，輸入品（ファナックの製品）を 70％程度採用しているが，国産品（広州数控設備の製品）を約 25％採用しているという（業界関係者）。現在の NC 機生産は年産 2 万台程度であるが，生産拡大を図っており，非 NC 機の生産を他社への OEM で賄い，自社は NC 機の生産に集約

---

[13]　『日経産業新聞』2011 年 8 月 9 日付。
[14]　姜・前掲，p.25。
[15]　瀋陽機床股份有限公司瀋一希斯数控機床事業部資料による。

Ⅳ　主要中国企業の現状と経営戦略

する戦略を打ち出している(16)。

　以上のように，瀋陽機床集団は様々な取り組みにより競争力を高め，市場シェアを拡大している。2011年5月の米 Gardner Publications 社の発表によると，同社は成形型工作機械企業を含む生産額世界ランキングの2位にランクされた(17)。

4.3.2　北京第一機床廠（BYJC）

　60年前に設立された北京第一機床廠は，中国の最大フライス盤メーカーとして，1990年代以降の国有企業改革の進展に伴い，他の工作機械メーカーを吸収し事業統合による規模拡大を実現した。WTO加盟後は国際戦略を強化し，合弁企業の設立や海外買収を通してフライス盤の専門メーカーからNC旋盤やMC，および大型機などの総合メーカーに発展した(18)。2011年現在，14社の子会社を有する大手企業となっている。

　同社は，2003年に日本の大手メーカーであるオークマ株式会社と合弁（同社の出資比率：49％）で北一大隈（北京）機床有限公司を設立し，オークマの生産システム，および管理ノウハウを導入し，NC旋盤とMCの組立生産を行っている(19)。2011年現在，4シリーズ（NC旋盤2シリーズ，MC2シリーズ）の製品が生産されている。また，同社は2005年に日本の聖和精機株式会社などと北一聖和（北京）精密工具有限公司を設立し，合弁経営を行い，技術導入を通じてハイレベルの工具と部品を生産している。

　さらに，同社は2005年に独コブルク社を買収し，現地経営を徹底している(20)。買収による技術獲得に関しては，同社は2010年にコブルク社の大型門型機の製造技術を獲得し，生産された製品をCIMT2011にも出展した。また，同社は買収後，ドイツ子会社との企業内の技術交流を頻繁に行っており，既存技術を入手するだけではなく，技術開発能力の向上も目指している。

　同社はオークマなどとの合弁事業や独コブルクの買収事業から，工作機械の生産技術と企業の経営手法を吸収している。技術導入によって，加工精度，工具の交換時間（1.7秒に短縮）および加工速度などにも大きな進歩があった。一

---

(16)　『遼寧日報』2010年11月11日付。
(17)　『中国機床工具報』2011年6月20日付。
(18)　同社の歴史的な発展については，拙著（共著）の安藤など（2005）の第8章を参照。
(19)　同社子会社への聞き取り調査による。
(20)　買収状況については，拙稿（2011），p.67を参照。

方，既存製品に関しては，ドイツなどの外国製主要部品を取り入れ，加工精度や性能を向上させている。例えば，中型立形フライス盤 XK（H）A73 シリーズの主軸はイタリア OMLAT の製品を採用し，NC 装置やサーボモータはドイツなどのものを採用している。

今後，国内外市場で日本，ドイツ，台湾などの企業と競争するために，ハイエンド製品の開発を重点分野として，特に中級機市場でのシェア拡大に努めていくとしている。

以上のように，近年の国内市場における競争の激化に対応するため，主要中国企業は従来の技術導入に加え，海外買収や輸入部品の採用によって製品・技術の競争力を高め，低価格中級機市場でのシェア拡大を図っている。このような中級機市場でのコスト集中戦略によって，中国企業の競争力が少しずつ強くなってきており，国内供給率も上昇している。また，事例からも見られるように，主要企業は金融危機後，従来の低級機を中心とした製品開発から，中級機開発に力を入れるようになっている。今後，低価格中級機をめぐる中国企業と外国企業の競争は一段と激しくなると予想される。

V 日本企業の中国戦略

5.1 中国ビジネスの拡大

改革開放後，日本の工作機械業界の対中直接投資も始まり，中国企業と合弁で工作機械の生産が行われてきた。特に，2000 年以降は日本企業の集中的な進出が見られた。中国の工作機械需要が急増しているため，コストの削減に加えて市場開拓の目的で中国を生産，販売の拠点としている。

表 7-8 に示すように，2000 年から 2011 年 6 月にかけて，日本企業は中国各地で 35 カ所の主要拠点を設置し，うち生産拠点は 23 カ所で，販売拠点は 12 カ所である。日本企業は 2000 年以降中国生産も強化しており，日本の得意とする NC 機（NC 旋盤や MC など）を生産している。また，日本企業は金融危機後，中国ビジネスをさらに強化する動きを見せており，新たに現地生産に踏み切るメーカーも出ている。

リーマン・ショック後の 2 年間には，日本企業にとって先進国を中心とする欧米 2 大市場は，共に従来のユーザー産業の不振で短期的には期待できない状況にあった。しかし，中国はいち早く経済回復を実現したため，工作機械の世

V 日本企業の中国戦略

表 7-8 2000 年以降の日本企業の中国進出状況

社　名	時期	拠点の所在地 生産拠点	拠点の所在地 販売拠点	現地事業内容	出資比率
ヤマザキマザック㈱	2000	寧夏銀川		NC旋盤とMCの製造・販売	38%
スター精密㈱	2000	遼寧省大連		NC旋盤の製造・販売	
オークマ㈱	2001		上海市	販売・サービス	100%
㈱森精機製作所	2001		上海市	販売・サービス	100%
㈱ソディック	2002		広東省深圳	NC放電加工機の販売・技術指導	50%
㈱ミヤノ	2002	上海市		NC旋盤の製造・販売	40%
㈱滝澤鉄工所	2002	上海市		NC旋盤，PCボード穴明け機の製造	100%
大隈豊和機械㈱	2002		上海市	受注・サービス	100%
㈱白山機工	2003	江蘇省無錫		チップコンベヤ，クーラントユニット	
オークマ㈱	2003	北京市		NC旋盤とMCの製造・販売・サービス	51%
㈱ジェイテクト	2003	遼寧省大連		専用機の製造・販売・サービス	80%
㈱コマツNTC	2003		上海市	販売・サービス	100%
OKK㈱	2004	遼寧省大連		製造・販売	30%
シチズンマシナリーミヤノ㈱	2004		上海市	工作機械の輸入・販売・技術支援	100%
高松機械工業㈱	2004	浙江省杭州		NC旋盤の製造・販売	50%
富士機械製造㈱	2004	遼寧省大連		NC旋盤の製造・販売	100%
㈱ツガミ	2004	浙江省平湖		NC旋盤の製造・販売	100%
ブラザー工業㈱	2004	陝西省西安		NCボール盤の製造	
倉敷機械㈱	2005		上海市	販売・保守・点検・据付及び技術指導	100%
㈱紀和マシナリー	2005	上海市		立形MCの製造	
シチズンマシナリーミヤノ㈱	2005		上海市	小型NC旋盤の販売	100%
シチズンマシナリーミヤノ㈱	2006	山東省淄博		NC旋盤の製造	100%
新日本工機㈱	2006	江蘇省南京		立形5面加工機用部品などの製造	
ヤマザキマザック㈱	2006		上海市	販売・サービス	100%
三井精機工業㈱	2007		上海市	工作機械のサービス	100%
オークマ㈱	2007		上海市	販売・サービス	100%
㈱ソディック	2007	福建省アモイ		NC放電加工機などの製造	100%
㈱牧野フライス製作所	2008	江蘇省昆山		放電加工機の製造	
㈱北川鉄工所	2009		上海市	輸入および販売・サービス	100%
野村VTC㈱	2009	上海市		NC自動旋盤	
㈱アマダ	2010	江蘇省連雲港		帯鋸盤の製造・販売・サービス	25%
エンシュウ㈱	2010	山東省青島		小型立形MCの製造・販売	100%
三菱電機㈱	2011	遼寧省大連		2次元レーザー加工機の製造・販売	100%
三菱重工業㈱	2011	江蘇省常熟		ドライカットホブ盤の製造・販売	100%
三菱電機㈱	2011	江蘇省常熟		サーボ・NC装置・FA機器の製造・販売	90%

出所：『海外進出企業総覧』，日工会資料，および各種報道より筆者作成。

界市場においても回復の牽引役を演じている。金融危機後,外需7割の時代に突入した日本工作機械産業にとって,中国市場の重要性がさらに明確になった。

現在,中国は最大の輸出先となっており,2010年には中国への輸出は日本の外需総額の4割弱を占めている。2011年の中国からの受注は前年比約30%増の3,278億円と国別で最も多かった[21]。このように,日本企業の国際戦略は金融危機後,大きく転換し,対中ビジネスの拡大を加速させている。今後,欧米の需要回復により中国の割合は減ると予測されるが,長期的な日本の重要な輸出先として,その地位は変わらないと考えられる。

金融危機後,欧米市場の回復が遅れたことにより,日本の工作機械メーカーは最大の工作機械市場である中国をさらに重視し,様々な戦略的取組みで開拓に努めている。

5.2　金融危機後の中国戦略

日本の工作機械メーカーの強みは,高機能と高精度にある。しかし,中国などの新興国ユーザーの多くは,工作機械の機能と精度よりも,低価格を求めたため,低価格で提供する中国企業や台湾,および韓国企業の製品で需要のほとんどが賄える。日本企業にとって,限られた高価格機(中高級機)市場分野を堅守するだけでは,中国市場における業績効果が限定的になる。

しかし,近年になって,中国のユーザーが求める工作機械は,これまでの低価格に加え,高品質,短納期に変わってきた。その背景として,生産能力向上の必要性,人件費高騰・熟練労働者不足の解消,高品質の金属部品の需要拡大が挙げられる。このため,中級機市場における競争は,一層激しくなっており,地元の中国企業以外に欧州メーカーや台湾メーカーなどの低価格機との競争も強いられている。このような中国市場の現状に対して,日本企業は高価格機に集中した差別化戦略から,今後期待の持てる低価格・中級機ボリュームゾーン市場分野でコスト集中戦略に転換しつつある。

表7-9に示すように,多くの企業は従来製品の機能を絞り,中国などの新興国ユーザーがほとんど求めない機能を省くことにより,コストを削減し,以前に比べ低価格になった製品を中国市場に投入している。例えば,中堅メーカーのオーエム製作所は2010年9月に主力のCNC立形旋盤で中国市場向けの低

---

[21] 『日本経済新聞』2012年1月18日付。

V 日本企業の中国戦略

表 7-9 金融危機後の日本工作機械メーカーの中国に関わる戦略動向

企業名	時期	戦略動向	目的	中国に関わる具体的な取り組み
森精機	2010	生産コストの削減	価格を2〜3割安く抑えるため	機械の土台部分など基本構造を共通化
ヤマザキマザック	2010	生産コストの削減	価格を安く設定するため	3月に機能を絞った複合機の新機種を発売
		低価格「導入機」の発売	固定客の獲得，高級機の販売	5月に従来製品より1割安いMCを発売
	2011	現地生産拡大の推進	機械産業の自動化への対応	2割安い機種を月産170台から200台に増産
ソディック	2009	コスト競争力の強化	スイスや台湾企業との競争	一部の機能を省いた放電加工機を販売
シチズンマシナリー	2010	生産コストの削減	中国等アジアでの販売拡大	2割程度安いNC旋盤を発売
	2011	日本企業同士の提携	技術や経営等の相乗効果	スター精密と開発した小型旋盤を中国で生産
オークマ	2010	生産コストの削減	価格を3割程度安く抑えるため	1月に主要部品以外に台湾企業から調達
		高性能・低価格機の投入	新興国と先進国市場の開拓	価格を2〜3割抑えた新シリーズを発売
	2011	中国現地生産の強化	需要拡大や円高への対応	5月に生産能力を月産50台から70台に増産
ジェイテクト	2010	生産コストの削減	新興市場を開拓するため	機能を絞り込んだ約3割安い工作機械を開発
オーエム	2010	低価格立形旋盤の投入	中国市場開拓のため	秋に現地生産や機能の絞り込みで価格低減
OKK	2010	金型加工用製品の開発	価格を約20%低減するため	7月に金型加工用立形MCを発売
エンシュウ	2010	中国での現地生産	コスト削減，価格競争への対応	6月に青島市に小型MCの生産会社を設立
三菱電機	2011	組立生産	コスト削減・納期短縮のため	1月からレーザー加工機を中国で組立生産
三菱重工	2011	中国の現地生産の開始	低価格NC機による市場開拓	3月に常熟市の工場で歯車機械を生産

出所：各種報道，企業のウェブサイトなどより筆者作成。

価格機を台湾拠点で生産開始し，生産と部品調達を現地化することで価格低減を図っている。同社の製品戦略は，既存の機種より機能面を絞り込み，中国などのメーカーに対抗できるような 2,000 万円台に価格を抑えるよう目指すことである[22]。このような低価格機種は，日本企業が海外市場を開拓するための新たな武器（いわゆる「グローバル戦略機」）となり，市場シェア拡大への役割が注目される。

また，表 7-9 から判るように，ほとんどの企業は中国における現地生産[23]

---

[22] 『日経産業新聞』2010 年 2 月 25 日付。
[23] 筆者の CIMT2011 での聞き取り調査によると，ほとんどの企業の現地生産は完全な一貫生産ではなく，部分的な一貫生産や組立生産となっている。

第2部　第7章　金融危機後の工作機械産業と日中企業の競争戦略

を強化しており，市場開拓のために販売・サービス拠点の整備も進めている。

さらに，中国市場において，日本企業は新たなビジネスモデルを模索している。例えば，日本企業同士の連携が挙げられる。シチズンマシナリーはスター精密と中国市場向けの小型CNC旋盤を共同開発し，それぞれの現地工場で生産し始めている。両社は中国のローエンド市場に特化し，徹底的に機能を絞り込んだ製品を中国国内に限定して販売している。また，森精機製作所は中国に生産工場を持っていないが，提携先である独DMGの上海工場を利用し，OEM生産を行っており，日独企業が組んで中国市場を開拓するなど，同国ビジネスの新しい在り方が見られる。

以上のように，金融危機による世界的不況に対応するため，日本企業は積極的に国際戦略の転換を図っており，中国などの新興市場開拓のための低価格「戦略機」などの開発・生産も強化している。また，中国でのビジネスをさらに拡大するために，現地生産の強化と共に，新しいビジネスモデルの模索など，対中戦略のさらなる転換を図っている。

5.3　代表的な企業の取り組み

ここでは，日本の3大専業メーカーの事例[24]を見ることにする。

5.3.1　オークマ株式会社の事例

オークマは2000年以降，中国市場の開拓に力を入れており，生産拠点を始め，販売・サービス体制を構築してきた。同社は2003年に，北京第一機床廠の子会社である北一数控機床有限公司と合弁で北一大隈（北京）機床有限公司を設立し，NC旋盤と小型MC（立形と横形）を生産している。合弁を通じて，同社は中国のパートナーからコスト削減や販売ルートなどのノウハウを獲得し，現地での競争力を高めている。その後，上海などの沿海部で販売・サービス拠点を設置するなど，中国進出を一段と加速させてきた。金融危機後，西の内陸部の開拓も重視し，2011年3月には西安に営業拠点を設置し，計9拠点の販売・サービス体制となった。

中国などの新興国市場における製品戦略では，同社は特に中級機のボリュームゾーンの開拓を重視しており，「グローバル戦略機」プロジェクトが進めら

---

[24] 出所の拘りのないところは，筆者が，2011年3月17日にオークマ本社，および同年8月にヤマザキマザックと森精機それぞれの上海子会社を訪問した際の情報に基づく。

Ⅴ　日本企業の中国戦略

れてきた。その結果，2010年9月までに低価格の立形MC「ジェノス」Mシリーズ，およびNC旋盤「ジェノス」Lシリーズが開発された。コスト削減が実現できたのは，①製品の機能の絞り込み，②部品の海外調達である。つまり，すべての機能を備えた製品ではなく，機能を限定した製品を開発した。また，部品を台湾拠点や韓国から調達することにより，製品の価格を2~3割安く抑えた。このように，同社は新興市場に対して価格を重視するようになっている。

北京拠点での生産では，横形MCを生産する中国の地元メーカーが少ないため，同製品の生産を拡大し，2010年下半期の売上に占める横形MCの割合は40％に達した。同拠点の2010年の売上高はおよそ4億元に上っている。2011年7月現在，月産70台であるが，9月には同100台規模に引き上げる計画をしている[25]。今後，生産能力を拡充するためには，生産設備とマネジメントを強化すると同時に，現地のサプライヤーの安定供給や製造スペースの確保という課題に取り組んでいく必要がある。

現在，オークマの2010年度の海外売上比率は既に60％に達し，海外売上（約613億円）のうち，中国を含むアジア太平洋地域の割合は42％に達した。同社はさらに海外売上比率を70％に引き上げる目標を掲げており，中国の内需拡大や円高によるリスクに対応するため，合弁パートナーと協力して北京の生産拠点での現地生産を拡大しており，日本国内でも大型投資を行い本社工場の効率化とコスト削減を強化している。

5.3.2　ヤマザキマザック株式会社

ヤマザキマザックは，国内外で9つの生産拠点を持ち，日本国内の5工場と，アメリカ，イギリス，シンガポールおよび中国工場の世界5極体制による生産を行っている。2000年5月に，同社は中国西部の寧夏回族自治区の銀川で地元メーカーと合弁企業「寧夏小巨人機床有限公司」を設立し，現地生産を始めた。販売・サービスに関しては，同社は1998年に上海で技術センターを設立し，2002年には山崎馬扎克（上海）有限公司を設立し，その後北京と重慶にサービス・サポートセンターを設立した。金融危機後，中国事業を拡大するため，2010年に新たに広州と大連にも技術センターを設置した。

同社の製品戦略は，中国などの新興国に対し，少機能低価格機・中小型機の

---

[25] 『日経産業新聞』2011年7月22日付。

第 2 部　第 7 章　金融危機後の工作機械産業と日中企業の競争戦略

開発強化である[26]。日本国内の生産の輸出比率が平均 80〜85％で推移している同社は，2002 年にも最初のグローバル戦略機となる旋盤と MC で構成する「ネクサス」シリーズを発表した。リーマン・ショック後，新興国市場の開拓が一層重要となったため，機能を絞り込んだ低価格旋盤シリーズ，および MC シリーズが 2009 年と 2010 年に次々と開発した。さらに，2010 年には，機能を限定したことにより価格を引き下げた複合加工機「インテグレックス」j シリーズを投入し，新興国の需要への対応を図っている。

　現地生産に関しては，同社は 2005 年に寧夏の生産拠点を 100％出資の完全子会社にし，現在は小型 CNC 旋盤 8 機種，立形 MC6 機種を月産 200 台程度生産している[27]。現在，中国は同社にとって売上高の 25％を占める重要市場[28]となっており，同社は現地の生産体制を強化し，新しい機種の生産を増やすなど，この重要市場の開拓に力を入れている。拡大する中国での需要に対応するため，同社は今後，既存の寧夏小巨人工場に加えて遼寧省大連で新工場を建設し，生産体制およびサービス・サポート体制を充実していく予定である。

5.3.3　株式会社森精機製作所

　森精機製作所は 2000 年以降，中国事業を拡大するために，2001 年に上海に営業拠点となるテクニカルサービスセンターを設置して以来，大連，深圳，北京，天津，蘇州，広州，武漢，重慶，青島で次々とサービス・サポート拠点を設置してきた。また，中国で部品の供給を安定，迅速化させるため，2006 年に上海に新たに上海パーツセンターを開設した。

　一方，生産戦略では，同社は上記 2 社と違い，中国に工場を持たず，現地生産を行っていないが，中国市場開拓を加速するために，2009 年 10 月に提携相手である欧州最大手の独ギルデマイスター（DMG）の中国工場（上海）を活用し，製品の OEM 生産を開始した。DMG の上海工場で生産しているのは，森精機が DMG の技術を取り入れ，新たに開発した中国仕様機の MC と NC 旋盤である。

　また，新興国向けの低価格機に関する戦略では，同社は 2010 年に機械の土台部分などの部品構造を共通化し，生産コストを 20〜30％安く抑えた主力「N

---

[26]　『月刊・生産財マーケティング』（2010 年 11 月号），p.A-48.
[27]　筆者の CIMT2011 での聞き取り調査による。
[28]　『日経産業新聞』2010 年 4 月 8 日付。

シリーズ」を開発した[29]。さらに，複合加工機についても，同社は余分な機能を除き，価格を従来の製品より1割程度安くした。しかし，中国現地の販売代理業者によると，同類型機種の場合には，日本製は欧米製より安いが，中国製であれば，日本製の半額程度ということで，こうした中国メーカーの攻勢に対抗するため，低価格中級機の開発にはさらなる工夫が必要とされる。

2010年度には，同社の海外売上比率は63％に達し，中国での販売額は前期比104％増の108億円になり，同社の海外売上（約759億円）の14％を占めた。同社にとって，ますます重要性が増加している中国市場の開拓には，新たなビジネスモデルの導入が不可欠となっている。そこで，同社は2011年4月に既に提携しているドイツのDMG，中国最大手である瀋陽機床集団と対等な出資関係で合弁会社を設立することで基本合意した[30]。新しい合弁企業は，DMGが設計・開発，瀋陽機床集団が生産，そして森精機が販売・サービスをそれぞれ担当し，より大きな相乗効果を図ることにしている。

以上のように，中国は急速な経済発展により，工作機械の需要が増加しており，内陸部にも開発が及び，自動車や建設機械の増産に向けた設備投資が活発に行われている。その上，2008年のリーマン・ショック後の日本国内需要の減少や欧米市場回復の遅れにより，日本企業にとって中国などの新興国市場の重要性が一層増している。そのため，日本企業は自らの技術的な優位性を活かし，新たなボリュームゾーンとなる中級機市場の開拓を強化し，以前の差別化重視の事業戦略から差別化集中とコスト集中戦略に転換した。しかし，中国市場における競争は年々激しくなっており，欧米企業に加え，地元の中国企業やその他のアジア企業も猛烈な追い上げをみせている。前述の事例から判るように，コスト削減や現地市場ニーズに合うような製品開発，現地企業などとの協力関係を図る新しいビジネスモデルの創出が今後も必要となると言える。

VI 中国市場をめぐる日中企業の戦略転換

ここまで，金融危機後の中国工作機械産業，特に切削型工作機械業界の現状および日中両国の工作機械メーカーの中国市場をめぐる競争戦略を見てきた。

---

[29] 『日経産業新聞』2010年9月16日付。
[30] 30『日本経済新聞』2011年4月19日付。

第2部　第7章　金融危機後の工作機械産業と日中企業の競争戦略

　中国は工作機械の生産と貿易を拡大しており，世界一の需要国となっている。また，近年の産業高度化により高機能・高精度の切削型工作機械の需要が増える中，特に低価格中級機に関する市場競争が激化しつつあり，国内外企業による多様な競争関係が形成されている。

　切削型工作機械業界では，中国企業は市場シェアを拡大するために，外国企業との提携をはじめ，海外企業買収などにより競争力を高めている。中国企業の競争戦略は，金融危機前の低級機に関するコストリーダシップを重視する戦略から，低価格中級機に関するコスト集中を重視する戦略に転換した。中国企業の具体的な取り組みについては，①日本などからの輸入部品の採用による中級機性能向上の強化，②中高級機分野への参入の加速が指摘できる。

　一方，日本企業は競争優位を維持するため，中国など新興国市場向けの低価格中級機というボリュームゾーンにおけるシェア拡大を図っており，その対中戦略は金融危機前の差別化を重視する戦略から，差別化集中とコスト集中の両方を重視する戦略に転換した。日本企業の具体的な取り組みとしては，①低価格中級機開発の強化，②現地生産の体制強化や拡大，③日本企業同士や日独企業，さらに日独中企業による開発・生産・販売の提携のような新しいビジネスモデルの模索などが挙げられる。

　以上のように，低価格中級機という製品分野で競争優位を如何に構築するかが，今日の中国市場における成功の鍵になると言える。また，現段階では，中国企業と日本企業は低価格中級機市場において一定の競争関係にあるが，部品調達やコスト削減などで協力・提携関係も結んでいる。

　しかし，中国市場をめぐるビジネスに関しては，中国と日本の企業にいくつかの課題が存在していると考えられる。中国企業の課題としては，外国製部品の採用による製品の性能が向上する一方で，コスト競争力の低下が指摘できる。さらなる価格競争のため，地元部品メーカーの育成や主要部品の内製化が必要になってくると思われる。

　一方，日本企業の中国ビジネスの課題としては，円高による輸出競争力の低下への対応，現地生産のための高度な人材の育成，そして現地一貫生産への転換の環境づくり，などが挙げられる。もちろん，国の貿易管理などの規制緩和も重要な課題となろう。

　金融危機後，ほとんどの日本企業は新興国市場の開拓を重要課題としており，中でも中国市場を最重要視している。中国内陸部の開拓による内需拡大や技術

VI　中国市場をめぐる日中企業の戦略転換

進歩による産業高度化は，中国経済の一層の発展をもたらし，日本の工作機械業界にとっても大きなビジネスチャンスになるに違いない。今後，競争の激化につれて企業の競争戦略のさらなる転換が迫られることになろう。

〔参考文献〕
安藤哲生・川島光弘・韓金江（2005）『中国の技術発展と技術移転——理論と実証——』ミネルヴァ書房
Edward Tse（2010）*The China Strategy*, Basic Books（ブーズ・アンド・カンパニー訳（2011）『中国市場戦略——グローバル企業に学ぶ成功の鍵』日本経済新聞出版社）
藤田泰正（2008）『工作機械産業と企業経営なぜ日本のマシニングセンタは強いのか』晃洋書房
平野貴浩（2010）「日本工作機械産業の現状と課題——リセッションの今，工作機械メーカーの考えるべきこと——」『Mizuho Industry Focus』（Vol.81）みずほコーポレート銀行産業調査部
広田紘一（2006）「中国の工作機械産業の発展過程」『國民經濟雜誌』（神戸大学）194（1），pp.15-25
廣田義人（2007）「中国工作機械工業の発展と技術」『技術と文明』日本産業技術史学会，15（2），pp.13-33
井上隆一郎（2003）「躍進 中国企業（11）瀋陽機床（SMTCL）——技術開発で工作機械業界をリード」『ジェトロセンサー』日本貿易振興会 53（626），pp.82-83
伊丹敬之・一橋MBA戦略ワークショップ（2006）『企業戦略白書V——日本企業の戦略分析：2005』東洋経済
伊東誼（2011）「我が国の工作機械産業の更なる発展へ向けて——望まれる独自性を持つ製品革新への挑戦——」『機械と工具』日本工業出版，4・5月合併号，pp.8-16
姜紅祥（2010）「中国の工作機械産業の対外直接投資と技術獲得——瀋陽機床を例として——」『中国経営管理研究』中国経営管理学会，第9号，http://www.chinese-management.org/（2011年6月12日）
ジェトロ北京センター（2007，2008）「中国企業の欧米戦略」『中国経済』（No.502, 503, 505, 506, 508〜510）ジェトロ
ジェトロ中国北アジア課（2011）「特集 中国ビジネス『攻』と『守』」『ジェトロセンサー』日本貿易振興機構，9月号，pp.4-15
韓金江（2009a）「日本の工作機械工業の国際化——90年代以降の海外進出を中心として——」『アジア経営研究』（アジア経営学会）唯学書房，第15号，pp.61-70
韓金江（2009b）「日本の工作機械工業の発展状況——2003年〜2007年の好況期を

中心に──」『京都創成大学紀要』京都創成大学成美学会，第9巻第2号，pp.25-42
韓金江（2010）「戦後日本の工作機械工業の発展──1950〜1980年の国際化を中心に──」『京都創成大学紀要』京都創成大学成美学会，第10巻第1号，pp.55-69
韓金江（2011a）「中国における外国技術導入の新動向──M&Aによる技術獲得への戦略転換を中心に──」『成美大学紀要』成美大学成美学会，第1号第1号，pp.11-30
韓金江（2011b）「中国企業の外国技術導入と対外M&Aによる技術獲得」『アジア経営研究』（アジア経営学会）唯学書房，第17号，pp.61-71
川上清市（2008）『機械・ロボット業界大研究』産学社
機床商訊雑誌社（2011）「我国機床工業已進入世界第一方陣」『機床商訊』機床商訊雑誌社，4月号，pp.66-69
小林守（2007）「中国の工作機械業界の現状と日本工作機械メーカーの進出動向」『専修大学商学研究所報』専修大学商学研究所，第39巻第3号，pp.1-16
小林守（2008）「中国における外国工作機械製品の競合状況とわが国工作機械メーカーの事業展開」『アジア経営研究』愛智出版，第14号，pp.147-160
李健・黄開亮編（2001年）『中国機械工業技術発展史』機械工業出版社
李留申（2011）「走在国産高档数控系統的前端──訪瀋陽高精度数控技術有限公司研発部副部長陶耀東」『今日機床』機電商報社，4月号，pp.77-78
Michael E. Porter (1980) *COMPETITIVE STRATEGY: Techniques for Analyzing Industries and Competitors,* The Free Press,（土岐坤・中辻萬治・服部照夫訳 (1995)『新訂　競争の戦略』ダイヤモンド社）
Michael E. Porter (1985) *COMPETITIVE ADVANTAGE,* The Free Press（土岐坤・中辻萬治・小野寺武夫訳（1985）『競争優位の戦略──いかに高業績を持続させるか──』ダイヤモンド社）
Michael E. Porter (2011) 'The Five Competitive Forces That Shape Strategy", *Diamond Harvard Business Review,* June（ダイヤモンド社編集部訳（2011）「[改訂] 競争の戦略」『DIAMONDハーバード・ビジネス・レビュー』ダイヤモンド社，第36巻第6号，pp.32-59）
水野順子（2010）「世界トップに躍り出た中国の工作機械生産額」『アジ研ワールド・トレンド』日本貿易振興機構アジア経済研究所研究支援部，16（9），pp.33-41
森野勝好（1994）「中国におけるNC工作機械の普及と問題点」『立命館国際地域研究』立命館大学6，pp.83-98
森谷正規編（2003）『日本の産業システム④　機械産業の新展開』NTT出版
永井知美（2009）「工作機械業界の現状と課題──需要急減するも，中長期的には成長産業──」『経営センサー』7・8月号，東レ経営研究所，pp.26-34

VI 中国市場をめぐる日中企業の戦略転換

長尾克子（2002）『工作機械技術の変遷』日刊工業新聞社
日経 BP 社（2010）「上海工作機械見本市レポート，日本に迫る中国メーカー」『日経ものづくり』日経 BP 社（672），9 月号，pp.62-68
ニュースダイジェスト社（2010）「特集 沸騰する中国市場」『月刊 生産財マーケティング』ニュースダイジェスト社，6 月号，pp.A26-A57
大平研五（2010）「工作機械レベルの現状と対中ビジネス（中国の科学技術振興——日本企業のビジネスチャンスへのアプローチ）」『日中経協ジャーナル』日中経済協会，(194)，pp.22-25
太田志乃（2010）「産業ガイド 09 年中国工作機械産業の動向——高精度製品の強化で世界のトップを目指す」『日中経協ジャーナル』日中経済協会，(193)，pp.22-25
梁訓瑄（2010）「我国機床工具工業国際併購的実践」『装備製造 CHINA EQUIPMENT』（月刊）4 月号，中国工業報，pp.107-109
劉徳強（2006）「経済改革の企業規模と生産性への影響——中国工作機械企業に関する実証分析」『経済研究』岩波書店 57（1），pp.16-29
関満博（2009）「中国辺境に集積する工作機械産業——寧夏回族自治区の三線企業と日本企業」『地域開発』日本地域開発センター，542，pp.51-53
盛伯浩（2011）「五軸加工的特点及其発展」『週刊 MM 現代製造・現代金属加工』現代製造編輯部，第 14 期，pp.12-14
鈴木信貴・新宅純二郎（2011）「産業財のインド市場戦略」一橋大学イノベーション研究センター（編）『一橋ビジネスレビュー』東洋経済新報社，59 巻 3 号，pp.24-42
中国機床工具工業協会（2010）「2009 年機床工具経済運行状況分析」『中国製造業信息化』中国製造業信息化雑誌社，3 月号，pp.36-41
中国機床工具工業協会（2011）「中国機床工具行業産銷保持快速増長——2010 年機床工具行業運行状況分析」『世界製造技術与装備市場』中国機械工具工業協会・経済導報社，第 2 期，pp.87-91
中馬宏之（2002）「『モジュール設計思想』の役割——半導体露光装置産業と工作機械産業を事例として」青木昌彦・安藤晴彦（編著）『モジュール化 新しい産業アーキテクチャの本質』東洋経済新報社，pp.211-246
中投顧問産業監測中心（2009）『京城控股：国企転型典範』中投顧問：http://www.ocn.com.cn（2010 年 12 月 17 日）
渡邊吉典（2006）「好調を持続する工作機械の需給展望と課題——10 年後も日本の工作機械産業が世界のトップであるために——」『Mizuho Industry Focus』(Vol.41) みずほコーポレート銀行産業調査部
吉田三千雄・藤田実編著（2005）『日本産業の構造転換と企業』新日本出版社

第3部
地方市場と地方企業のビジネス戦略

◆ 第 8 章 ◆
中国における内発型産業集積の発展プロセスと企業の競争力

林 松 国

I はじめに

　中国の産業集積は大きく分けて二つの発展パターンがある。一つは外資系企業の進出に誘発される形で，部品や各種加工機能を提供する地元の企業が輩出し，外資系企業とともに形成した産業集積である（珠江デルタ）。もう一つは国内市場の急拡大を背景に，地元の生産者または商人が大量に生まれ，地元資本の蓄積によって形成された産業集積である。本章では後者を内発型産業集積と定義し，その典型である浙江省の温州市を取り上げ，中国における内発型産業集積の発展プロセスおよび企業の競争力を考察する。

　温州市には様々産業集積が存在するが，本章では瑞安市の自動車部品産業集積に焦点を当てることにする。表8-1に示したように，浙江省は中国最大規模の自動車部品産地である。省内では杭州市，温州市，金華市，台州市といった地域の生産規模が大きいが，温州市の自動車部品産業の特徴は補修部品の生産が多いことであり，また部品企業の7〜8割は瑞安市に集積している。

　温州市の管轄に置かれている瑞安市は人口118万人の県級市であり，内発的発展を特徴とする「温州モデル」の発祥地の一つである。2010年現在，瑞安市の自動車部品産業集積では約1,500社の法人企業が存在し，4,000種類以上の部品を生産している。産業集積全体の販売高は310億元に達しており，そのうち，輸出額が5.2億ドルである。部品の供給先は，全体の半分が国内補修部

第 3 部　第 8 章　中国における内発型産業集積の発展プロセスと企業の競争力

表 8-1　中国の主な自動車・オートバイ部品の生産地域

順位	地域	生産高（万元）	総生産高に占める比率
1	浙江省	9,797,501	16.9%
2	上海市	8,023,671	13.8%
3	山東省	6,797,623	11.7%
4	天津市	4,058,820	7.0%
5	吉林省	3,022,509	5.2%
6	河南省	2,761,217	4.8%
7	安徽省	2,452,260	4.2%
8	江蘇省	2,367,447	4.1%
9	四川省	2,193,593	3.8%
10	重慶市	2,137,700	3.7%

（注）生産高のデータは自動車用エンジンの生産高を含まない統計である。
出所：『中国汽車工業年鑑』（2010）より作成。

品市場向けで，残りの半分が完成車企業と輸出向けである。また，近年規模の大きい企業が増えており，2010 年に生産高が 1 億元以上の企業は 40 社に達した[1]。

II　瑞安市における自動車部品産業集積形成の歴史的背景

「温州モデル」といえば，雑貨やアパレルの産業集積のイメージが強く，自動車部品産業集積の存在は案外知られていない。瑞安市自動車部品産業集積の形成は 1970 年代以降のことであったが，ではそもそもなぜ有力な完成車企業が存在しない温州で部品の産業集積が形成され，しかも瑞安市に集中しているのか。ここではまず部品産業集積形成の歴史的背景を探ることにする。

歴史的に見れば，瑞安市は温州市のみならず浙江省のなかでも機械産業の発展が早かった地域であり，自動車部品産業発展の基盤があった。瑞安市の機械産業は地元の企業家，李毓蒙が 1916 年に打綿機を発明したことをきっかけに発展した。発明した打綿機を生産するために李毓蒙は自社工場を設け，その後生産拡大に伴い，金属加工や内燃機関の工場をも持つようになった[2]。またそ

---

[1] 瑞安市自動車部品産業に関するデータは，「瑞安市自動車・オートバイ部品協会」の資料に依拠している。
[2] 李毓蒙（1891-1961）は瑞安東山車頭村生まれ，25 歳のときに打綿機を発明し，瑞安出身の朝廷官員項驤から支援を得てまもなく機械の生産を始めた。1922 年に企業は従業員 50 人，年間 200 台の生産規模を持つようになり，また李毓蒙は北京にいき，「双麒

Ⅱ　瑞安市における自動車部品産業集積形成の歴史的背景

の間，瑞安では李毓蒙の工場から独立した者や模倣者によってつくられた工場が多く現れ，この地域で機械産業の基盤が形成されることとなった。また，李毓蒙は教育に関しても熱心であり，企業経営の傍ら地元で工業職業学校をつくり，その後数千にも及ぶ人材を輩出した。

　しかし，1930年代中期に入ると，瑞安の機械産業は戦乱の影響を強く受けることとなり，多くの企業が破産し，またほかの地域に移転する企業もあり，瑞安の機械産業の優位性が大きく損なわれた。ただそのような時代でも，一部の企業が生き残り，また1940年代では「永化鉄工場」や「勝利鉄工場」といった新しい機械企業が誕生した。

　新中国成立後，「永化鉄工場」などの民間の機械企業は中央と地方政府が設立した新しい機械企業に合併，整理され，それによって，「瑞安機床厂」，「瑞安農業機械厂」，「瑞安機械厂」などの船舶や各種農業機械や簡単な工作機械を生産する国有・集体制の機械企業が生まれることとなった[3]。1960年代後半から70年代前半にかけて，国有・集体制の機械企業や日用品生産の企業の中からやがてトラック用の簡単な小物部品を生産する企業が現れ，「瑞安市汽車配件厂」，「瑞安市汽車配件二厂」や「交通電器厂」といった最初の自動車部品企業が誕生した[4]。

　ところで，現在の瑞安自動車部品企業を見ると，そのほとんどが民営企業であり，そういった国有・集体制の機械や部品企業と直接的なつながりを持つ企業はほとんど存在しない。つまり，計画経済期の時代では温州は対台湾の前線に位置するため中央政府による投資が非常に少なく，地域経済における国有・集体制企業の影響力はそもそも強くならなかった。それに加え，国有・集体制企業は所有権や管理体制の面で固有の難題を抱えており，民営企業が勃興する

　　麟」という商品名で自社機械を登録した。1924年に上海に販売拠点を設け，さらに翌年には温州小南門外で金属加工工場をつくり，機械の金属加工工程を内製化するほか，内燃機関や，米と砂糖などの食品を加工する機械にも手掛けるようになった。1933年になると，「瑞安华昌」，「庆华」，「兴华」などの小規模機械メーカーを吸収して「毓蒙联华公司」を設立し，企業の規模を一層拡大した。ちなみに，李毓蒙の打綿機の発明は日本との関連があった。つまり打綿機を発明する過程で李毓蒙は様々な課題を克服しなければならなかったが，当時日本から輸入された同類の機械から多くのヒントを得たと言われている。李毓蒙に関する紹介は「李毓蒙纪念館」や瑞安日報の関連情報に基づき整理した。

(3)　『瑞安市二軽工業誌』，128頁。
(4)　『瑞安市二軽工業誌』，148-151頁。

1980年代からは生産停止，倒産の状況に追い込まれた。他方，国有・集体制の機械や自動車部品企業から独立した人たちが民営の部品企業をつくり，またそれに追随するほかの民営企業が現れ，それが自動車部品産業集積形成の始まりであった。

1980年代は瑞安市自動車部品産業集積の形成期だった。瑞安市のなかでも塘下鎮に多く部品企業が集積しているが，黒瀬直宏氏が2001年に当鎮で行ったインタビュー調査の記録によれば，形成期の様子は次のようだった。「20年前に自動車やオートバイ用のスイッチ部品等の小物部品を作り始め，1980年代末までは露天で販売していた。発祥地は韓田村で，当初はここに集中していたのが他村へ波及した。それと共に部品も小物部品から各種部品へと拡大した。親戚が真似をしたり，共同出資者が分裂したり，労働者が独立開業して企業数が拡大した。図面を盗んで労働者が独立開業するケースもよく見られた。家内労働の担い手になったのは『改革・開放』によって発生した余剰労働力である。かつては露天でしか売れなかったが，現在，販売ネットワークは全国に及び，今年（2001年）4月に太原で行われた全国展示商談会では参加メーカーの4分の1が瑞安市からであった」[5]。このように，当初は小物部品からスタートし，技術的に簡単なため早いスピードで模倣され，それによって数多くの小規模の民間生産者が生まれ，産業集積は形成された。また，この時代では，部品は主に温州商人のネットワークを通じて全国各地に販売されており，つまり，温州の雑貨やアパレル産業集積によく見られた模倣による生産者の拡散や温州商人のネットワークの有効性などの特徴は自動車部品産業集積にも共通していた。

III 調査企業の概要

本節以降では，瑞安市自動車部品産業集積の発展プロセスと企業の競争力について，2011年8月と2012年2月，2回にわたって調査した瑞安市の自動車部品企業13社の事例を中心に分析を展開する[6]。ここでは13社を，①大企業

---

[5] 日本貿易振興機構海外調査部（2004）『3E研究院事業報告書（別冊）「中国中小企業発展政策研究」——企業訪問インタビューノート——』，128-129頁。インタビューは2001年8月27日に行われ，相手は塘下鎮の留副鎮長だった（当時）。

[6] 調査期間は2011年8月29～9月1日と2012年2月20～2月24日だった。なお，インタビューの相手はすべて企業の経営者か，あるいは主な現場責任者であった。

III 調査企業の概要

表 8-2 調査企業の概況

	創業年度と創業者の出身	企業規模と主な商品	主な供給先	外注の利用
A社	1987年創業(スイッチ)集体制企業従業員	従業員4,500人、生産高18億元。エアブレーキや油圧部品や電気部品など	国内主な完成車企業60社。補修部品市場	温州に拘らず広域から調達
B社	1986年創業(メーターのカバー)1989年から自動車部品集体制企業技術者	従業員2,600人、生産高10.2億元。ワイパーシステム、シートモーターなど	国内主な完成車企業30社、GM。補修部品市場	周辺の金属やプラスチック加工関連の業者100社以上
C社	1989年創業 国有自動車部品企業従業員	従業員約1,500人。ワイパーモーターやウィンドウレギュレーターなど	一汽、東風、重慶汽車など国内完成車企業30社。補修部品市場	周辺の金属加工業者を利用
D社	1985年創業 自動車部品販売員	従業員約800人前後。ホイールナット、キャップナットやプレス部品	100% OEM。一汽、陝汽、玉柴など	殆ど内製
E社	1995年創業 自動車修理業	従業員410人、年間生産350万〜400万個。ショックアブソーバー	7〜8割は海外補修用市場向けに輸出。OEMは華晨汽車	—
F社	1997年創業 集体制自動車部品企業販売員	従業員400人。小型モーターやワイパーモーターセットなど	一汽、重慶汽車、長安汽車	周辺の標準部品やプラスチック・ゴム関係の業者30社
G社	2002年創業 国有印刷機械企業技術者	従業員250人、売上高7千万元。ギアボックス部品	殆どOEM、うち仏西向けが8割	周辺の鍛鋳造や熱処理業者5、6社
H社	親会社は1996年創業(エナメル線)、2001年に自動車部品に参入 地元政府職員	従業員200人(瑞安工場)。車載用エアコン部品、センサー	8割がOEM。東風、重慶汽車、長安汽車	10社程度の外注先(全て省外)。金型は深圳と上海の業者
I社	1994年創業 家電修理業	従業員200人。レギュレーター、リレーやホーン	7〜8割は国内補修用品市場	部品加工や製品の一部を周辺業者に外注
J社	1984年創業(炊飯器部品)、2004年から自動車部品	従業員100人、売上高4千万元。ブレーキパット	海外補修部品市場	山東省の金属加工業者
K社	1992年創業(自動車発電機用レギュレーター)家電修理業	従業員120人。各種センサー、電圧レギュレーター	海外補修部品市場	周辺の金属とプラスチックの部品業者
L社	1985年創業(スーツケース用釘)、2011年から自動車部品	従業員20〜30人。ショックアブソーバー	海外補修部品市場	—
M社	1980年代創業 集体制企業従業員	従業員18人。売上高300万元。フューエルポンプ	国内外補修部品市場	周辺の金型、熱処理やメッキ業者

出所：筆者作成。

グループ，即ち従業員数が1,000人以上でかつ特定の部品分野において国内最大の生産規模を持つ企業グループ，②中型企業グループ，即ち従業員数が1,000人以下200人以上でかつ比較的に安定的な取引関係を持つ企業グループ，および③小企業グループ，即ち従業員数が200人未満でもっぱら補修部品市場に依存する企業グループ，の三つに分ける。このように区分するのは，後述するように，2000年以降瑞安自動車部品産業集積において企業の階層分化が加速され，この点が，異なる階層における企業の成長戦略および競争力を分析するうえで有効であるからである[7]。

---

[7] ちなみに，中国では製造業の場合，中小企業定義の範囲は2,000人以下だったが，

第 3 部 第 8 章 中国における内発型産業集積の発展プロセスと企業の競争力

3.1 大企業グループ

A 社は，瑞安市最大規模の部品企業であり，中国の主な自動車部品企業「40強」の一つである[8]。主な製品はブレーキ関連の部品や各種ポンプや電気部品である[9]。創業者は 1962 年生まれ，プラスチック機械と民生用の電気メーターを生産する集体制企業で勤務の経験を経て 1987 年に創業した。最初は自動車ランプ用のスイッチを作ったが，競争が激しく撤退せざるを得なかった。局面を打開するために 1992 年頃から自動車用のメーターを開発して，競争相手の少ないトラック分野に進出した。それをきっかけに，国有完成車企業と次々に OEM 供給関係を結んだ。その後さらにエアブレーキや油圧部品を生産し，またバス分野にも進出して自動車ブレーキ関連部品では国内最大の生産規模を持つ。また 1999 年から海外市場の開拓にも力を入れ，その後輸出が急速に増加した結果，総売上高に占める比率は 2006 年に 40% にも達した（表 8-3）。事業拡大に伴い，同社は 2004 年に温州企業として初めてナスダックに上場した。

表 8-3　A 社業績の推移

単位：千米ドル

指標	2004年	2005年	2006年	2007年	2008年	2009年
総売上高	46,815	64,183	84,898	115,760	130,893	124,980
うち国内OEM	22,000(47%)	20,600(32%)	27,100(32%)	41,200(36%)	49,000(37%)	63,100(50%)
国内補修	12,200(26%)	20,200(31%)	23,900(28%)	31,100(27%)	35,500(27%)	31,500(25%)
海外	12,600(27%)	23,400(36%)	33,900(40%)	43,400(37%)	46,400(35%)	30,400(24%)
純利益	5,341(11%)	5,500(9%)	9,748(11%)	10,744(9%)	12,371(9%)	14,133(11%)

出所：『中国自動車部品産業 2011』より作成。

2011 年 6 月に中小企業の定義が変更され，新しい基準では，従業員が 1,000 人以下または営業収入が 4 億元以下の企業を中小企業として定義された（従業員が 300 人以上で営業収入が 2,000 万元以上の企業は中型企業，20 人以上で営業収入が 300 万元以上の企業は小型企業，20 人以下あるいは営業収入が 300 万元以下の企業は微型企業として定義）。

[8] A 社に関する紹介は，インタビューで得た情報のほかに，『中国自動車部品産業 2011』，渡辺幸男（2007）「日本の産業発展の中国産業発展への示唆──機械工業の発展を中心に──」『三田学会雑誌』，黄曉陽（2007）『温州人：策划中国』凤凰出版传媒集団・江蘇文艺出版社，『瑞安商会』（2004.12）といった資料から関連の情報を参考，整理した。

[9] 『中国自動車部品産業 2011』の統計によれば，当社の生産量が多い部品は，ブレーキキャリパー（2009 年に 95 万件を生産，国内シェア 17.1%），パワーステアリングポンプ（2008 年に 32 万件を生産，国内シェア 16.3%），リターダー（2009 年に 2 万件を生産，国内シェア 61.1%），クラッチマスターシリンダーとクラッチシリンダー（2009 年の生産量はいずれも 60 万件以上，国内シェア 15% 以上）とスイッチ（2009 年に 476 万を生産，国内シェア 8.5%）である。

Ⅲ 調査企業の概要

　B社は，ワイパーシステム，電動シート用モーターやウィンドウレギュレーターを主力製品とする企業である。特にワイパーシステムの生産は国内最大規模であり，2009年に405万セットを生産し，国内シェアが34.4％にも達した(10)。また，ワイパーシステムに関して，完成車企業の新車種設計の段階から開発に関与する設計能力を持っており，30以上の自社特許を持っている。創業者は1957年に生まれ，高校卒業後「温州洞头县五金厂」で5年間勤め，金型の技術を学んだ。1981年から85年までは「新坊村」で村の会計を担当するようになったが，温州の起業ブームの影響を受け，1986年に2人の兄弟と一緒に起業した。最初の頃はオートバイのメーターのカバーをつくっていたが，1989年にオイルの量を感知するセンサーの生産に転じ，主に国内の補修部品市場に供給した。その後1992年に黒龍江省ハルビンの哈飛汽車からワイパーを受注することで直接完成車企業に納入を始め，それをきっかけに，一汽や二汽といった全国規模の大手完成車企業にも納入するようになり，1995年以降企業は成長期に入った。さらに，2000年頃からシートモーターを開発し，2004年にGMから5年間総額3,400万ドルの受注を獲得した。

　C社は，ワイパーモーターやウィンドウレギュレーターを主力製品とする企業である（2010年のワイパーモーターの生産量は150万セット）(11)。創業者は国有自動車部品企業で現場の従業員と販売員を経験し，24歳のときに親戚から3,000元を借り3人の従業員を雇い起業した。最初の頃は以前付き合いのあった地元の生産者から部品を購入して（後払い）製品を組立て，東北や西北地域にいき，必死に売り込んだ。完成車企業に何度も製品を使ってもらい，信頼性が確認されるとやがて発注してくれた。1993年から完成車企業との取引関係が徐々に広がっていき，柳汽，一汽，東風をはじめ，30社前後の完成車企業と長期的な取引関係を築いた。その後，2004年にドイツのダイムラーと商用車分野の提携関係を結び，2007年2月に江蘇省常熟市の工場で，ベンツブランドのキャンピングカーの架装をはじめた。骨格となる部品は基本的にダイムラー製のものを使い，同社は椅子などの内装関係の部品を提供している。

---

(10) 『中国自動車部品産業2011』の統計である。
(11) 『中国自動車部品産業2011』の統計によれば，当社の生産量の多い部品は，手動ウィンドウレギュレーター（2009年に83万セットを生産，国内シェア16.9％），電動ウィンドウレギュレーター（2008年に73万セットを生産，国内シェア12.4％）と油圧リフター（2009年に86万件を生産，国内シェア66.0％）である。

3.2 中型企業グループ

D社は，ホイールナットやキャップナットやプレス品などの金属部品を生産する企業である。同社の製品は100% OEM向けである。創業者は1957年生まれ，中学校卒業後地元の自動車部品を各地に持っていき販売した。販売業を通じて資金を貯め，やがて85年に自社工場をつくった。最初の頃は自動車部品以外にもテレビ部品を作ったりしていたが，2年後にホイールナットに経営資源を集中して生産規模を拡大した。2002年になると，中央政府の東北地域振興プロジェクトの可能性を感じた創業者は東北にいき，1.38億元を投資して一汽に部品を供給する工場をつくった。その後一汽系列の长春标准件二厂を買収して一汽に対する業務をさらに拡大した。2010年現在，長春工場の従業員は500人を超え，製品は主に一汽のトラック，乗用車，一汽大衆，天津一汽トヨタなどの一汽グループ企業に提供している。完成車企業からは年平均3～5%のコストダウンを要求されるが，同社がOEMにこだわる最大の理由は完成車企業との取引関係を維持することで同社の管理レベルをアップさせる目的である。さらに，2009年に陝西汽車集団と合弁会社を設立し，トラック完成車分野への進出を果たした（総投資額は8.6億元，同社が49%を出資）。

E社は，ショックアブソーバーを生産する企業である。社長は1995年，29歳のときに創業し，最初からショックアブソーバーを生産した。創業する前は約10年間自動車修理業を営んだ。当時，ショックアブソーバーがよく壊れたが，新しい部品の入手が難しかったので，修理して再度使用していた。そうするうちに当部品に関する知識や経験を蓄積させ，やがて自社生産を決意した。その後国有企業の技術者を雇い設計や生産能力を高めた。現在輸出が生産全体の7～8割を占めている。輸出関連は中国がWTO加盟した2000年以降から増え続けてきた。輸出関連の受注は外国の販売業者からのサンプルの提供を受けて同社がそれに基づいて生産する。各完成車企業のショックアブソーバーはそれぞれの設計に特徴があるが，同社は量産化をしやすくするために「標準化」を進めてきた。つまり，震動を吸収する基本的な機能と各種の車輌に搭載するサイズについては各種正規部品の規格を厳格に守るが，それ以外はできるだけ各設計の差別化をなくし，「標準化」を進めて生産効率を高めた。

F社は，小型モーター，ワイパーモーターセットやブロワモーターを生産す

III　調査企業の概要

る企業である[12]。創業者は元々集体制自動車部品企業の販売員だった。当時勤めていた集体制企業は一汽に部品を納入しており，創業者はそこで築いた人脈で起業した。最初は一汽に供給したが，その信用力を活かしてその後重慶汽車，長安汽車にも部品を納入するようになった。現在この3社への納入がそれぞれ同社の生産量の2割ずつを占めている。完成車企業との取引はサンプルを提供してもらい，それを安定した品質で生産，提供している。

　G社は，ギアボックスの部品を生産する企業である。2002年に3人の国有印刷機企業の退職者が創設した会社である。同社の最大の取引先は法士特[13]である。経営者は元々国有印刷機械企業の技術者だったので，国有企業の背景を持つ法士特の経営者とは友人の関係だった。経営者が定年退職の際に，法士特から部品をつくってくれないかと相談されたことが起業のきっかけであった。経営者は印刷機械の技術や経験を持っており，ギアボックス部品への参入はそれほど難しくなかったという。法士特からの注文は現在でも同社売上の8割を占めている。法士特のほかに，同社はアメリカのJOHNDEERE社にも製品を供給している。JOHNDEERE社は製品に対する要求が相対的に厳しく，同社は製品のレベルアップを図る意味でこの取引関係を重視している。

　H社は，車載用エアコン部品やセンサーを生産する企業である。同社の親会社は1996年に設立された弱電器用のエナメル線を生産する企業である。2001年頃に親会社が自動車エンジンをコントロールするセンサーの分野に参入するために同社を設立し，また2005年からは車載用エアコン部品をつくるようになった。この分野に参入した理由は，車載用エアコン部品は外資系企業が独占する分野であり，利益が高いためだった。2008年まで主に輸出したが，その後国内販売が拡大し，6割を占めていた輸出が現在2割以下になった。内販のうち，補修部品市場向けが2割，完成車企業（一台5～6万元の小型乗用車用）向けが8割という比率である。完成車企業向けの供給は，製品の単価が安い割に品種が少なくロットが大きい利点がある。完成車企業を開拓することは簡単ではなく，最初はいろいろと苦労したが，自動車市場全体が急成長するにつれ，供給先が増えていった。新規開拓に関して，以前は完成車企業の経営者と良い関係をつくることが重要だったが，いまは完全に品質の良さによって決

---

[12]　『中国自動車部品産業2011』の統計によれば，2007年に当社のヒーター生産台数が20万台を超え，国内シェアの13.5％を占めた。
[13]　西安市にある中国最大規模のトラック用変速機の企業である。

まる時代になったという。

I社は、レギュレーター、リレーやホーンなどの自動車用電子部品を生産する企業である[14]。創業者は高校卒業後一時家電製品の修理業を営んだが、23歳のときに現在の会社をつくった。現在、製品の7〜8割は国内補修用品市場向けに供給しており（残りの15〜20％はOEM、5〜10％は輸出）、国内補修部品市場向けの販売は全国の300代理販売業者を通じて行う。また、どのような製品を開発して提供するかは、同社の販売員が市場の売れ筋の製品情報を収集したり、あるいは代理店から反映された情報に基づいて行われる。同社の製品の多くは汎用部品であるため、このような開発の方法が可能である。OEM供給が少なく、同社は今後完成車（乗用車）へのOEMを拡大する計画であるが、完成車企業から認証を得てその調達体制に入ることは容易ではないという。

3.3 小企業グループ

J社は、ブレーキパットを生産する企業である。会社の前身は現社長の父親が1984年に創設した炊飯器や電気ポットの部品を生産する企業で、現社長は1992年に卒業して会社に加わった。その後同社は小家電の完成品をつくるようになり、炊飯器や電気ポットは主に輸出していたが、外国商人からもらう受注が数量的に激しく変化しており、経営は安定しなかった。そこで地元政府が支援する自動車部品に目をつけた。いろいろと検討した結果、消耗品であるブレーキパットを選んだ。需要が多いほか、何十元から何千元までの種類があり、選択の幅も広いからである。2004年からブレーキパットの生産を始めたが、国内販売は予想より難しく、在庫を処理するために2005年にドバイに販売拠点を設け、安い価格で必死に売り、その後何とか経営を軌道に乗せた。製品は基本的に補修部品市場に供給するが、最近では各地の展示会に参加したり、また代理店販売体制の構築にも力を入れはじめた。生産に関しては瀋陽からレベルの高い技術者を雇い、また、多種少量の生産を効率化するためにコンピュータによる管理システムを導入した。

K社は、各種センサー（定位置センサーやスピードセンサーなど）と電圧レギュレーターを生産する企業である。同社は1992年に設立され、当初では発

---

[14] 『中国自動車部品産業2011』の統計によれば、当社の生産量の多い部品は、レギュレーター（2009年に44万セットを生産、国内シェア15.9％）とアラーム警報機（2009年に50万セットを生産、国内シェア18.5％）である。

電機用のレギュレーターをつくっていた。2003年からセンサー系の部品を生産するようになった。センサーを選んだ理由はそれまで蓄積した電子関連の技術や経験が活かせることと，当時センサーをつくる企業が少なかったからだった（現在同業他社は50，60社ほどある）。2000年代前半まで製品は主に中東とブラジルの補修部品市場に輸出されていた。2006年頃から先進国の補修部品市場を開拓するために，ドイツの部品展示会に積極的に参加し，それを通じてドイツやアメリカの補修部品の販売業者と取引関係を持つようになった。ちなみに，この頃から自社製品ブランドを意識するようになった。

　L社は，ショックアブソーバーを生産する企業である。1985年に設立され，スーツケースなどに使われる釘類の金属部品を生産してきた。2010年にショックアブソーバーの分野に参入した。その理由は国内自動車産業の発展が著しく，部品の交換需要が大きいと判断したからである。また，当部品の加工は釘の加工に通じるところが多く，参入するのに便利だった。技術は上海や寧波から人材を確保し，製品は貿易会社を通じて海外市場に販売している。ショックアブソーバー分野には既に生産規模の大きい企業が存在するが，同社は雑貨部品の事業で蓄積した資金でそれらの企業と同様の設備を導入しており，現在の課題はいかにして多くの受注を獲得するかということである。

　M社は，約150種類のフューエルポンプを生産する企業である。創業者は現在50歳，20代のときに勤めていた集体制企業の設備を買い取って起業した。当初では小さな単品部品を作っていたが，7年前からフューエルポンプを生産するようになった。フューエルポンプはすべて補修部品市場向けで，中間業者（商人）からサンプルをもらい，それを真似してつくる。製品の50%は国内，残り50%は海外の補修用市場に販売されている。輸出業務に関しては貿易会社や電子商取引サイト「アリババ」を通じて受注する。

Ⅳ　自動車部品産業集積の各階層における企業の成長戦略と競争力

　事例分析に入る前に，まず瑞安自動車部品企業の全国における地位を簡単に確認しておこう。中国における自動車部品企業は，大きく外資系部品企業とローカル系部品企業に分けられるが，ローカル系に比べて外資系部品企業は総じて高い技術力を持っており，完成車分野と同様，特に中高級乗用車向けの部品分野では強い存在感を示している。ローカル系部品企業のなかには，国有完

第3部　第8章　中国における内発型産業集積の発展プロセスと企業の競争力

成車企業系列の部品企業，中央・地方政府による出資を背景に持つ独立型部品企業，および瑞安自動車部品企業をはじめとする民営部品企業が存在する。周知のように，社会主義国である中国では長い間民営企業の発展は遅れており，特に自動車産業のような国と地方政府の影響力と意向が強く働く産業分野では民営部品企業の存在が注目されてこなかった。しかしながら，80年代中期まで中国自動車部品産業の主な担い手だった国有完成車企業系列と中央・地方政府の出資背景を持つ部品企業は，競争力の高い外資系部品企業が進出するに伴って，その経営状況が悪化し，多くの企業は外資系部品企業の支配下に入った。それに比べて，民営部品企業は技術要求が低く投資額の少ない小物や汎用の部品から参入し，激しい競争に耐えながらそういった「周辺的」部品分野において強い競争力を持つようになり，近年，一部の企業は技術要求の高い部品分野に進出している。

　前節では現地で調査した企業を，①1,000人以上の大企業グループ，②1,000人以下200人以上の中型企業グループ，および③200人未満の小企業グループ，の三つのグループに分けたが，瑞安自動車部品産業集積全体の構造を考察するうえでもこの方法が適用できると考える。つまり，当部品産業集積は三つの階層で構成され，第一階層は数十社の大企業，第二階層は百社前後の中型企業，そして第三階層は1,000社を超える小企業によって構成されていると推測される[15]。ここでは部品企業の規模を階層の区分基準にしているが，以下の分析で明らかになるように，異なる階層における企業の成長戦略と競争力は明らかに異なっており，企業規模による区分は各部品企業の経営の質的な違いを明らかにするうえで有効である。また，産業集積全体の分業構造として，表8-2に示されたように，第一と第二階層の企業はそれぞれそれ以下の階層における企業の加工機能を利用したりしており，また，地元の鋳造，鍛造，メッキや金型などの機械金属基盤加工機能を利用する企業が各階層に存在している。

4.1　第一階層における大企業の成長戦略と競争力（A社，B社，C社）

　A社，B社とC社に共通する特徴は特定の製品分野においてそれぞれ国内

---

[15]　小規模法人企業数が1,000社以上であると推測した根拠は，「瑞安市自動車・オートバイ部品協会」の会員数は約500社であり，協会に加入していない企業は基本的には小零細企業であると考えられ，また，協会の会員企業のなかでも小規模企業が一定の比率を占めているからである。

Ⅳ　自動車部品産業集積の各階層における企業の成長戦略と競争力

最大の生産規模を持つことである。また，販売の面では特定の完成車企業に依存することなく，数十社の完成車企業と補修部品市場に同時に製品を供給している。3社が小零細企業から大企業に成長した主な理由は，①もっぱら補修部品市場に依存する状況から，比較的早い時期から完成車企業と取引関係を構築し，OEM生産を拡大したこと，②単品の構成部品から一定の機能・役割を持ったセット部品まで提供できるようになったこと，および③主力製品分野を確立しながら新しい製品分野を積極的に開拓してきたことが挙げられる。

　まず，3社はいずれも創業当時は非常に簡単な単品部品からスタートしたが，参入しやすい分野であるがゆえに競争が激しく，完成車企業と取引関係を持つ以前は大きな発展がなかった。ただ目先の利益だけを追求する企業に比べて品質改善や設備投資を重視したことが1990年代以降完成車企業と取引関係を持つことにつながった。最初に地方の小規模完成車企業にOEM供給をしはじめ，それが信用力となり，やがて全国的大手完成車企業にも製品を供給することになった。表8-3のA社の業績推移から確認できるように，総売上高に占めるOEMの比率は2006年以降増加傾向にあり，特に金融危機の影響を受けて2009年には50%にも達した。このように，国内の自動車市場の高成長を背景に，この層の企業にとって国内完成車企業との取引関係がますます重要になっている。また，3社がいずれも数十社単位の完成車企業に部品を供給する理由には，中国の完成車企業は一般的に複数の部品企業に発注する取引慣習を持っており，特定の完成車企業に依存することはリスクが大きく，生産規模を拡大するためにより多くの供給先を確保しなければならない事情があった[16]。このように，3社にとって完成車企業と取引関係を築くことが成長過程における重要な一歩であった。また，それをきっかけに単品部品の生産からセット部品まで提供するようになり，特定の部品分野において業界トップの地位を確保した。

　OEM向けの製品の開発に関しては，この階層の企業は基本的に承認図に近い形で開発活動を行っている。即ち，完成車企業が基本仕様を提示し，部品企業は設計図をつくり，それを完成車企業に承認してもらうという方法である。また，主力部品分野では多くの特許技術を持っており，完成車企業の新車種設

---

[16] 中国の完成車企業に関する部品調達体制の特徴や歴史については，丸川知雄（2003a）「中国乗用車産業のサプライヤー・ネットワーク」『社会科学研究』第54巻第3号，丸川知雄（2003b）「中国自動車産業のサプライヤー・システム：歴史的分析」『アジア経済』第44巻第5・6号を参照されたい。

計の段階から開発に関与する設計能力を持っている。開発面における能力の向上は，温州外出身の技術者の活用や，大都市の大学・研究機関と共同研究を進めることで実現してきた。例えばB社はこれまで全国各地から各分野の専門家や技術者120名を雇用し，また清華大学や上海の研究機関と協力関係をつくった。

　次に，特定の部品分野で蓄積された経営資源（ブランド力や技術力）を活かしながら製品分野を拡大したことも3社に共通する特徴である。A社は自動車電気部品分野からエアブレーキに進出し，ブレーキ関連の部品分野で競争の優位性を確立しながら油圧部品やステアリングポンプ，最近ではABS制動システム分野への参入を果たしてきた。B社はワイパーシステム全般での優位性を確立しながらシートモーターの分野に参入し，短期間のうちに外国の大手完成車企業に納入するほどの競争力を持つようになり，またその後発電機の分野に参入した。また，C社はワイパーモーターやウィンドウレギュレーターなど多様な部品を生産するほか，キャンピングカーの架装をも行う。大企業が異なる部品分野を積極的に開拓する理由に技術的なつながりから由来するものがあるが，より本質的な要因はそれらの大企業は基本的にトラックやバスや軽ワゴン車用の部品を得意にしており，乗用車用の部品を供給する能力はまだ低いからである。つまり，ワイパーシステムの例をあげると，トラック用の部品に比べて，乗用車用の部品は安定した払拭性能に加えてモーターの作動音や振動などのNVH性能に対する要求が格段に高くなるので，部品の種類が同じといっても，乗用車分野への参入は長年の技術の蓄積がないと不可能である。それゆえ，まずトラックやバス用の部品分野で，主力製品で培った経営資源を「横展開」しながら，多種類の部品を供給する能力を持つことで生産規模を拡大していくという実現しやすい成長戦略がとられたのであった。

　他方，留意すべきことは，3社はいずれも数十単位の完成車企業と取引関係を構築した後にも，依然として補修部品市場への供給を一定の比率を持続することである。それは，大量生産体制を維持するためには，トラックやバス分野でのOEM供給を拡大するだけでは不十分であり，それ以外にも市場を確保する必要があるからである。またそれだけでなく，例えばB社の場合，新しく開発した部品をまず補修部品市場に供給し，生産規模を徐々に拡大しながら，そこで発見された性能や品質の問題を解決しつつ，完成車企業が求めるレベルに部品の完成度を高めていく戦略をとっており，このように，現段階において，

IV 自動車部品産業集積の各階層における企業の成長戦略と競争力

補修部品市場の存在が依然として重要である。

4.2 第二階層における中型企業の成長戦略と競争力（D社，E社，F社，G社，H社，I社）

　第一階層の大企業に比べて中型企業の生産規模は総じて小さいが，特定の部品分野で優れた競争力を持つ企業が少なくない。製品開発に関しては第一階層の企業のような承認図的な能力を持つ企業も存在するが，その数は非常に少なく，多くの企業は貸与図に近い形で開発を行っている。即ち，完成車企業や中間業者から製品のサンプルあるいは図面を与えられ，部品企業はサンプル通りに図面を起こしたりして製品をつくる。また，単品部品からセット部品まで提供できる大企業に比べて，中型企業はセット部品を開発，生産する能力が弱い。

　この層の企業は大きく分けて，OEM供給を中心に生産活動を行う企業（D社，F社，G社，H社）と，補修部品市場向けの供給が多い企業（E社，I社），の二つのタイプがある。

　OEM向けの生産が多い企業のなかで，F社とG社は創業当初からOEM供給を始めており，国有企業の勤務経験を持つ創業者の人脈がそのまま完成車企業との取引関係につながったのである。この2社のケースから，民営部品企業の発展と瑞安市機械工業の歴史とのつながりを密接に確認することができよう。

　それに比べて，D社とH社は補修部品市場に依存する状態からOEM市場を開拓し，生産規模を拡大してきた企業である。特にD社はOEMに対する依存度が高く，同社が中型企業に成長した理由は何よりも数社の完成車企業，とりわけ一汽と長期安定的な取引関係を築いたことにある。D社は一汽と安定的な取引関係を構築するために一汽の近くに工場を設けたが，注目すべきことは，それによってより多くの受注を確保しただけでなく，一汽から退職した金型技や機械金属加工や溶接などの分野の技術者を比較的容易に獲得することができ，また同社は設備投資にも力を入れることで，一汽系列の同類の部品企業を買収できるほどの競争力を持つようになったことである。取引の面ではそもそも一汽の系列企業よりD社のほうが不利だったが，補修部品市場で激しい競争を経験したことが，品質，経営効率の向上やコスト管理を重視し，諸改善活動を積極的に行う経営行動につながり，そこから生まれた競争力は国有完成車企業の有利な取引条件を受けてきた系列の部品企業には非常に生まれにくいものであった。さらにD社の事例から示唆されたことは，90年代以降，激

しい競争にさらされるようになった完成車企業は、たとえ一汽のような国内有数規模の大手完成車企業であっても、ホイールナットやキャップナットといった汎用性の強い部品に関して、系列を維持する意味が完全になくなり、自らの競争力を維持するために部品企業の競争力を客観的に評価し、系列を問わずに実力のある部品企業を選ぶようになったことである。

ただ強調すべきことは、大企業と同様に中型企業にとっても、完成車企業との取引関係は競争力を高めるうえで有効的であるが、OEMに対する過度の依存はリスクを伴うものであり、経営を圧迫する要因になることが多い。完成車企業の複数社発注によるリスク以外に、完成車企業によるコストダウンの要求は自動車の低価格化傾向に伴って年々厳しくなっており、OEM供給の多い中型企業の経営を大きく圧迫している。またそのほかにも、開発費や金型費などの費用を取引立場の弱い中型企業が負担するのは一般的であり、中型企業にとって、OEMへの依存の高まりは一方では自社経営に多くの課題をもたらす原因でもある。したがって、今後、参入の難しい乗用車用部品市場を本格的に開拓していかなければ、もっぱら競争が激しいトラックやバスの分野でOEMに対する依存度を高めて成長していくことはますます困難になると思われる。

他方、補修部品市場向けの供給が多いE社とI社に共通する特徴は独自の販売網を構築した点であり、E社は150社前後の外国の大手販売業者、I社は300社の国内代理販売業者と取引関係を構築している。多くの取引関係を持つことで両社は各自の部品分野で一定の生産規模を実現した。生産に関してはE社の事例に示されたように、様々な完成車企業の部品を効率的に生産するためにいわゆる「模擬アーキテクチャ」[17]の方法で各社の設計特徴をできるだけなくし、「標準化」を進めることが一つの傾向である[18]。

最後に、第二階層以下の小企業に比べると、中型企業は一般的に自社の製品ブランドを持っており、また、技術を学ぶ意欲が高く、得意の部品分野で独自

---

[17] 中国企業が外資系企業のインテグラル部品をコピー・改造し、そのコピー・改造した部品をあたかも汎用部品のように扱い、新製品を安いコストで素早く開発するという手法。藤本隆宏・新宅純二郎編著（2005）『中国製造業のアーキテクチャ分析』東洋経済新報社。

[18] 現にE社とI社はいずれも少数の地方完成車企業とOEM供給関係を持っており、地方完成車企業に製品を提供できる能力は既に持っている。ただ、地方完成車企業の発注量が少ないうえ単価も低いので、今後は全国規模を持つ大手完成車企業を開拓する戦略である。

Ⅳ 自動車部品産業集積の各階層における企業の成長戦略と競争力

の経験とノウハウを蓄積してきた企業が少なくない。OEM向けの生産が多い企業にせよ，補修部品市場向けの供給が多い企業にせよ，開発に関して，中型企業の多くはリバースエンジニアリングで技術力を高め，自社の競争力を強化してきた。即ち，複数の完成車企業や補修部品市場から様々な部品を受注，生産していくうちに，リバースエンジニアリングで各社の部品の長短所を分析し，そこで得られたノウハウや経験を製品の開発に活かすという流れである。そのため，貸与図に近い形で開発を行う中型企業が多いとは言え，そのなかには完成車企業に対して，設計改善や新材料使用などの提案を行う企業も少なからず存在する。

以上のように，瑞安自動車部品産業集積では，大企業と中型企業は既にそれぞれ層を形成して存在感を強めている。小企業に比べて大企業と中型企業の数はまだ少ないが，生産額の面では既に集積全体の約3割を占めると推測され，大企業と中型企業の発展状況が部品産業集積に与える影響は今後ますます大きくなると考えられる。

4.3 第三階層における小企業の成長戦略と競争力（J社，K社，L社，M社）

自動車部品産業集積に占めるこの階層の小企業の数の割合が最も多い。その理由は前述したように，部品産業集積は元々小規模生産者の拡散によって形成され，また，自動車部品市場の拡大に伴い異業種からの参入が活発に行われるようになり，新規参入の多くはまず進出しやすい第三階層に参入してくるからである（雑貨や小家電分野の業者でも簡単に参入可能）。それゆえ，小企業は常に激しい競争にさらされ，この階層では低価格競争が繰り返されている。

また，この階層における小企業の多くは卸売業者や貿易会社といった中間業者を通じて不特定多数の顧客に部品を販売しており，独自の販路を持つ企業は非常に少ない。そのため，取引関係は常に不安定であり，企業の規模が小さいわりに多種類の部品を提供しなければならない。開発に関しては他社製品を入手してそのまま模倣するという方法で製品をつくり，もっぱら補修部品市場に供給しており，また自社の製品ブランドを持たない企業も多い。この層の小企業は基本的に生産コストを最低限に抑えながら短期間のうちにできるだけ多種類の部品を市場に提供することで経営を維持しており，そのため，M社のような加工工程の内製化を最小限に抑え，できるだけ地元の機械金属基盤加工機

185

能を利用する企業が多い[19]。

　他方，J社とK社の事例から示唆されたように，一部の小企業は上の階層を目指して，激しい競争に耐えながら自社販路と製品ブランドの構築に力を入れ，また内部では多品種生産の効率化を図ることで着実に競争力を高めている。今後，このような成長志向の強い小企業からまた中型企業が生まれていくと思われる。

V 「温州モデル」の発展プロセスの再検証
——自動車部品産業集積から示唆されたもの

　本節では瑞安自動車部品産業集積の発展過程に見られた諸特徴を踏まえて，先行研究で提示された「温州モデル」の発展プロセスについて再検証したい。

　これまで「温州モデル」に関する研究は中国国内のみならず日本でも盛んに行われ，多くの研究成果が蓄積されてきた。中国国内の研究の多くは専業市場や温州商人のネットワークを特徴とする発達した流通機能や，温州企業に多く見られる私的財産権の早期の確立などに注目して温州経済の成長現象を解釈するのに対して，日本では製造業としての発展要因や企業家活動に焦点を当てた研究が多い[20]。日本側研究のなかに，産業集積の側面から「温州モデル」の特徴を分析した代表的な研究は丸川（2004），（2010），渡辺（2004）と黒瀬（2004）である。

　丸川（2004）では，温州産業集積の特徴は多様な産業が存在することであり，その発展プロセスは生物進化の過程とよく類似しており，突然変異によってある産業が興って成功すると，その産業は一つの「種」となって多数の企業が輩出し，また，多数の企業が生存空間を求めて競争するなかで，産業はさまざまな亜種に進化していくと論じ，そこには，ある企業が成功すればそれを模倣す

---

[19] 小企業階層の諸特徴に関する分析の内容は，調査した小企業のケースに加えて，現地で大企業と中型企業や自動車部品協会の関係者から得た小企業に関する証言などを総合して分析した結果である。ただ，小企業の数は千社を超えており，聞き取り調査に限界があり，その全体像をより正確に把握するために今後アンケート調査を実施する予定である。

[20] 日本側の「温州モデル」研究に関するレビューは渡辺幸男（2009）「日本の温州産業集積研究の研究視角—日本での温州産業研究レビュー—」丸川知雄（編）『中国の産業集積の探求』東京大学社会科学研究所で展開されている。

V 「温州モデル」の発展プロセスの再検証──自動車部品産業集積から示唆されたもの

る企業がたちどころに多数現れるという複製のメカニズムが存在すると分析した。また丸川（2010）では，温州産業集積発生の多くは市場経済が未発達だった時代にその源流があったことを明らかにした。

渡辺（2004）では，温州の産業発展が，自立・国内完結型・国内市場向け発展を特徴とするものと総括し，地元の民営企業が中国内の人材・機械を再編活用し，温州人の国内販売ネットワークを利用したことから，当地の産業発展が可能となったと説明した。本論文は特に温州企業が使用する機械に注目し，温州では大量の安価な簡便化された産業機械が流通，使用されている事実と，簡便化機械を開発，提供する地元企業の存在を明らかにした。

また黒瀬（2004）では，温州産業の発展過程を，①場面情報による小零細家族経営の勃興と一般情報化による産業集積形成段階（1970年代末～1980年代半ば）と，②産業資本の形成，確立段階（1980年代半ば～2000年代初頭），の二つの段階に分けて分析し，機械制大工業の端緒段階に到達した温州では，大企業の形成が見られる一方，中小企業は「低賃金に依存する中小企業」，「労働管理の革新に成功した中小企業」，「独自市場構築に成功している中小企業」へと階層分化していると主張した。

以上の先行研究から提示，示唆された内容は産業集積の発展として「温州モデル」の特徴を把握するうえで重要な指摘であり，瑞安自動車部品産業集積の発展を考察するうえでも非常に有意である。他方，瑞安のケースから先行研究では重視されなかった「温州モデル」の特徴が見られており，それを次のように整理したいと思う。

まず，瑞安のケースから注目すべき点は，自動車部品産業集積において，多様な参入形態が存在することである。本章で取り上げた13社の事例だけでも，元国有・集体制自動車部品企業の出身者以外に，①家電，自動車の修理業や自動車部品の販売業といったサービス業の出身者，②雑貨や小物家電や印刷機械といった分野から転出された企業が新たな担い手として部品産業集積に参入してきた。ここで示唆されたのは，「温州モデル」には，域内における多様な産業集積の間で企業の移動が頻繁に行われ，それによって各産業集積における経営資源が再分配されるというメカニズムが存在することであろう。つまり，丸川の論文で提示された，歴史的なつながりや革新者の存在によって多様な産業集積が形成され，また多数の模倣する企業が現れることで産業集積が拡大していくというプロセスだけでは，「温州モデル」の発展プロセスを説明するのに

第3部　第8章　中国における内発型産業集積の発展プロセスと企業の競争力

不十分なことである。

　特に1990年代半ば以降，温州では企業数が大きく減少する産業集積（例えばライターやメガネ産業集積など）は増えており，そういった衰退傾向にある産業集積から転出された企業はまた次の拡大見込みのある産業集積に参入していくと考える。それゆえ，やや遅れて拡大期に入り，長期的成長が期待される自動車部品産業集積に多様な参入者が集中するようになったと考えられる。企業の移動によって各産業集積の経営資源が常に再分配された結果，温州では発展の潜在力が高い産業集積が古い産業集積に取って代わって発展し，その結果，産業の高度化が実現されていくであろう。このように，多様な産業集積の存在を特徴とする「温州モデル」を考察する際に，各産業集積の発展の特徴を個別に分析すると同時に，産業集積間における企業の移動現象とその影響を分析することは不可欠であり，それを通じて，地域における各産業集積の発展動向を総体的に把握することが非常に重要である。

　また，瑞安のケースから示唆されたもう一つのことは，温州の産業集積の発展プロセスを考察するうえで，企業の階層分化現象とその影響を分析することが必要不可欠なことだということである。その意味では，初めて温州企業の階層分化現象を取り上げた黒瀬の論文を高く評価するが，階層分化の基準や中小企業群に限定して階層分化の意味を検討したなど点では本章の主張と大きく異なる。本章では，自動車部品産業集積を三つの階層に分けて各階層における企業の成長戦略と競争力を詳細に分析した。部品産業集積の発展プロセスから示されたように，1980年代は模倣による小企業の拡散時期であったが，1990年代以降になると，小企業群から大企業を含めた企業の階層分化の兆候が見られ，2000年以降その動きが加速し，現在それぞれ階層における企業の特徴は大きく異なっている。前述したように，部品産業集積では，上の階層の企業が下の階層の企業を外注先として利用したり，あるいは各階層の部品企業が地元の機械金属基盤加工機能を利用するような分業構造が存在するが，大企業と中型企業の成長過程を見ると，むしろ域内からは調達できない機械や機械金属基盤加工機能を先行して取り入れたことが小企業の階層から上の階層に上がれた重要な原因であった。計画経済の時代に地元の国有・集体制企業に蓄積された機械工業の技術や人材の資源，あるいは先行研究で強調された新興民営機械企業の存在は自動車部品産業集積の形成と拡大の初期において大きな役割を果たしたことは間違いないが，1990年代以降，産業集積における企業の階層分化が進

V 「温州モデル」の発展プロセスの再検証——自動車部品産業集積から示唆されたもの

むにつれ，その有効性は減少し，主に第三階層，即ち小企業の生産活動を支える範囲に止まっていると考える。勿論，大企業と中型企業のなかに現在でも直接あるいは間接的に小企業や地元の機械金属基盤加工機能を利用する企業が存在するが，それらの企業は基本的には自社の競争力にそれほど影響しない「周辺」的な部品や加工業務を域内の業者に外注し，その最大の目的は生産コストの削減であり，品質や精度の面で発生する諸問題を抑えるために全数検査を行うのが一般的である。また，Ａ社，Ｄ社やＨ社のような品質評価を含めて最適な外注先を求めて広域から部品を調達したり，あるいは内製化に切り替える企業も少なくない。

　このような異なる階層における企業の経営の特徴と相互の分業関係を踏まえて，最後に数の割合が最も多い小企業の発展方向を検討したい。事例で考察されたように，現段階ではもっぱら産業集積の第一，第二階層の企業に依存する小企業はまだ少なく，小企業の多くは卸売業者や貿易会社といった中間業者を通じて補修部品市場に製品を供給している。このような小企業の経営活動が成り立つ最大の要因は安い労働力の存在であるが，近年，その状況が大きく変わりつつあり，労働者賃金の上昇幅が大きくなるにつれ，小企業の経営状況は急速に悪化し，倒産する企業も出ている[21]。生産コストの上昇や競争相手の多さなどの現状を考えると，生産量を増やす路線で中型企業に成長していく小企業は今後減っていくだろう。つまり小企業にとって，今後，それぞれニッチの製品分野で独自の強みを持つ必要性が高まると思われる。それを実現するために，完成車企業，あるいは有力販売業者と安定的な取引関係を築くことが一つの選択肢であるが，第一，第二階層の企業以上の技術力や供給能力を持たないと実現することが難しい。したがって，レベルアップを急ぐ第一と第二階層の企業が求める品質や機能を満たす部品や加工機能を提供することでニッチの分野での高度化を実現する可能性と必要性が今後高まると考えられる。また，大企業と中型企業にとっても，技術力のある小企業が増えれば，利用可能な外注先が増えることになる。また，小企業全体のレベルアップは地元の機械金属基盤加工機能の高度化を促進する不可欠な条件であり，大企業と中型企業の競争力強化に寄与するのである。このように，異なる階層の企業が互いの関係を強化していく，つまり産業集積が産業集積としての機能を高めていくことが温州の自

---

[21] 聞き取り調査によれば，瑞安では2008年頃から労働者賃金の上昇が加速し，年平均10〜20％のレベルに達したという。

動車部品産業集積の発展方向の一つであると考える。

Ⅵ おわりに

　2000年以降，中国の自動車部品産業は国内自動車市場の急拡大にともない急速に発展してきたが，民営部品企業の経営実態については，既存の調査研究が極めて少なく，ほとんど明らかにされてこなかった。本章では，中国の内発型産業集積の典型である温州の産業集積に注目して，瑞安市の自動車部品産業集積の発展プロセスと企業の競争力について分析を行った。実態調査の結果を踏まえて，自動車部品産業集積を三つの階層に分け，各階層における企業の成長戦略と競争力を具体的に分析した。その結果，各階層の企業の経営内容が大きく異なっていることが判明し，部品産業集積では企業の階層分化が進んできたことが明らかになった。それに加えて，部品産業集積には多様な参入形態が存在することを確認し，それを通じて，温州の各産業集積の間では，企業の移動が頻繁に発生し，それによって各産業集積における経営資源が常に調整されているメカニズムが存在することを明らかにした。これらの確認と指摘は従来の「温州モデル」研究で抜けていた論点であり，1990年代以降の「温州モデル」の変容を分析するうえで重要であると考える。

　他方，自動車部品の品質と技術のレベルに注目すれば，外資系や完成車系列の大手部品企業に比べ，瑞安自動車部品企業全体の発展状況は依然として低い段階にあると言わざるを得ない。補修部品市場に依存する企業が多く，またOEM生産の拡大を実現してきた企業の現状を見ても，主にトラックやバスなど相対的に技術的要求水準の低い商用車用の部品分野で競争力を持っている。ただ，だからといって民営部品企業の発展性を否定することはできないことを最後に強調して置きたい。瑞安自動車部品産業集積の発展を振り返ると，民営部品企業は政府や完成車企業からの支援がまったく期待できない状況から激しい競争に耐えながら徐々に発展し，やがて小零細企業群から特定の部品分野で完成車系列の部品企業より強い競争力を持つ大企業や中型企業が生まれた。瑞安のケースから示唆されたように，民営自動車部品企業は完成車企業系列や国有の背景のある部品企業にない独自の発展を遂げており，今後多様な発展を実現し，より多くの部品分野で存在感を強めていくと思われる。

VI おわりに

謝辞 本章の調査研究には，文部科学省私立大学戦略的研究基盤形成支援事業の一環とした名城大学地域産業集積研究所の調査プロジェクト，ならびに平成23年度科学研究費助成事業（「基盤研究A・海外学術調査」，研究課題：「自動車産業におけるグローバル・サプライヤーシステムの変化と国際競争力に関する研究」，研究代表者：清晌一郎）より助成を受けた。また調査の実施に際して，蔡建娜（上海社会科学院），雷新軍（上海社会科学院）並び各企業の皆様のご協力を得た。ここに記して御礼申し上げる。

〔参考文献〕
■日本語

東茂樹（2008）「自動車部品産業の成長——地場中小サプライヤーの高度化——」今井健一・丁可（編）『中国産業高度化の潮流』アジア経済研究所 pp. 115-139

東和男（2008）『中国の自動車産業——過去・現在・未来——』華東自動車研究会

黒瀬直宏（2004）「温州産業の原蓄過程——情報による「下から」の資本制化と企業の階層分化——」『三田学会雑誌』96巻4号

駒形哲哉（2005）『移行期 中国の中小企業論』税務経理協会

陳傑（2011）「中国自動車補修部品産業の発展——瑞安市を事例として——」日本中小企業学会第31回全国大会の発表資料

陳晋（2000）『中国乗用車企業の成長戦略』信山社

日本貿易振興機構海外調査部（2004）『3E研究院事業報告書（別冊）「中国中小企業発展政策研究」——企業訪問インタビューノート——』

FOURIN『中国自動車部品産業2011』

藤本隆宏・西口敏宏・伊藤秀史（1997）編『サプライヤー・システム 新しい企業関係を創る』有斐閣

藤本隆宏・新宅純二郎編著（2005）『中国製造業のアーキテクチャ分析』東洋経済新報社

丸川知雄（2003a）「中国乗用車産業のサプライヤー・ネットワーク」『社会科学研究』第54巻第3号

丸川知雄（2003b）「中国自動車産業のサプライヤー・システム：歴史的分析」『アジア経済』第44巻第5・6号

丸川知雄（2004）「温州産業集積の進化プロセス」『三田学会雑誌』96巻4号

丸川知雄・高山勇一編（2005）『グローバル競争時代の中国自動車産業』（新版）蒼蒼社

丸川知雄（2010）「中国における産業集積の発生——温州市と広東省のケース——」中兼和津次（編著）『歴史的視野からみた現代中国経済』ミネルヴァ書房 pp. 111-138

李春利（2006）「中国自動車企業の製品開発——イミテーションとイノベーションのジレンマ——」『国民経済雑誌』194(1)

第 3 部　第 8 章　中国における内発型産業集積の発展プロセスと企業の競争力

廖静南（2009）「中国自動車部品産業の展開——ローカル部品メーカーに焦点を当てて——」『月刊自動車部品』2009 年 3 月号
林松国（2009）『中国の産業集積における商業の役割——専業市場と広域商人活動を中心に——』専修大学出版社
渡辺幸男（2004）「温州の産業発展試論——自立・国内完結型・国内市場向け産業発展，その意味と展望——」『三田学会雑誌』96 巻 4 号
渡辺幸男（2007）「日本の産業発展の中国産業発展への示唆——機械工業の発展を中心に——」『三田学会雑誌』100 巻 2 号
渡辺幸男（2009）「日本の温州産業集積研究の研究視角——日本での温州産業研究レビュー——」丸川知雄（編）『中国の産業集積の探求』東京大学社会科学研究所 pp. 51-64

■中国語

黄曉陽（2007）『温州人：策划中国』凤凰出版传媒集団・江蘇文艺出版社
俞雄（2008）『孫诒让传论』浙江人民出版社
俞雄・俞光（1995）『温州工業簡史』上海社会科学院出版社
温州民営経済発展 30 年編写組編（2008）『温州民営経済発展 30 年』（全 6 巻）浙江人民出版社
瑞安市汽摩配協会編（2011）『中国汽摩配之都企業概覧 2011』瑞安市汽摩配協会
瑞安市二軽工業誌編集委員会編（1996）『瑞安市二軽工業誌』江西人民出版社
瑞安市工商業聯合会・瑞安市商会『瑞安商会』各期
瑞安市対外貿易経済合作局（2010）『瑞安投資指南』

■ホームページ

李毓蒙纪念館 http://www.liyumeng.com/index-cn.html
「瑞安日報」http://rarb.zjol.com.cn/epaper/html

◆ 第9章 ◆
中国電動二輪車メーカーの成長戦略

斯　飛　玲

Ⅰ　はじめに

　近年，中国ではモーターで駆動する「電動二輪車」が既に庶民の足として普及している。1998 年に中国で正式に登場した電動二輪車の生産台数は 5 万台足らずであったが，そこから急激な普及が始まり，2002 年には年間 100 万台，2005 年には 1000 万台を超え，更に 2007 年に 2000 万台を突破した[1]。現在中国全土で約 1 億 2000 万台の電動二輪車が走っている[2]。以下の図 9-1 から，中国の電動二輪車市場の発展スピードと市場規模の大きさが分かる。
　先進国には見られなかった電動二輪車産業の巨大化はなぜ中国で起きたか。この現象に注目した研究は近年日本でも行われている。例えば，高橋（2006）はオートバイのナンバープレート規制という政府政策と市場環境の面から電動二輪車の普及を説明した。渡辺・周・駒形（2009）は法・制度的背景から中国の電動二輪車産業の発展の理由とその意義，今後の可能性について論じた。また，小野（2009）は中国の経済発展と都市化の進行の視点から中国の電動二輪車事情について分析した。ほとんどの研究が制度政策的な背景と市場環境の視点から電動二輪車普及の理由を論じ，電動二輪車メーカーそのものの内部経営管理や成長戦略についてはあまり触れていない。

---

(1)　中国自転車協会 2009 年のデータ。
(2)　全球電動車網ホームページ。

第 3 部　第 9 章　中国電動二輪車メーカーの成長戦略

図 9-1　中国における電動二輪車の生産台数推移

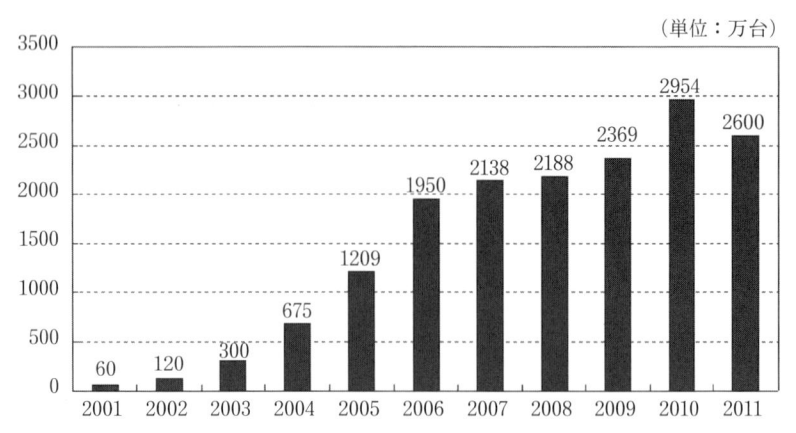

（単位：万台）

年	生産台数
2001	60
2002	120
2003	300
2004	675
2005	1209
2006	1950
2007	2138
2008	2188
2009	2369
2010	2954
2011	2600

出所：財団法人自転車産業振興協会「中国：電動二輪車が「家電下郷」の対象に　最多 10 省で認定」アジアレポート 2010 年 4 月 15 日，The Daily NNA 2012 年 1 月 17 日 p.2。

　中国の電動二輪車産業の発展プロセスを研究するためには，制度的な背景と市場環境要素が重要だと思うが，産業の中における企業そのものの成長戦略を分析することも必要不可欠だと考える。そのため，本章には中国の電動二輪車産業の草分けの企業の一つであり，また現在でも業界を代表するトップレベルの「緑源電動車」を分析の対象とする（表 9-1 を参照）。

　浙江省の金華市に本社を置く「緑源」は，1997 年 7 月に創業者の倪捷より投資会社「金信科技」と合資の形で創設された。2000 年に完全に民営化され，14 年あまりの発展を経て，従業員数 30 名未満程度の規模から，従業員 3,000 名以上，200 万台の生産能力を持つ大企業までに発展した。図 9-2 の緑源の販売台数の推移から急成長していることが分かる。現在，当社は金華市と山東省の沂南県にそれぞれ 100 万台生産能力を持つ生産基地を有するほか[3]，傘下には電動二輪車用の電池を生産する企業，「浙江動力電源」[4]と「福建憶洲動力科技有限公司」[5]（合資）がある。また，量産能力のみならず，「緑源」には，電動二輪車の中核部品である電池・充電器，モーター・コントローラーを研究，開発する専門部署があり，技術面においても業界トップレベルの地位を維持し

---

(3)　3 億元を投資して建設した沂南県の工場は 2009 年 7 月に稼働開始。
(4)　2008 年 6 月に設立。
(5)　2006 年 10 月に販売代理店である「緑達」と共同出資して設立。

I　はじめに

表 9-1　2010 年度中国電動二輪車 TOP10 ランキング

所在地	企業名
江蘇（無錫）	雅迪科技発展有限公司
山東	比徳文動力科技有限公司
浙江（金華）	緑源電動車有限公司
江蘇（昆山）	英克莱集団有限公司
上海	立馬電動車製造有限公司
江蘇（昆山）	捷安特電動車有限公司
天津	愛玛科技有限公司
江蘇（無錫）	新日電動車股份有限公司
浙江（永康）	千禧車業有限公司
山東（青島）	懊柯玛電動科技有限公司

出所：http://www.evtimes.cn/html/news/z/y/2011/0519/26364.html（アクセス 2011 年 5 月 19 日）

図 9-2　緑源電動車の各年販売台数

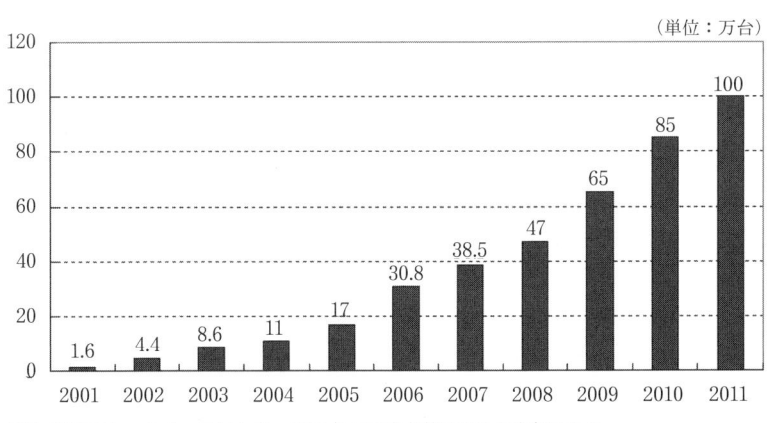

（単位：万台）

年	販売台数
2001	1.6
2002	4.4
2003	8.6
2004	11
2005	17
2006	30.8
2007	38.5
2008	47
2009	65
2010	85
2011	100

（注）緑源のホームページにより，2011 年の販売台数は 100 万台超である。
出所：緑源本社インタビュー，ホームページ及び社内情報誌『緑源電動車』p.6 より筆者作成。

第3部　第9章　中国電動二輪車メーカーの成長戦略

図9-3　電動二輪車業界全体の生産推移と緑源の販売推移（単位：万台）

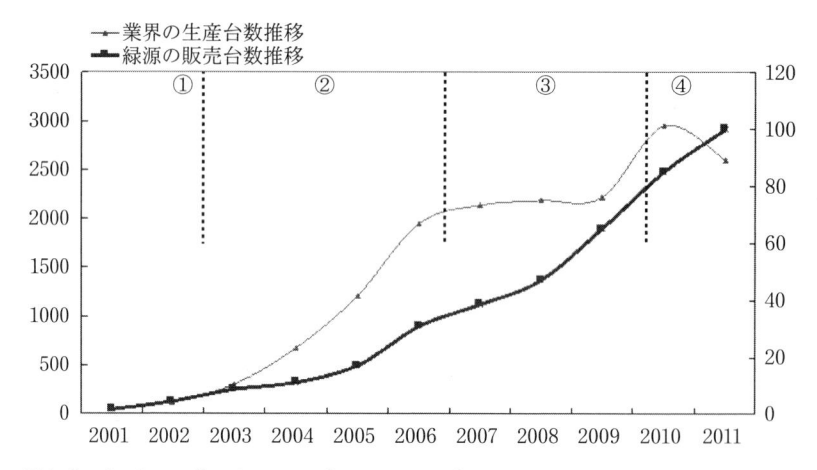

(注) ①―導入期　②―成長期　③―成熟期　④―衰退期。成熟期の中に，2009年と比べ，2010年の生産急増は2009年2月1日より実施された「家電下郷」政策と深くかかわる。
出所：筆者作成。

ている。

製品のライフサイクル理論（PLC）を利用して図9-1の電動二輪車業界全体の生産台数推移を分析すると，中国の電動二輪車産業は大体1995年～2001年までの導入期，2002年のサーズ騒動をきっかけに爆発し始め～2006年までの成長期，それから2010年までの成熟期を経て，2011年から業界の淘汰と再編が進み，段々衰退期に入る見通しだとみられる。しかし，業界の変動が激化しているにもかかわらず，緑源は右上がり一方の成長を実現している（図9-3を参照）。

更に，下記表9-2のように前年度比の業界全体の生産成長率と緑源の販売成長率を比較すると，成熟期に入ってからの業界全体の成長鈍化と比べ，緑源は年平均成長率25％以上と安定的な成長を維持していることが判明できる。

表9-2　前年度比の電動二輪車業界の生産成長率と緑源の販売成長率

年度	2002	2003	2004	2005	2006	2007	2008	2009	2010	2011
業界	100%	150%	125%	79%	61%	10%	2%	8%	25%	-12%
緑源	175%	95%	28%	55%	81%	25%	22%	38%	31%	18%

出所：筆者作成。

以上のような認識を踏まえ，本章の問題意識は次のよう提起する。つまり，激しい経営環境の変化に対し，緑源はいかにして右上がりの安定的な成長を実現できたのか，という点である。具体的に創業初期，学習期，安定成長期という3つの発展段階に分け，現地調査やインタビューを通じて，緑源の成長戦略と競争力の実態を明らかにしていきたい。

Ⅱ　電動二輪車業界の発展背景と概況

2.1　発展背景

記述の先行研究にも論じられているが，電動二輪車が中国でこのような猛スピードで普及できた外部要因は，主に政府規制や制度政策，都市化の進行とライフスタイルの変化など，先進国には見られない中国独特の社会背景にあると考えられる。このような要因がタイミングよく絡み合って，電動二輪車の爆発的な発展を生み出した。

(1)　ナンバープレート規制政策

1997年当時，「電動二輪車」という新しいものはほとんど消費者に知れ渡っていなかったため，売れにくかった。ちょうどこの頃中国政府が打ち出したオートバイに関する制限・禁止政策が初期の電動二輪車市場を後押しした。1990年代後半に入り，オートバイが原因となった環境問題や交通事故の増加といった問題が顕在化するようになり，これらに歩調を合わせるような形で，多くの都市において車両ナンバープレートの発給数を制限・禁止する「ナンバープレート規制」が行われるようになった(6)。そこで，元々オートバイを利用していた消費者達の大半が電動二輪車に乗り換えたのである。

(2)　制度的な緩さ

中国では，自動車とオートバイという動力を持つ乗り物の運転には日本と同様，運転免許の取得が必要である。しかし，電動二輪車は動力を持つにも関わらず，中国の「道路交通安全法」に最高時速20km，最大重量40kg以下の電動二輪車を「非機動車道」走行に分類されていたため，免許を必要としなく，自転車道を走行することが出来る(7)。この制度により，電動二輪車の入手が非

---

(6)　高橋（2006）p.3。
(7)　高橋（2006）p.2。

常に簡単になり，電動二輪車の普及を大幅に促進した。
  (3) 都市化の進行
  中国の近年の都市化の進行により，職場と居住地域が分離したことから効率的な通勤手段が必要となり，また住宅地若しくは工場の郊外化の進展によって必要性が増加した。しかし，公共交通機関の整備でこの需要を満たすには時間がかかり，需要と供給のギャップが生じた。また，道路渋滞や混雑などの公共交通機関の欠点も顕著になり，その解決策として，一回の充電で何十キロも走れる優位性の持つ電動二輪車が広く受け入れられた[8]。

2.2 業界概況

電動二輪車ブームに伴い，電動二輪車メーカーの数も急速に増加した。量産化初期の段階では，緑源や上海の千鶴のような電動車専業メーカーや，永久や鳳凰などの電動二輪車生産経験を持つ自転車メーカーが生産の主体となっていた[9]。その後，電動二輪車専業メーカーと自転車メーカー以外に，オートバイメーカー，家電メーカー，五金関連のメーカーがどんどん電動二輪車市場へ参入し，1998年当初の10数社から，2008年にピークに達し，約2600社まで発展してきた。産業集積が段々始まり，現在は主に浙江，江蘇，天津，上海，山東という5大電動二輪車生産地域が形成されている。
  そのスピーディーな参入と集積の理由について，渡辺・周・駒形（2009）が指摘したように，「電動車は電池，充電器，モーター，制御機器，樹脂のボディーといった自転車とは異なるパーツや，ハブのように同じ金属製品でも自転車と異なる構造を持つパーツを用いるものの，基本的に自転車と同様，パーツを購入して組み立てればできる製品であり，組立自体には，ペダル式自転車の組立とそれほど大きく異なる技能を必要としない」[10]からである。中国では，1980と90年代を通じて，自転車やオートバイ，そして家電といった産業が先行して一定の発展を遂げたため，電動二輪車産業発展の基盤が既に存在していた。既存の産業基盤と資源のおかげで，実際にほとんどの電動二輪車メーカーは市場に出ている車種を見本として参考し，それに応じた部品を調達し，完成

---

[8] 小野（2009）p.76。
[9] 渡辺・周・駒形（2009）p.413。
[10] 渡辺・周・駒形（2009）p.416。

車を組み立てるという単純な組み立てメーカーである[11]。自社で車体設計や生産技術の改造，製品開発がほとんど行われていない。

また，近年の中国国内生産高により原材料価格が上昇し，電動二輪車生産のコストが徐々に高くなり，利益が圧縮されつつある。その厳しい競争に直面し，組み立てメーカーの多くが経営に苦しんでいて，最終的に市場から淘汰された。2011年の1年間で，業界の淘汰が進み，中小メーカーを中心に約3割が倒産か生産を停止した。業界再編が進み，一定規模以上のメーカーは300社以内，大手の市場シェアが多くを占める状態になると予測されるのが現状である[12]。

Ⅲ　創業と初期発展（1997〜2002）

「緑源」が創業された時期は中国の電動二輪車産業の誕生期とほぼ同じ時期であった。駒形（2011）によれば，中国では電動二輪車に関する開発は1970年代から始まり，80年代になると，上海や天津，深圳などの一部地域では既に製品化されたものが登場した。しかし，電池の品質やモーターの性能に技術的な問題があったため，量産，商品化が可能になったのはペダル式自転車の競争が激化し始めた1995年頃であった。倪捷は早々と電動二輪車発展の将来性を認識し，速やかに早期参入したが，品質問題で倒産寸前の苦しい経験もした。

3.1　創業経緯

創業者の倪捷氏は浙江省金華市の出身で，1986年に中国理工系大学の名門，「中国科技大学」無線電情報システム研究科を修了し，その後浙江省に戻り，「寧波大学」経済学部で講師を4年間勤めた[13]。1989年，叔父が営む溶接関連の工場を見学しに行った際に，薄板電気溶接の技術難関に挑んだりする現場の仕事を目の当たりにして，理工系出身の倪捷夫婦は技術開発に対する熱情が復

---

(11)　呉林基（2010）「電動自転車産品質量現状分析及対策」『中国自転車』2010年07期 p.52.

(12)　The Daily NNA 中国総合版　2012年1月17日より。

(13)　倪捷は自分の専攻が電子工学にも関わらず大学で経済学を教えていた背景には，当時勤務先には彼の専攻に合った職位がなかったと推測されるほか，本人が趣味として大学在学中にマルクス経済学を中心に大量の経済学に関する本を読んだ理由があった。自然科学のみならず，社会科学にも詳しい彼の知識と経験は，その後の創業と会社の成長に強く影響していると考えられる。

第3部　第9章　中国電動二輪車メーカーの成長戦略

活した。講師を辞め，その工場に勤務するようになった[14]。倪捷はその後溶接設備工場で製品開発部門の組長，技師長を勤めるなど，6年間で溶接から化学工程まで豊富な経験を積んだ。1995年，会社の運営方法を巡って叔父との間に矛盾が生じたため，倪捷夫婦がこの工場の仕事を辞めることにした。

失業してから3カ月後，倪捷は地元の「浙江省金信信託」社がベンチャー企業向けの投資管理会社を設立したことを知り，その会社の新製品研究開発部門に加えることになった。翌年の1996年，倪捷は仕事の関係で北京市にある「北京有色金属研究院」を訪問した。偶然その際に，当研究院の研究員が，新しく開発した動力電池を三輪車に取り付ける実験を見た。当時研究員たちはもし実験が成功したら，その動力電池を四輪車に装着しようと試みた。倪捷はその実験を見て，研究員の研究の方向と逆に，「もし動力電池を出力の小さい自転車に取り付けることが出来れば，非常に見通しのあるビジネスになる」と考えた。

倪捷はその自分のアイディアを実現するために，電動二輪車に関する資料を調べ始めた。当時，倪捷の研究に大きな示唆を与えたのが，電池や機械の性能などに関する説明が詳しく書かれていた日本の電動アシスト自転車[15]を紹介する資料であった。また，この頃国内にも電動二輪車の開発に着手する企業や研究機関があったが[16]，倪捷はその研究機関を訪ねたこともあったが，技術に関しては独自に模索した。技術発展の可能性を探ると同時に，倪捷は市場での需要についても調査した。当時の中国はちょうどWTOに加盟しようとし，市場経済が急速に発展し始めたころで，バスや自動車オートバイを中心とする都市交通の汚染状況が既に深刻な状況に陥っていた。その為，「排気ガスゼロ」の電動二輪車は将来的にヒット商品になると予測し，1996年7月に電動二輪車に関する研究プロジェクトを立ち上げた。

---

[14] 「緑源」の成長には，創業期からずっと会社の経営と技術開発に深く関わっている倪捷の妻である胡継紅の役割も非常に大きい。胡継紅は「安徽工業大学」電力システム自動化専攻の修士課程出身で，「緑源」の電動二輪車の初期開発のリーダー役を担ったり，現場経営の総責任者を勤めたりしてきた。現在は「緑源」の総経理を勤めている。

[15] 日本の電動アシストは，1979年パナソニックサイクルテック（旧ナショナル自転車）が国内初で電動自転車を発売し，それからホンダとヤマハが電動モーターと人力を合わせた新方式の開発で電動アシスト自転車を市場に出し始めた。

[16] 駒形（2011）p.201によると，当時上海の「千鶴電動車有限公司」と清華大学と合同研究し，電動二輪車の初期製品化を実現した。

III　創業と初期発展（1997〜2002）

3.2　初期の製品開発と販売

倪捷は日本式の電動アシストを参考しながら電動二輪車の研究を始めた。最初は，電動二輪車そのものを生産するよりも，従来の自転車を「改造」し，即ち自転車に電力で動かせる装置を取り付けることで電動二輪車の商品化を目指した。この判断をしたのは主に2つの理由があった。まず，当時自動車やオートバイは勿論のこと，自転車のような動力を持たない乗り物でも政府に登録する必要があるため，それまで存在していなかった電動二輪車を開発して売ろうとしても，政府から許可が得られるかどうかが全く不明であった[17]。また，当時の会社の規模からとしても，資金や販売ルートなどの面において，電動二輪車そのものの量産化と大量販売を実現させることが難しいと考えられたからである。

技術面において，一時期は日本式電動アシストの設計を模倣して試作したが，中国の市場ニーズに合わなかった[18]。まず，日本式の電動アシストには足漕ぎの力を検知するトルクセンサーが必要であり，安全性には優れているが，相対的にコストがかかるため価格の点では不利である[19]。また，ペダルを漕がないと助力措置が作動しないPAS（Power Assist System）タイプは，乗り手の体力負担を軽減することは出来るが，体力の負担から解放させることは出来ない。中国消費者を体力負担から解放させることを第一の目的とし，倪捷はアシスト機能のない製品の開発に取り組んだ。図9-4を見ると，中国式電動二輪車と日本式電動アシストの違いが理解できる。つまり，中国の電動二輪車にはトルクセンサーは搭載されていないが，電気モーターの作動はアクセルグリップなどを作動させることによりコントロールされ，車輪の回転から速度を検知し，速度を制限するスピードセンサーが装備されている。非常にシンプルな構造で，低廉な価格での販売が実現できる。

また，日本の電動アシスト車は，車体重量のモーターへの影響を軽減させるためにモーターが車体の中間に搭載される。それを実現するには高いフレーム

---

[17]　厳密に言えば，自転車に動力装置を取り付けることは合法的ではないが，当時それについて正式な法的規制がなかったため，各地方政府に各自判断できる余地を残した。

[18]　1997年に，「緑源」は当時中国自転車大手の上海「鳳凰股份有限公司」と共同でPSAタイプの電動二輪車を開発して，「緑色伴侶」という商品名をつけて上海市で発売してみたが，殆ど売れなかった（「緑源」ホームページ）。

[19]　小野（2009）p.77。

第3部　第9章　中国電動二輪車メーカーの成長戦略

図9-4　中国式電動二輪車と日本式電動アシストのシステム構造の比較

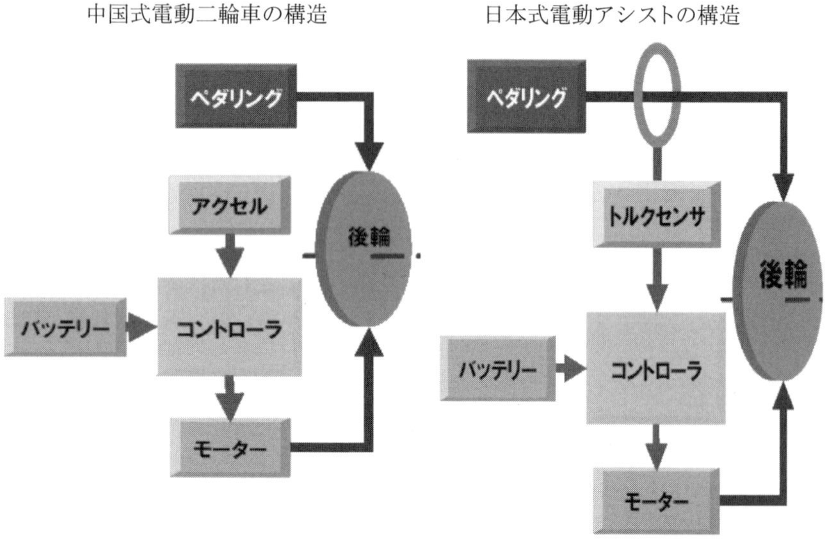

出所：小林正典（2010）「e-bike その技術と市場」『二次電池による社会システムイノベーション』第6回フォーラム　ヤマハ発動機株式会社　2010年7月6日

の精度や良い密封性，清潔な道路条件が必要とするほか，故障した場合には修理が難しいため，倪捷は技術的に簡単で修理しやすいモーターを車輪に取り付ける駆動方法，言わば「輪轂式」駆動方式を採用した。同時に，倪捷はモーターの性能を高めることが重要だと考え，当時市場に多く出回っている出力の弱い「半軸式」モーターを「通軸式」モーターに改善し，1996年の10月に最初の試作品を完成した。その後1年間をかけて，倪捷の率いた研究チームが電池を除く，いわゆる電動二輪車4大パーツであるモーター，コントローラーと充電器の設計と開発を終えた。

翌年の7月，電動二輪車発展の可能性について更に自信を深めた倪捷は「金信科技」と合資の形で「緑源電動車」を設立し，社長に就任した。販売に関しては，「緑源」はまず電動二輪車の動力ユニットを生産し，それを大手自転車メーカーに提供することで電動二輪車の普及を狙った[20]。「緑源」が大手自転

[20] 当時中国で有名な自転車メーカーは上海永久，鳳凰，深圳中華などがあり，浙江省においても1993年から民営自転車産業が急速に発展し，「力覇皇」「皇冠王」「愛爾使」な

Ⅲ　創業と初期発展（1997～2002）

車メーカーに「合作征詢函件」（提携を求める手紙）を送り，その中に一部のメーカーは緑源の呼びかけに応じた。1997年7月から12月の間に，緑源はそれらの自転車メーカーに約500電動二輪車動力ユニットを販売した[21]。

同時に，緑源自社でも自転車の「改造」業務を始めた。その「自転車の電動化改造」が実現できたのは，会社の所在地，金華市政府に新しい政策があったからである。1997年8月，金華市人民政府は「電動自転車を自転車カテゴリーで交通管理を実行することに関する意見」という政府公文書を出した[22]。この政策により，電動二輪車は自転車の一種として批准が与えられた。ところが，一般の消費者は電動二輪車について全く知らないため，製品許可があっても製品は殆ど売れなかった。それを乗り越えるため，倪捷自ら公園の前で電動二輪車の専売店を設置してセールスを行ったり，最初の150名の顧客に対して，2年間以内に製品の代金を全部キャッシュバックすることを約束したりして懸命に宣伝した。このような努力もあって，「緑源」の自転車改造業務は杭州市と南京市で順次に展開され，特に杭州では，1998年だけで5000台の自転車を改造して販売した[23]。

3.3　電池問題による倒産危機

以上のような販売の拡大及び電動二輪車をめぐる法的な緩和もあり，1999年になると，「緑源」がついに自転車の改造業務から電動二輪車完成車の製造，販売に進んだ。都会の杭州で販売拠点を設立して，定価1台1500元で，販売状況もそこそこ良かったが，すぐに思わぬトラブルに巻き込まれた。

この頃，「緑源」の製品にはニッケル水素電池を搭載したタイプの製品と鉛

　　ど国内では有名な民営自転車ブランドが形成されていた。
[21]　1997年9月26日に発行した第1期の『緑源之声』社内紙によると，当時，「上海安富力国際有限公司」，江蘇省「常州自転車二廠」，山東「済南五環助力車有限公司」の人が「緑源」に来て，当社の製品を高く評価した上で，互いに連携する可能性を検討したという。
[22]　この公文書は上海市政府の交通管理経験を習ったものであり，駒形 (2011) によると，上海では，上海千鶴社が市政府の投資会社（上海工業投資公司）の傘下企業であり，電動二輪車を製品化した際に，上海市公安局非機動車管理部門がそれを自転車の一種として批准を与えた。電動二輪車の製品化・量産化は上海に始まったという。
[23]　1998年の10月に，浙江省公安庁交通警察本部が「関于公布第一批《準許在全省上牌的電動自行車目録》的通知」（全省で電動二輪車の販売に批准が与えられた電動二輪車目録）を打ち出し，電動二輪車は自転車と同様にナンバープレートが与えられた。

第3部　第9章　中国電動二輪車メーカーの成長戦略

酸電池を搭載したタイプの製品があった。後者のほうがコスト的に安く，モーターのパワーを強くするために電流を強める条件でも対応できるメリットがあるため，徐々に製品の主流になった。ところが，当時「緑源」はまだ電池生産工場を持たず，外部から電池を調達していたが，電池メーカーの製品は電動二輪車向けの専用電池ではなかったため，パワー不足や充電中に壊れるなどの弱点があった。それゆえ，実際に消費者が電動二輪車を購入して使ったところ，3カ月も持たずに電池を交換しなければならなくなり，電池に関するクレームが殺到した。「緑源」は故障した電池を無料で交換する措置をとったが，電池メーカーは「緑源」の返品要求を断ったため会社が大きな経営危機に陥った。泣きっ面に蜂，投資のパートナーである「金信科技」はこの危機から脱却するのが難しいと判断し，出資撤退と決定した。しかし，それでも電動二輪車の将来性に強い信念を持つ倪捷は思い切って負債を負って，すべての株を買い取った。2000年3月，「緑源」が完全に民営化された。

　その後，「緑源」はリストラや電池メーカーを提訴することで，一部の損失を挽回することが出来，何とか危機から脱出することができた。その際，電動二輪車を発展させるには電池の性能や品質を向上させることが極めて重要だと倪捷が深く認識し，「緑源」が主導する形で，業界のほかの有力メーカーと研究機関と共同で，2000年4月に，「中国全国電動二輪車専用蓄電池業界基準」の原稿を完成し，翌年に全国で正式実行するようになった[24]。現在全国トップレベルの電池メーカー，例えば「超威」「天能」などはすべてその会議の参加者であり，その標準の制定は緑源のような電動二輪車専業メーカーが利益を受けるだけではなく，電動二輪車電池産業もそのおかげで急速に発展してきたと考えられる。

IV　学習期と管理強化（2002～2006）

　2002年になると，産業全体が急成長な局面に入り，特に2002年の末からのサーズ騒動で公共交通機関での感染を恐れた人々が電動二輪車にシフトし，市

---

[24] 即ち「電動助力車用密封鉛酸蓄電池標準（JB/T10262-2001）」（JB：Jixie Biaozhun）である。また，倪捷自身も電池について研究を重ね，専門雑誌『蓄電池』と『電動車用鉛蓄電池及び周辺技術文集』に投稿して，電動二輪車の電池に対する技術要求を内容とする論文を発表して大きな反響を呼んだ。

Ⅳ　学習期と管理強化（2002〜2006）

場が一気に爆発した。売り手市場が参入を呼び込みながら生産台数が急増しきた。大半の電動二輪車メーカーは利益を獲得するため，ひたすら急速な生産拡大に集中した。しかし，倪捷は前期の倒産危機教訓を汲み取り，緑源の長期発展に目標を定め，それを実現するためには安定化を維持することが極めて重要だと認識した。そのため，緑源は他社のようにひたすら量的な拡大を追求せず，慎重に市場を見ながら製品の改良と管理強化，販路の確立に力を入れ始めた。

4.1　技術性能向上による製品改良

電動二輪車の普及に伴い，それまであまり見られなかった女性や農民といった利用者の急増で，製品のデザインや機能に対する要求の多様化が現れてきた。一方，要求が多様化されても，利用者のほとんどが中低所得層であり，一貫して低廉な価格が求められていた。

そのような市場ニーズに応えるため，製造メーカーであるまえ，技術者出身である倪捷は技術面での性能向上に拘りつつ，製品の改良を求めてきた。電池やモーターに対して資金投入を増やしつつ，毎年10種類あまりの国家発明特許を取得するほか，何十種類の製品の外観設計に関しても特許をとっている。

(1)　電池の品質向上

電池は電動二輪車の性能を決める最も重要な部品であり，消費者が電動二輪車を選ぶ時に最も重視されている要素でもある[25]。1999年の電池不良事件をきっかけに，「緑源」はBTM（Battery Test and Maintenance）の開発に取り組み，2001年に電池の使用期間を有効に延長する修理サービスを業界初で提供した。その後，自社の電池工場を設け，鉛酸電池の蓄電と出力能力を向上させる研究を行ってきた。また，電池の性能に大きく関係するのが充電器の性能であるため，当社は充電器にCPUチップを搭載することで鉛酸電池の漏液問題や充電効率を改善することが出来，電池の実際使用寿命を1倍以上に延長させる製品を開発した。そのほかにも，電池の充放電状態を随時に確認でき「知能化電池管理技術」などの特許をとった。

(2)　モーターの多数開発

1999年に完成車メーカーとして当社が業界初で自社のモーター工場を作り，

---

[25]　実際に筆者が浙江省杭州市で行った電動二輪車ブランドの評価に関するアンケート調査によると，消費者が電動二輪車を購入する時，一番重視している要素の中に，109人の中に65人が「電池」を選んだ。

第3部　第9章　中国電動二輪車メーカーの成長戦略

以降一貫してモーターの開発と品質管理を強化してきた。2002からの農村消費者の増加により，重い荷物を運べる出力の強いモーターのニーズが現れた。それに応えるため，緑源は2004年頃からブラシ付きモーターをDCブラシレスモーターに切り替え[26]，また製品の用途によって異なる性能のモーターを多数開発した。その後，更に「同歩モーター」の開発に取り組むほか，モーターの性能向上に関する研究を継続していた（高効率や低振動などの改善）。

(3)　ブレーキの改善

ブレーキは電動二輪車の安全性に関わる重要な部品であり，「緑源」は即時に制御システムとブレーキの技術を研究して，ダブル制御システムと三段式ブレーキを開発し，国家から特許権ももらった。それにはEAABSブレーキシステム（電気吸収式補助制動システムの略称）という装置が搭載されており，電動二輪車を運転する際に，EAABSをかけるとモーター自体が減速制御として作用し，緊急の時に機械ブレーキと合わせて安全に電動二輪車を止めることが出来る。また，下り坂や減速の場合はその制御エネルギーを電力として電池に戻す効果も生まれる。

当社がこれまで数多くの研究開発革新を実現してきた最大の理由は，消費者や販売店からフィードバックされた苦情や要求などの情報を重視し，それを効率的に集め，迅速に開発や生産管理に反映したからである。緑源の本社には「顧客関係部門」の専門部署があり，その部門は週1回会議を開き，各販売店やCIM（顧客控訴）センターから収集してきた情報について徹底的に討論し，解決すべき課題を各部門に伝達する[27]。その後，この部門の名前を「全面品質管理办公室」（全面品質管理オフィス）に変更し，生産現場に詳しい技術者もこの部門に入り，情報の伝達と徹底がより迅速に行われるようになった。電動二輪車のような新しい産業分野では，製品の機能や品質が不安定なところが多く，このように消費者の間で顕在化されたニーズを迅速に対応し，市場にもっとも

---

[26]　中国で最初に電動二輪車用DCブラシレスモーターを開発したのは「緑源」ではなく，「緑源」の最大のモーターサプライヤーである「新大洋機電集団」であった。当社は2002年から電動二輪車用のDCブラシレスモーターの開発に取り組み，2003年に初製品を発売した。当時このDCブラシレスモーターは画期的製品であり，発売されてから僅か2年後，DCブラシレスモーターを搭載した電動二輪車が市場全体の9割以上を占めるようになった。

[27]　倪捷は創業して以来ほぼ毎回この会議に出席し，彼自身も会議で議論される内容から数多くの技術改良のヒントを得たという。

Ⅳ　学習期と管理強化（2002〜2006）

受け入れられる製品を開発・改良することが緑源の成長に大きな役割を果たしていると考える。

4.2　管理の強化

参入が旺盛であるため，電動二輪車市場にはすぐに価格低下の傾向が現れてきた。競争の優位性を保つためには，技術性能向上による製品改良だけではなく，製造メーカーのあるべき姿として，しっかりとした品質管理の強化と部品調達・管理の効率化も非常に重要だと倪捷は意識した。

(1)　品質管理の強化

完成車品質を守るため，2003年に巨大な設備投資をして自社で品質検査センターを設立した。電動二輪車に関する22点の大きな検査項目，100点以上の小さな検査項目を検査し，分析することができる。緑源の品質検査は「進貨検」（部品の仕入れ検査），「過程検」（生産ラインにおける作業過程中の検査）と「成品検」（完成車検査），三つの段階に分けて厳しく行われている。完成車の品質を確保するため，品質検査センターには①アセンブリーライン（流れ作業配置）視察，②完成車全車検査，③完成車合格車への再検査，④完成車のテスト乗りと検査，⑤包装と出荷の検査という5つの検査点が設置されている。

また，組織の面でも，QCC[28]とTQM（Total Quality Management）管理方式を導入し，様々な改善活動が展開され，製品品質と社員の仕事効率の同時向上を求め続けてきた。

(2)　部品調達と管理の効率化

電動二輪車には数多くの部品があり，完成車メーカーにとって，部品の調達と管理能力が生産効率の向上やコスト削減を図る上で非常に重要である[29]。

部品調達に関しては，「緑源」の浙江省に立地するメリットが非常に大きい。当社は現在約600社の部品メーカーから部品調達を行っている[30]。その中の大半が浙江省内部から調達され，ごく一部だけが江蘇省，深圳から来ている。浙

---

[28]　QCCというのは「Quality Control Circles」の略語で，日本ではQCサークル活動と呼ばれ，同じ職場内で品質管理活動を自主的に小グループで行う活動のことである。
[29]　中国の電動二輪車の部品点数に関する正確なデータはわからないが，自転車の主要構成部品は20〜30品目で，総部品点数が2000点以上とされるので，電動二輪車の部品数はそれより多いと思われる。
[30]　品質や技術などの問題で毎年約10％の部品企業が入れ替えられる。

第3部　第9章　中国電動二輪車メーカーの成長戦略

江省はもともと自転車の一大産地であり，完成車工場と部品工場が省内各市，県に分散し，部材生産の基盤があり，部材の円滑な調達が可能な地域であった(31)。自転車の産業基盤に加えて，省内の台州市黄岩区は中国有数なプラスチック部品や金型の産業集積であり(32)，また長興市には「天能」や「超威」といった国内有力な電池メーカーが立地している。このように，浙江省の部品メーカーのレベルが比較的高く，「緑源」製品の「豪華型」（電動バイク型）車種関連の部品は省内メーカーが担っており，省以外の地域から調達される部品は主に「簡易型」（自転車型）車種に使われている。

また，部品管理の面においても，「緑源」は2002年にコンピュータによる受発注や在庫の管理を実現しており，効率的な運営を行っている。実は当社のIT管理システムは部品管理の範囲に限らず，2001年に全社的にIT管理システム，ERP（Enterprise Resource Planning）を導入し始め，その後4年間をかけて，受発注・販売管理，在庫管理，生産管理，出荷管理，会計といった企業の基本的活動を全て情報化管理を実現した。

4.3　販売とアフターサービスの確立

以上のように，緑源は研究開発と製品改良に力を入れ，同時に品質や部品調達管理を重視し，多様な市場ニーズを対応できて市場拡大を実現したが，その実現を絶えずに支えてきたのは緑源の販売とアフターサービスである。

「緑源」の地域販売の基本戦略は，南地域市場をしっかりと確保しながら，北地域市場を開拓していくという展開方法である。まずは浙江省を中心に，周辺の上海市，江蘇省，江西省，安徽省での販売を拡大し，そして南には福建省，北には北京や山東省，河南省までに販売拠点を増やしていく。また，南地域市場においても，一気に各省で拠点を設けるのではなく，一つ一つの都市を順次に攻めていく戦略を実施してきた。

「緑源」はサービス提供の迅速性と情報収集の効率性を第一に考え，各地で

---

(31) 渡辺・周・駒形（2009）p.446。
(32) 黄岩区の電動二輪車に関連する部品産業の発展は，当区の家電製品やオートバイ関連の部品産業の発達から由来する。当区の金型産業の発展は70年代から，雑貨向けの金型の生産から始まり，個々の企業の技術や設備の改善に伴い徐々に家電製品やオートバイ，自動車用の金型生産へとシフトした。現在，区内には金型生産メーカーが約2200社で，中国金型産業全体の10％を占めるようになった（黄岩金型業界協会ホームページ）。また，金型産業の発達がプラスチック関連産業の発展を促進した。

Ⅳ　学習期と管理強化（2002〜2006）

卸を経由せずの代理店販売・アフターサービスシステムを確立した。緑源の販売システムは，基本的には専売店販売で，一部だけが「電動二輪車商城・スーパー」経由で行われている。製品の供給は，直接本社から物流会社を通じて各専売店に届けられる[33]。各地の消費者に迅速なサービスを提供するために，現在，「緑源」は全国ですでに 1000 店前後の専売店を展開するほか，アフターサービス拠点も 1000 カ所以上を設けた[34]。販売とアフターサービス店の経営について，主にそれぞれ地域の住民の中から当社の電動二輪車の販売とサービスに専念できる人（特に夫妻）を選んで契約を結ぶ。中国の消費者は主に実用用途で電動二輪車を使用しているため，故障時に迅速に対応できるかどうかが何より重要であり，この言わば「夫妻店」は地域密着型の販売とサービスを提供できるので，メリットが大きいと考えられる。また，「緑源」は販売とサービス店のサービスの質を確保するため，各店舗に対する教育や研修制度を充実させ，当社の製品のみを扱うように強く働きかけてきた[35]。

また，アフターサービスの質を強化するために，緑源は 2006 年に業界初の「4Cs アフターサービス」体制を確立した。「4Cs」とは自動車業界でよく見られる 4s（sale, spare part, service, survey）のサービス内容に，「4C」（Customer, Cost, Convenience, Communication）の概念を加えた制度である[36]。「4Cs アフターサービス」を導入するにあたって，2006 年 7 月に「緑源」はまた 20 項目の終身無料サービスを提供し始めた。

---

[33] 「緑源」は業務の教育やサービスの向上といった面で専売店に対して積極的な支援を行うが，店の経営側とは互いに出資関係を持っていない。

[34] 例えば，杭州市の場合，市内においてほとんど専売店とサービス拠点が分けられており，専売店は簡単な修理とメンテナンスができるが，複雑な修理問題に関して大きな修理工具が必要のため，その専売店の近いアフターサービス拠点に修理サービスを受けることになる。一方，郊外においては，専売店が同時にアフターサービスの拠点にもなっているケースが多い。それは郊外が広いので，販売店とサービス拠点が離れすぎると，消費者にとって不便になるからである。

[35] 現在，「緑源」と契約を結んだ販売とアフターサービス店の中で，約 9 割の店舗が当社の製品のみを扱うようになっている。「緑源」が各店舗の専業度を重視する理由は自社のブランドイメージを維持するほか，各メーカーの経営理念と製品はそれぞれ異なるので，店側が「緑源」の経営方針と製品に対する理解度が高ければ高いほど良いサービスを提供できると考えたからである。

[36] 消費者の意見や要求を尊重し，消費者のメンテナンスを最大限に抑えると同時にサービスの利便性を高め，また消費者とのコミュニケーションを強化するという概念。

表 9-3　緑源の 20 項目の終身無料サービス

一	日常破損により隠れた安全弊害のある部品				
	1	電球，発光管	5	泥除けたて	9	ワイヤ
	2	クランク	6	ジャッキ	10	チェーンギア
	3	ヒューズとチューブ	7	緊急スイッチ	11	モーター軸の固定板
	4	スポーク	8	チェーン	12	前籠の支え
二	消費者にとって費用節約のできる部品				
	13	ラベル	15	特製のパソコンコンセプト	17	ブレーキ線
	14	スチールボールフレーム	16	充電穴の蓋	18	コンセント
三	社会資源を節約する理念を提唱したサービス項目				
	19	全車のメンテナンス	20	電池 BTM 修復		

出所：緑源電動車『緑源電動車の使用説明書』p.17 より作成。

V　安定成長期と製品革新（2006〜）

　2006 年頃を境に，多数の参入により市場競争が激化し，作れば売れる時代が終わった。近年の中国国内生産高により原材料価格が上昇し，電動二輪車生産のコストが徐々に高くなり，利益が圧縮されつつある。その厳しい競争に直面し，組み立て中小メーカーの多くが経営に苦しんでいて，次々と市場から淘汰された。2000 年代後半からのシェア分散化傾向が徐々に集中に転じ始め，一定規模以上のメーカーに巡る争いが一層激しくなってきた。このような経営環境の変化に対し，緑源はそれまで蓄積した市場経験と実力を踏まえ，更なる管理強化を図り，引き続き企業の安定成長を目指していた。更に，産業の衰退期に向けて積極的な新製品開発を行い，新たな市場開拓に力を入れてきた。

5.1　更なる管理の効率化

　生産管理をより一層強化するため，緑源は 2008 年にフレームの加工工程に日本製の溶接ロボット 20 台を導入し，また，焼付け塗装ラインの自動化を行い，生産効率のさらなる向上に力を入れてきた。そして，2009 年 7 月に本社と同様な生産能力を持つ山東省の生産工場を稼働させ，生産と物流コスト両面においての効率化を図った。さらに，部品管理に関しても，それまで緑源は部品調達について 300km 以内の基本方針で行ってきたが，更なる物流効率（コ

V　安定成長期と製品革新（2006～）

ストと時間）を改善するために，1時間以内の調達体制を進めてきた。タイヤやハブ関連の部品は既にこの圏内から調達しているが，点数の多いプラスチック関連の部品は主に距離のある台州市黄岩区から調達しているため，今後は徐々に緑源の周辺に集約する計画である[37]。また，生産と経営管理レベルを高めるため，2011年の12月に緑源の管理層をはじめ，一部の代理店責任者と合わせて約30人が来日し，トヨタへ見学を行った。トヨタ生産方式と優れた日系メーカーの経営理念と管理方法を学び，自社の経営管理に生かす。

5.2　市場の更なる開拓

　この時期になると，産業成長が鈍化しているのが特徴で，いずれか段々衰退する可能性があると倪捷が考えた。それまでは主に中低所得層向けに電動二輪車を製販したが，引き続き安定的な収益と成長を維持するため，製品を革新し，新たな顧客層を開拓することが必要不可欠と認識した。それまで主に消費者や販売店からフィードバックされた情報に基づき製品革新が行われてきた緑源が，徐々に倪捷主導の企業内部の技術者の発想による製品革新にシフトし始めた。倪捷が狙っていたのは，鉛酸電池の代わりに，リチウム電池搭載の新型軽量化製品である。

　緑源がリチウム電池の開発を重視する理由には，近い将来，電動二輪車の製品技術の進化する方向性に対する当社の判断があった。緑源は，電動二輪車が現在より完成度の高い製品に進化する方向として，①1回の充電で，走行距離が100kmを超えるような性能の面でオートバイを超える製品になる方向，②自動車の所有者（マイカー族）に補助的な移動手段として利用できる製品，即ち良い走行機能を保ちながら超軽量化された製品になる方向，この2つに進むと予測していた。いずれの方向に進むとしても，リチウム電池は鉛酸電池の代わりに使われると判断した[38]。倪捷をはじめとする当社の技術開発部門は何年前からリチウム電池の研究に取り組み，2010年10月に，自社開発のリチウム

---

[37]　ただ，現に「緑源」の製品のモデルが多いので一種類プラスチック部品に対する発注量が少なく，多くの部品企業にとって，当社の近くに移転するメリットが少ないことも現実問題である。

[38]　『機能材料』（Vol.30 No.5, p.77）によると，リチウムイオン電池は，従来の鉛酸電池（13kg）の40%程度の重量しかなく，走行可能距離は2倍になる。

第3部　第9章　中国電動二輪車メーカーの成長戦略

電池搭載(39)の折りたたみ式電動二輪車を発売した。全車重量16.8kg（電池抜き，電池2.5kg）で，普通の電動二輪車の40kgと比べ，半分以下になっている。

　もちろん，市場の面から見れば，自転車の代替需要は今後も長期にわたって存在し，それが「緑源」をはじめとする中国電動二輪車メーカーの存立基盤だと考えられる。しかし，低所得層への依存構造から脱却し，中高所得層の開拓を実現するため，現段階で，「緑源」は②タイプの製品の可能性がより高いと判断し，製品の開発と資金投入を強化している。新製品の発売に続き，緑源は「リチウム電動二輪車戦略」を打ち出した。2012年からリチウム車の生産販売の割合を徐々に増やし，2012年の年間総販売見込みは160万台とし，その中の10％をリチウム車に見込まれる。2012年以降は，年ごとに5％の販売割合を増やしつつ，2016年にはリチウム車が約全体（420万台の見込み）の30％占めるように目指す。

VI　おわりに

　本章では，中国の電動二輪車産業の発展過程と電動二輪車メーカーの競争力実態を考察するために，業界を代表する企業，「緑源」を取り上げてケーススタディーを行った。創業期，学習期，安定成長期と3つの段階に分けて緑源の成長過程を分析することで，次のような示唆が得られた。

　創業初期，緑源の創業者倪捷は早々と電動二輪車発展の将来性を認識し，研究開発型の企業として早期参入した。関連する既存産業の基盤と資源の利用し，製品設計を行い，量産化を素早く実現したが，販売の面では大手自転車の販売網を利用して製品の普及を試みた。しかし，市場の未熟と経験不足で，電池の品質問題で苦しい倒産経験も経った。この早期参入経験が緑源の電動二輪車専業メーカーとしての土台を固めた。

　危機を乗り越えて2002年に入ると，産業全体が急成長な局面に入り，売り手市場が参入を呼び込みながら生産台数が急増しきた。大半の電動二輪車メー

---

(39)　自社製のリチウム電池の性能について，倪捷は軽量自転車タイプ製品に使うのには基本的に問題ないと見ている。ただ，想定外の激しい温度変化や消費者の正しくない使い方によって発生する問題は実に存在し，これらの問題については以前と同じく，販売とアフターサービスの「力」で対応しつつ，フィードバックされた情報に基づき改善を行う計画である。

VI おわりに

カーは利益を獲得するため，ひたすら急速な生産拡大に集中したが，緑源は初期の倒産危機教訓を汲み取り，ひたすら量的な拡大を追求せず，慎重に市場を模索しながら積極的に学習期に突入した。消費者や販売店からフィードバックされた情報に基づき開発革新を行い，技術面での性能を高めながら製品の改良を続けた。緑源が行ってきた改善や革新を見ると，電動二輪車の中核部品と関連するものが多く，これは当産業分野で競争の優位性を保つためには中核部品の技術性能保障が非常に重要であると考える。同時に，しっかりとした品質管理を強化し，部品調達・管理の効率化も図った。また，全国を網羅する大規模な販売網を確立し，アフターサービスも最大限に充実し，「4Csアフターサービス」や多様な無料サービスを提供することで消費者の不満と不安を抑えた。このような「緑源」の経営方式が可能だった根本的な理由は，中国のような新興国ならではの市場環境の存在であった。つまり，先進国に比べ，新興国の消費者は製品の欠点に対する「我慢」の強さがあり，このような市場側に存在する有利な発展要因が非常に重要であった。

　2006頃以降，業界の競争が一層激化し，「緑源」は新しい生産拠点を開設したりするなどの展開をし，生産と物流の更なる効率化を図ってきた。また，それまでと大きく異なる新製品の開発で新しい顧客層の獲得に経営資源を集中し，市場の更なる開拓に力を入れた。リチウム電池に対する研究活動を始め，自社開発のリチウム電池搭載の折りたたみ式電動二輪車を発売した。電気自動車と比べ，電動二輪車がリチウム電池に対する性能面での要求が低く，当社の販売・アフターサービスの「力」が発揮できるので，電動二輪車分野ではその普及がより早く進む可能性があると考えられる。

　根本的に言えば，緑源が業界のリーダー企業であり続けてきたのは，常に業界の先を洞察できる経営者の優れたリーダーシップと深く関わっていたからだと考える。経営者が最初の苦しい挫折経験を経て，はっきりとした経営目標―「安定成長の実現」を定めた。この目標の達成に向かって，一貫して「穏中求変」という成長方針に絞るようになった。つまり，未熟な電動二輪車市場において，安定化を実現するため，常に先に立って市場ニーズを読んで，何らかの新しい「変化」を起こしながら自社の競争力を強めなければならない。絶えず市場からフィードバックされた情報を吸い上げ，自ら迅速に改善のポイントと方向性を探り，技術面での性能を高めながら製品を改良することと言い，しっかりとした品質保証体制の構築と部品調達・管理の効率化と言い，顧客最優先

第3部　第9章　中国電動二輪車メーカーの成長戦略

の販売とアフターサービスシステムの確立と言い，業界の衰退期に向けてシェアを拡大するため，リチウム電池やリチウム電動二輪車などの製品革新を行い，新たな顧客層を開拓することと言い，これらの「変化」が，緑源の成長を支え，最終的に緑源の競争力に統合されたと考えられる。

今後の課題としては，いかにリチウムイオン電池の機能を向上させ，コスト削減するかが緑源にとって大きな課題になると考える。この課題がクリアすることができれば，倪捷が主張している電動四輪車メーカー向けに電池と電池関連サービスを提供する事業を実現する可能性があると考える。また。「電動自転車下郷」活動に伴い，緑源はいかに農村市場向けに新たな戦略を構築し，市場争奪戦を勝ち抜くかが今後の発展を大きく左右する要因になると考える。緑源は2003年からすでに海外市場向けに販売を始めたが，特に日本市場向けにOEM生産を提供している。実際に倪捷会長をインタビューしたところ，緑源は2011年に日本で経営拠点を設立する計画はあるが，一気に日本市場で電動二輪車を普及させるのは簡単ではないが，今後にはまだ日本市場と磨きあう必要があると考えられる。

〔参考文献〕

安熙錫 (1992)「戦略経営論の発展と展開——戦略形成問題を中心として——」『三田商学研究』35巻2号　1992年6月 pp.68〜87

東正志 (2006)「中国自転車事情」『赤門マネジメント・レビュー——ものづくりアジア紀行第十回』12月5巻12号

伊丹敬之 (1984)『新・経営戦略の論理』日本経済新聞社

小野昌朗 (2009)「中国の電動二輪車事情と日本での展開」『季刊・環境研究』No.155

Global IBIS編集部 (2010)「台湾の電動自転車産業の動向 Trend and Outlook of Electro-Hybrid Bicycle Industry in Taiwan」『機能材料』Vol.30 No.5

コトラー，P.『コトラーのマーケティング・マネジメント』（基本編）ピアソン・エデュケーション，2002年

小嶌正稔 (2010)「電動スクーター市場の生成と萌芽期——環境適応型ベンチャーの発展基盤としての環境政策と産業政策——The Formation and Germination Term of the Electronic Scooter Market」東洋大学経営力創成研究センター『経営力創成研究』第6号

小林正典 (2010)「e-bike その技術と市場」『二次電池による社会システムイノベーション』第6回フォーラム　ヤマハ発動機株式会社　2010年7月6日

VI　おわりに

江自協「電動自転車下郷全接触」『ELECTRIC BYCYCLE』2010年08期
侯若虹（2007）「13億の生活革命（51）『賛否の中を電動自転車が走る』」『人民中国』3月号（645）pp.30～33 人民中国雑誌社
呉林基（2010）「電動自転車産品質量現状分析及対策」『中国自転車』2010年07期
佐藤百合・大原盛樹（2006）『アジアの二輪車産業』アジア経済研究所
蔡紅(2009)「倪捷：電動自転車領袖」『北京科技報』第24期　総第90期
蔡敦権（2009）「盤点2008：経済動蕩下的電動自転車産業」『業界経緯　China Bicycle』1月号
財団法人自転車産業振興協会（2010）「中国：電動二輪車が「家電下郷」の対象に最多10省で認定」アジアレポート　2010年4月15日
曹梅芬・星伸一（2007）「中国の軽型電動車事情 Current Status and Technologies of Electric Motorcycles in China」Research reports of Tokyo Metropolitan College of Industrial Technology1, 5-9, 2007-03-20
太田乃志（2009）「電動アシスト自転車に見る製品提携のあり方」『機械情報産業カレント分析レポート』No.68　2009年11月
高橋大輔（2006）「特集アジア：中国の電動自転車の紹介」『YAMAHA MOTOR TECHNICAL REVIEW』2月号
陳言（2010）「庶民の足・電動自転車をめぐる不毛市場争奪戦」週刊東洋経済2010年1月16日
堀内篤（2005）『「分解」日用品・自転車を分解してみると！』株式会社技術評論社
横谷和展・富樫仁夫・数原寿宏（2003）「電動ハイブリッド自転車〈CY-SJ〉」三洋電機技報 通巻第72号 VOL.35 No.1 JUNE2003
緑源電動車の社内情報誌『緑源之路』&『緑源電動車』，及び社内新聞誌『緑源之声』第1期1997年9月26日
渡邊美加（2009）「急増した電動自転車用鉛消費──中国の鉛需要動向」『カレント・トピックス』2009年6月号
渡辺幸男・周立群・駒形哲哉（2009）『東アジア自転車産業論：日中台における産業発展と分業の再編』慶応義塾大学出版会
駒形哲哉（2011）『中国の自転車産業　「改革・開放」と産業発展』慶応義塾大学出版会

【参考URL】

緑源ホームページ（http://www.luyuan-ebike.com/）2010年1月20日アクセス
全球電動車網ホームページ（http://www.qqddc.com/）2011年1月19日アクセス
電動車商情網ホームページ（http://www.cebike.com/）2011年1月10日アクセス
中央テレビ電動車頻道ホームページ（http://ev.cctv.com/）2010年12月3日アク

第3部　第9章　中国電動二輪車メーカーの成長戦略

　　セス
中国自転車協会ホームページ（http://www.china-bicycle.com/）2010年11月27
　　日アクセス
央視網「企業創新模式研究——緑源創新模式的初歩探討」2007年10月10日掲載，
　　（http://www.cctv.com/ev/20071010/112919.shtml）2010年9月27日アクセス
東方早報「専訪浙江緑源電動車公司董事長倪捷」2008年12月17日掲載，
　　（http://www.dfdaily.com/html/42/2008/12/17/433837.shtml）2010年9月9日ア
　　クセス
浙江品牌網「商業普世主義下的緑源電動車」2008年7月10日掲載，
　　（http://www.ppwzj.com/Class/ppgs/2008-7/10/163949706_2.html）2010年10月
　　23日アクセス
銭江晩報「緑源集団倪捷出奇招」2010年4月23日掲載，
　　（http://news.qqddc.com/html/news/news_14145_1.html）2010年11月5日アクセ
　　ス
生意社「倪捷：堅忍 創新 使命感」2008年7月21日掲載，
　　（http://china.toocle.com/cbna/item/2008-07-21/3415231.html）2010年9月7日
　　アクセス
中国国際放送局「進む都市化急成長する中国の軽型電動車産業の今」2010年11月
　　17日掲載，（http://japanese.cri.cn/1041/2010/11/17/161s166719.htm）2010年12
　　月5日アクセス

【現地調査】
緑源本社への一次調査（2010年8月26日）
緑源本社への二次追加調査（2011年2月25日〜2月26日）

◆ 第10章 ◆
香港の経済環境における華人企業グループの経営戦略

守　政　毅

Ⅰ　はじめに

　香港は，1997年に中国へ返還されるまでの約150年間はイギリスの植民地にあり，古くからアジアにおける交通の要所であり，自由港であることから，植民地時代から金融や中継貿易の要所でもあった。第2次世界大戦後の1950年代は中継貿易に依存した産業構造から製造業中心の産業構造に転換し，1960年代には不動産業が盛んとなった。1980年代以降は，台湾，韓国，シンガポールとともにアジアのNIEs（Newly Industrializing Economies，新興工業経済地域）として，香港経済は発展を遂げている。1997年以降も中華人民共和国の香港特別行政区として，一国二制度の下で50年間の高度な自治と市場経済の下での自由な経済活動が保障されており，アジア金融危機以降でも順調に成長している。今日ではロンドン・ニューヨークと並ぶ世界三大金融センターの一つと評価されており，多くの多国籍企業がアジア太平洋の地域統括拠点として進出している。さらに，中国の改革開放政策とWTO加盟や，2003年のCEPA（中国本土と香港の経済貿易緊密化協定，Mainland and Hong Kong Closer Economic Partnership Arrangement）の締結を通じて，香港と中国との経済関係を緊密化している。

　このような香港経済の発展には，華人企業の台頭が大きく関係している。英国領であった香港では長年英国企業が支配的な地位にあったが，1970年代か

第3部　第10章　香港の経済環境における華人企業グループの経営戦略

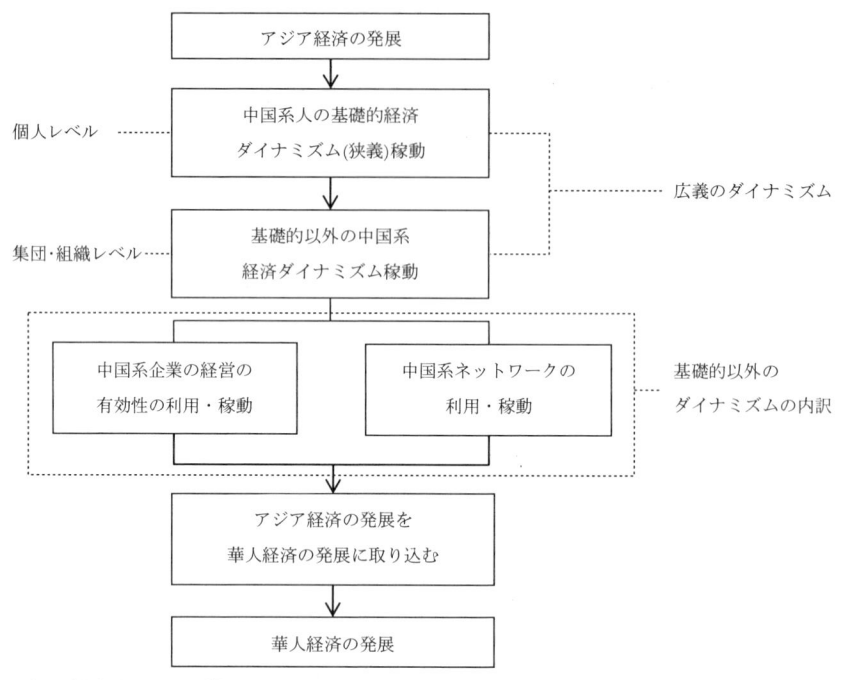

図10-1　華人経済発展のダイナミズムと回路

```
                    ┌──────────────────┐
                    │  アジア経済の発展  │
                    └────────┬─────────┘
                             ↓
                    ┌──────────────────┐
  個人レベル  ───── │  中国系人の基礎的経済 │
                    │ ダイナミズム(狭義)稼動│
                    └────────┬─────────┘ ───── 広義のダイナミズム
                             ↓
                    ┌──────────────────┐
  集団・組織レベル ─ │  基礎的以外の中国系  │
                    │  経済ダイナミズム稼動 │
                    └────────┬─────────┘
         ┌───────────────────┴───────────────────┐
  ┌──────────────┐                    ┌──────────────┐
  │ 中国系企業の経営の│                    │ 中国系ネットワークの│      基礎的以外の
  │ 有効性の利用・稼動│                    │   利用・稼動    │ ──── ダイナミズムの内訳
  └──────┬───────┘                    └──────┬───────┘
         └───────────────────┬───────────────────┘
                             ↓
                    ┌──────────────────┐
                    │  アジア経済の発展を  │
                    │ 華人経済の発展に取り込む│
                    └────────┬─────────┘
                             ↓
                    ┌──────────────────┐
                    │   華人経済の発展    │
                    └──────────────────┘
```

出所：游仲勲（1998）「『中国系の世紀』にたち向かう」，凃照彦編著『華人経済圏と日本』有信堂，12頁。

ら香港の中国への返還問題をめぐるリスクを警戒して英国企業は撤退の方向に向かい始めた。その穴を埋めるように華人企業が急速に台頭し，香港の製造業から不動産業，インフラ業，海運業，サービス業，金融業へと発展するにつれて，華人企業もこれらの産業に事業を展開している。つまり，香港における華人企業の発展プロセスは，香港の経済環境の変化を反映している。

他方，華人企業に関する先行研究は，華人企業の特徴を一般化するものが多かった。一般化した場合，華人の歴史的，民族的，文化的側面から分析される傾向が強く，華人企業を同一視して議論しがちで，企業が所在する政治経済，産業，市場の環境下で，競争能力を構築して成長した華人企業の経営戦略の相違点が明確でなかった。また，開発経済や政治経済の視点からの研究は豊富だが，個別の華人企業の競争優位性の構築といった企業戦略には十分に言及されない。個別の企業グループを対象とした場合，同一国の他企業や他国の企業に

218

I　はじめに

演繹できない限界を持つほか，華人企業家によるファミリービジネスとして，所有構造の特徴や，所有と経営の一致に議論を絞る傾向がある。加えて，経営学の視点からの先行研究は，中国や台湾の製造業や流通業に関する分野は漸増しているが，香港の華人企業を対象にした先行研究はごく少数に留まっている。そこで，本章では，香港の華人企業を対象に，経営戦略論の枠組みを適用しつつ，游仲勲（1988）が提示した「華人経済発展のダイナミズムと回路」の分析視点をもとに，基盤となる中国地方経済である香港の経済環境の視点と，華人の企業家精神とネットワークを生かした華人企業の経営戦略の2点から検討を進めていく。

　日本の華人研究における第一人者の游仲勲は，「中国系[1]の経済が発展した理由は，……（中略）　主としてアジア経済が発展した理由そのものである。中国系人はこのアジア経済の発展をうまくとらえて，それを彼らの経済発展に取り込んだのである」（涂照彦編著，1998, p.11）と指摘した上で，「彼らのネットワークや企業は，発展のための武器として利用されたのであり，アジア経済の発展があったからこそ，活発な稼動が開始されたのである。アジア経済の発展がなければ，ネットワークや企業は大きな意味を持たなかっただろう」（上掲書，p.11）と述べている。ただ，さらに続けて「中国系人」がアジア経済の発展を自らの経済発展として，積極的に取り込むことのできた理由として，「第1に，彼らの経済ダイナミズム，バイタリティ，言い換えればビジネスマンシップ，企業家精神」と，「第2に，集団・組織レベル（フォーマル・インフォーマルを問わない）のダイナミズムとして，ネットワークや企業がある」（上掲書，p.13）と指摘している（図10-1）。つまり，游は「アジア経済の発展」という経済環境を華人企業が内部に取り込むメカニズムを持っていたことが，華人企業の成長メカニズムであり，そのメカニズムには華人企業家である華商の企業家精神と，集団・組織レベルでの華人ネットワーク，華人企業の経営があったと指摘する。

　そこで，本章における基盤となる香港の経済環境の視点では，香港の経済成長や産業・貿易投資動向など華人企業が基盤とする地方独特の経済環境に着目する。次に，個別企業の視点では，香港の代表的産業で事業活動をする有力な華人企業を対象に，華人の持つネットワーク，華人企業家の事業展開の創造性

---

(1)　游仲勲が言う「中国系（人）」とは，中国大陸，香港，マカオ，台湾の中国人，および華僑・華人を指している。

に着目した上で，企業としての戦略構築とのダイナミックな関係に着目する。そして，華人企業の戦略策定と戦略実行を観察し，それを香港の経済成長と，産業・貿易投資動向といった経済環境にうまく適応した視点と，各華人企業家の持つ特有の経営資源（ネットワークや，ネットワークを通じた企業間の情報の獲得や経営資源の相互補完など）を加味し，競争優位を生み出す経営戦略という個別企業の視点から検討したい。あわせて，香港と中国との経済的連携の進展と，華人企業の中国との事業活動をふまえた企業行動も分析する。

香港の有力華人企業グループには，長江実業グループ（創業者：李嘉誠），新世界発展グループ（創業者：鄭圍柚），新鴻基不動産グループ（創業者：郭氏三兄弟），恒基兆業グループ（創業者：李兆基）などがある。そのうち，長江実業グループは香港最大のコングロマリット型の企業グループである。『亜洲週刊』によれば，2011年の香港の上場華人企業の上位20社のうち，同グループの上場企業のうち第1位に和記黄埔有限公司，第3位に長江実業（集団）有限公司，第11位に電能実業有限公司，第15位に長江基建集団有限公司の4社が入っている（表10-1）。また，同グループの創業者である李嘉誠の個人資産額は260億ドルで，『Forbes』の世界長者番付（2011年）の第11位にランクインしており，香港の企業家の中では最上位である。長江実業グループは，コングロマリット型の企業グループを形成し，香港経済の発展に沿いながら事業発展しており，その過程で英国企業を買収して傘下に収めたり，中国への事業展開も積極的に行ったりしている。そこで，香港華人企業の代表事例として長江実業グループを対象として，香港の経済環境下における香港華人企業の経営戦略と，香港華人企業家のネットワークが企業の経営活動にどのような稼働・活用されているかを検討することで，華人企業が香港経済の発展をうまく自社の発展に取り込んでいるかに注目する。

II　香港の経済環境

2.1　1950年代：中継貿易基地から加工貿易基地への転換

香港は，1997年の中国返還まで約150年間は英国の植民地であり，この間は英国系企業が香港経済の全ての分野を独占してきた。そして，アジアをつなぐ中継貿易基地として発展してきたが，華人は「買弁」[2]と呼ばれる外国企業

Ⅱ 香港の経済環境

表 10-1 香港の華人企業上位 20 社（2011 年）

順位	会社名	株式時価総額（百万ドル）	売上高（百万ドル）	純利益（百万ドル）	総資産（百万ドル）	株主配当（百万ドル）
1	和記黃埔有限公司	49,657.30	26,817.90	2,569.00	92,458.60	39,679.10
2	新鴻基地產發展有限公司	39,077.80	8,019.60	6,166.30	52,974.00	39,354.50
3	長江實業（集團）有限公司	35,366.10	3,074.70	3,394.60	42,132.40	34,063.60
4	中銀香港（控股）有限公司	31,582.80	4,550.80	2,076.40	212,953.80	14,766.80
5	九龍倉集團有限公司	22,272.70	2,484.60	4,583.30	31,054.50	20,908.80
6	香港交易及結算所有限公司	22,256.30	970.00	645.80	6,139.00	1,112.40
7	香港鐵路有限公司	19,615.20	3,784.40	1,546.00	23,290.40	15,019.20
8	香港中華煤氣有限公司	19,326.00	2, 484.00	716.00	9, 315.90	5, 283.20
9	百麗國際控股有限公司	18,447.20	3,501.50	505.80	3,077.00	2,527.90
10	中國海外發展有限公司	18,335.80	5,681.20	1,586.30	20,801.10	7,017.30
11	電能實業有限公司	17,648.70	1,329.60	922.30	11,885.00	7,197.10
12	恒隆地產有限公司	16,512.60	662.10	742.60	18,549.00	14,066.50
13	恒基兆業地產有限公司	15,001.50	909.20	2,028.20	29,527.20	20,389.50
14	澳門博彩控股有限公司	13,876.80	7,391.40	456.30	3,703.80	1,684.30
15	長江基建集團有限公司	13,462.60	360.80	644.60	8,238.50	5,855.50
16	利豐有限公司	13,459.20	15,912.20	548.50	9,493.80	3,626.00
17	高鑫零售有限公司	12,254.80	8,296.20	152.30	4,409.40	650.30
18	銀河娛樂集團有限公司	10,740.00	2,469.50	115.20	3,229.00	1,179.10
19	華潤置地有限公司	10,553.50	3,298.60	1,013.40	16,107.40	5,886.60
20	華潤創業有限公司	10,411.60	11,119.00	727.40	11,461.80	3,951.20

（注）灰色で塗りつぶした企業は，長江実業グループの傘下企業。
出所：『亜洲週刊』25 巻 48 期（2011-12-04）。

表 10-2　Forbes 世界長者番付（2011 年）

順位	名前	企業	業種	資産
11	李嘉誠	長江実業グループ	不動産	260 億ドル
23	郭炳江，郭炳湘兄弟と一族	新鴻基地産発展	不動産	200 億ドル
28	李兆基	恒基地産	不動産	190 億ドル
100	鄭裕彤	新世界発展	不動産	90 億ドル
156	劉鑾雄	華人置業集団	不動産	63 億ドル
159	Michael Kadoorie 一族	香港上海ホテルズ社（ペニュンシュラ）	ホテル	61 億ドル
192	張志熔	恒盛地産	不動産	54 億ドル
200	呉光正一族	九龍倉集団	不動産系コングロマリット	51 億ドル
244	馮国綸	利豊	商社	44 億ドル
254	董建成	東方海外（国際）	運輸	42 億ドル

出所：「Forbes.com - The World's Billionaires」（2011 年 3 月 10 日）より作成。

---

(2) 買弁とは，「外国商人に代わって中国人との一切の商取引に従事するもので，各所属会社内に特に一室を所有して，代金および諸般の雑費等を立替え，これに対して一定の手数料と利息とを得ることを目的とした一種の仲介業者」である。（須山修 [1971]「東

第 3 部　第 10 章　香港の経済環境における華人企業グループの経営戦略

の代理人として，現地の中国人商人との取引に限られていた。しかし，1950年代に入ると，香港の中継貿易基地としての地位は脅かされることとなった。1946～1949 年の 3 年間は国共内戦により中国経済が混乱していた。また，1949 年の中華人民共和国の建国直後の 1950 年に朝鮮戦争が勃発して，中国が北朝鮮を支援する理由で参戦したため，国連から対中国戦略物資禁輸措置（1951 年）の経済制裁を受けた。そのため，中国は資本財の供給地を欧米からソ連に転換し，香港経由の中国への輸出は激減した。同時にアメリカは中国製品の禁輸措置をとり，中国は国際社会から孤立し，自力更生路線をとらざるをえない状況へと追い込まれた。香港経済の根幹である中継貿易港としての機能が打撃を受けたため，香港は中継貿易港から加工貿易港への転換を図った。対中国貿易の損失を補い，香港では自らの生存空間を確保するために製造業が勃興し，欧米諸国に製品を輸出していった。

　香港の工業化をリードしたのは，上海から共産党政権下での生活を嫌って逃避してきた資本家であった。内戦を逃れるため，香港には上海から紡績業の資本家が資本や多くの熟練労働者を伴って移住してきた。同時に，中国からの難民も，香港の工業化にとって必要な豊富で安価な労働力を提供することになった。こうした状況が，それまで香港が中継貿易基地に依存した産業構造から，加工工業などの製造業を中心とした産業構造に転換するきっかけとなった。綿紡績，染色，ゴム工業などの軽工業を中心に，主に労働集約型の輸出産業が急速に発展して，加工製品の輸出が始まった。また，輸出と関連して，海運業も華人企業がプレゼンスを維持した分野であった。

2.2　1960～1970 年代：工業の多元化と第 3 次産業（金融，不動産，物流）の発展

　1960 年代～1970 年代は工業化が持続的に進んだ。1960 年代にはトランジスタラジオをはじめとする電子製品の組み立て生産が始まった。1970 年代後半に入ると，それまでさまざまな業者で培った技術を統合するように，1970年代後半に入ると，部品の生産も始まり，玩具の電子化，時計のデジタル化を可能にした。軽工業から重化学工業への発展はみられなかったが，繊維産業から電子産業や玩具産業，時計産業へと軽工業のなかでの多元化が図られた。

南アジア華僑の企業経営活動―特にマレーシアを中心として―」『経営と経済』51（2），p.153。)

Ⅱ 香港の経済環境

　1960年代以降，不動産業への大量進出によって香港の華人企業は発展の時期を迎えた。1965年に銀行倒産が続発して金融危機が発生し，香港経済は不況に陥った(3)。そして1966年には中国で文化大革命が始まると，中国から香港への避難する人口流入が発生したほか，1967年に香港で反英暴動が発生し，社会混乱が引き起こった。その結果，香港資本の多くが海外へ逃避し，香港の地価が大暴落した。一部の華人企業は，低価格で土地と建物を大量に購入して不動産事業に乗り出した。その後に不動産市場が回復して巨額の収益をあげることで，それらの華人企業はその後の発展の基盤を固めることができた。

　1970年以降，中国の政治と経済情勢の不安定さや香港経済の停滞などにより，英国系大手企業グループは，投資と発展の重点を香港から海外に移し始めた。1970年代からは，香港政庁が新界における住宅団地開発や交通インフラ整備などに着手，香港経済は急速な発展を遂げた。しかし，1970年代後半になると労働コストの上昇や工業用地不足などの問題が顕在化してきた。そして中国の改革開放政策により，1980年代からは従来の製造業は広東省の深圳市や東莞市を初めとする珠江デルタへと移転し，香港は中国を後背地とする金融センターと物流基地へ転換していくことになった。

　さらに，1970年代に入ると，香港は国際金融センターへの道を歩み始めた。香港は当時多くの国々が締め出していたユーロマネーを受け入れ，アジアにおけるユーロマネーの取引センターとなった。ユーロマネーはより高い収益を求めて全世界を移動する無国籍の資金であり，自国内に大規模な金融市場を持たない香港はユーロマネーを引き込むことで国際的な金融センターとして成長を可能にした。そして，オフショア市場を創設し，資金移動の自由と税制上の優遇措置を与えた。また，香港は伝統的に香港と周辺アジア諸国との間で行なわれる貿易に対して貿易金融・決済業務を提供してきた。香港は華人の投資チャンネルであるほか，アジア諸国の経済発展に伴いアジア向けシンジケートローンの組成センターや先進国投資ファンドのアジア向け運用センターとして機能してきた。

---

(3) 華人資本の明徳銀行は，顧客預金の大半を不動産投資に注入したが，流動性資金に欠乏し，債務支払い能力を失って，経営破綻した。この破綻に端を発して他行でも取り付け騒ぎが起こった。間もなく広東信託銀行などが破綻し，大手の香港上海銀行や恒生銀行でさえ信用危機に陥った。

2.3　1980年代：中継貿易地としての香港と華人企業の台頭

　1980年代に入ると，中国の改革・開放政策の始動は，香港経済に大きな影響を与えた。まず，中国向け輸出入が急速に拡大し，香港は再び対中国中継貿易基地としての機能を迅速に回復した。香港を中継地とした中国向けの輸出では原料，中間材が増加し，中国からの輸入では委託加工製品の米国への輸出品が増加した。その背景には，香港での人件費が上昇し，中国の改革開放政策によって隣接する深圳が経済特別区に指定されると，香港の製造業は人件費が安く広大な工業用地が確保しやすい同地に生産拠点を移し始めたことがある。1985年，香港に隣接する中国華南の珠江デルタが開放されると，香港の製造業はさらに中国へと生産拠点を移した。本社機能が香港，工場が広東省というケースは一般的になり，この過程で強化されたのは香港の結節点としての役割である。

　他方で，1980年代前半に，香港に再び社会不安と経済混乱が発生した。1981年に香港の中国返還に関する中英交渉が始まると，香港の将来に対する不安が高まり，1982〜83年に銀行の倒産や香港ドルの暴落など金融危機が発生した。しかし，華人企業は，このような混乱の中で撤退する英国系企業を買収したり，不動産への投資を拡大させたりして，その後のさらなる成長に繋げた。さらに，1984年12月に中英交渉がまとまり，香港が正式に中国に返還される共同声明が発表されると，英国系企業の一部には返還後のリスクを懸念して事業拠点を海外に移転したり，香港での事業を縮小する企業も現れた。このような隙を狙って，華人企業は英国系企業を買収することで，事業拡大が加速した。

2.4　1990年代：製造業からサービス業への転換と香港返還

　香港は，広東省珠江デルタ地域（香港，広州，深圳などの都市を含む）の経済特区制度を活用して発展を遂げ，この地域の経済成長を牽引する役割を果たしてきた。1990年代，香港の製造業は，生産額の割合が次第に減少させながら，労働集約型工業を珠江デルタ地域に移転した。そして，新素材，生物科学技術，電動科学技術等を応用したハイテク化および高付加価値的生産へ転換を図ってきた。

　他方，サービス業の生産額は総生産額の8割以上を占めるに至るほど大きく成長した。特に香港は，1995年には世界8大貿易地区となり，特に中継貿

易機能は顕著となり，中国との中継貿易が多くを占めるようになった。それに付随した貿易サービスも整備され，運輸，旅行，銀行，会計，弁護士等のサービスが提供された。1994年には世界10大商業サービス輸出区にもなっている。また，香港は国際金融センターとして，アジアで最も多くの金融機関が所在する。更に株式市場での資本収集能力，外国為替の取引も，香港を拠点とされるようになった。交通運輸の中心ともなり，香港のコンテナ港は100余の国家・地区の460の港と運輸関係を持つとともに，香港空港も国際旅客空港としても重要な位置を占めるようになった。情報通信分野でも，香港は世界で最も進んだ又効率のよい電子通信ネットワークを持ち，世界で最初にデジタル・システム電子通信網を設けている。

1997年に，香港が中国返還に返還されると，「一国二制度」の下で，資本主義経済体制が維持されるとともに，中国本土との経済関係が緊密化を増した。

2.5　2000年代：香港と珠海デルタ地域との一体化による発展

1980年に深圳が経済特区に指定され，労働集約型委託加工を中心とした工業が珠江デルタ地域で形成されてきた。特に，輸出志向型の労働集約型産業だけでなく，IT産業や自動車といった資本技術集約型産業の集積が近年高まっている。そのため，香港が資本，技術，物流の窓口となり，華南地域との経済的連携が緊密になってきた。中国政府も香港と華南地域との経済一体化を進めるため，2003年に香港特別行政区と中国本土との間でCEPA（Closer Economic Partnership Arrangement；経済貿易緊密化協定）が締結された。2004年1月1日より施行され，①香港製品に対する関税の撤廃，②サービス分野への香港企業への優先的開放，③貿易と投資の効率化の推進が取り決められている。CEPAの締結により，香港から中国国内へ輸出される商品はゼロ関税となり，資金，情報，技術導入，企業マネジメントで香港の優位性が活かせるだけでなく，中国国内の科学技術研究や豊富な人材という優位性とが相互に連結し合って，新たな産業の形成にも優位となった。また，中国は香港企業に対して金融や小売，物流，通信事業などといったサービス産業分野の市場開放も，WTOで規定されたスケジュールより早期に開放した。CEPAは，毎年の「補充規定」で進化し続けている。

さらに，2004年には，広東省，湖南省，福建省，海南省，江西省，広西チワン族自治区，雲南省，貴州省，四川省の9つの省・自治区と香港，マカオ

第3部　第10章　香港の経済環境における華人企業グループの経営戦略

の2つの特別行政区から構成される「汎珠海デルタ経済圏提携枠組み協定」が相次いで調印され，華南経済圏の拡大と深化が進行している。

　中国国務院は2009年1月，「珠江デルタ地域改革発展計画綱要」を決定し，2020年までに広東省と香港・マカオが緊密に協力し，珠江デルタ地域を「世界で最も競争力のある都市圏の1つ」とする目標を発表した。2008年のリーマンショックによる外需の縮小や雇用面への影響に対応するため，香港のサービス業を珠江デルタと広東で一層発展させることとなった。そのために，珠江デルタ地域と密接に協力し，港湾と空港の開発面での明確な分業，合理的な配置と相互補完を図り，アジア地域での重要な港湾と民間航空センターとしての香港の地位を保つ。引き続き香港の国際金融センターとしての役割を発揮し，香港金融業の一層の発展や，産業界の内陸部での発展のチャンスを推進することが，重要な取り組みとされた。

　さらに，2011年3月，「第12次5カ年計画」が中国の全国人民代表大会で採択され，香港・マカオに関しては初めて独立した章が設けられ，中国の発展戦略における香港の位置付けが示された。この計画では，珠江デルタが長江デルタ，北京・天津・河北と並ぶ三大サブリージョンとして，沿海地域振興策の重点対象に選定されている。そして，「香港の国際金融センター，貿易センター，海運センターとしての地位を向上，強固にして，産業の革新能力強化，経済・社会の協調的発展を推進することを支援する」ことが言及された。加えて，産業振興やイノベーション能力の向上などの発展戦略の柱も盛り込まれている(4)。「第12次5カ年計画」は，珠江デルタ発展戦略の推進を後押しするものといえる。これらの経済政策により，香港は中国，特に広東省をはじめとする珠海デルタ地域との連携と一体的な発展を基軸に，資本，技術，物流の窓口と

---

(4)　香港の競争力と優位性を強化するため，(1)香港が，金融・海運・物流・観光・専門サービス・通信の各部門で発展し，付加価値の高いサービスを提供すること，(2)香港が，オフショア人民元業務，及び国際的な資産管理業務のセンターとなること，(3)香港が，高度なロジスティクス管理，地域販売センターとして発展すること，(4)香港が，国際金融・貿易・海運センターとして地位を高め，全世界に対する影響力を強化すること，(5)香港・マカオが，新興産業を育成，増強することが規定された。また，広東省・香港・マカオの協力推進のため，①港珠澳（香港‐珠海‐マカオ）大橋の建設，②広深港（広州‐深圳‐香港）高速鉄道の建設，③深圳・香港空港間の高速鉄道の建設，④深圳・蓮塘の出入境管理施設の設置，⑤深圳前海地区（深圳・香港現代サービス産業協力区等）の開発，⑥広州南沙地区（経済貿易緊密化協定〔CEPA〕総合モデル区）の開発，⑦珠海横琴新区の開発のプロジェクトが決まった。

Ⅱ 香港の経済環境

なって，華南地域との経済的連携が緊密化することが見込まれている。

香港は現在，金融サービス，観光，貿易・物流，専門サービス（法務・会計など）が4大産業であるが，香港特別行政区政府はそれを補う新しい経済成長の原動力とするため，教育，医療，検査・認証，環境，科学技術，文化・クリエイティブの6大産業を発表させる計画を打ち出している。

2.6 香港経済の現状

香港経済は，1980年代ごろから急速は発展を続けており，韓国，台湾，シンガポールと並んで，アジアのNIEs（新興工業経済地域）となった。実際に，香港経済は，1997年のアジア通貨危機，2001年のIT危機と2003年のSARS流行，2008年のリーマンショックによる経済不況期を除いて，持続的に成長を続けている。そして，香港の経済成長の特徴は，一時期は軽工業を中心とした工業化が図られたが，香港と中国広東省との間で「前店後廠」[5]を図ること

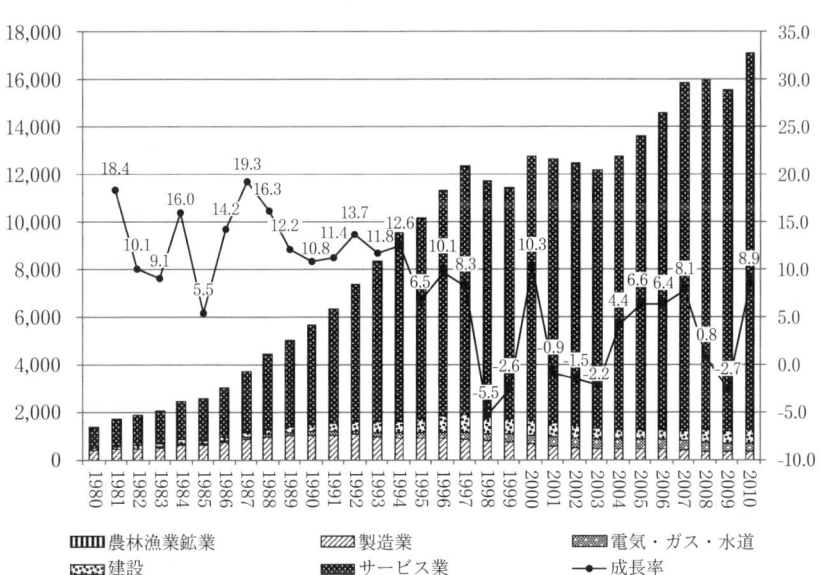

図10-2 香港の産業別GDP構成（名目，単位：億香港ドル，%）

凡例：農林漁業鉱業／製造業／電気・ガス・水道／建設／サービス業／成長率

出所：香港政府統計処『本地生産總值（年刊）』各年より作成。

---

[5] 「前店後廠」は，香港に貿易や管理の機能を置き，後ろに位置する広東省に生産拠点を置くという意味。

第3部　第10章　香港の経済環境における華人企業グループの経営戦略

で，第2次産業である製造業の成長は微小に留まった。むしろ，金融・保険，不動産，貿易，物流，情報通信，ホテルなどのサービス産業の成長が，一貫して香港経済の成長のけん引役であった（図10-2）。

　また，香港と中国とのモノとカネの経済関係も緊密化している（表10-3）。特に，2010年について，香港と中国との貿易は，香港から中国への輸出が2,183億2千万米ドルに達し，中国の全貿易額の16.3％にも達した。さらに，香港から中国への外資導入では，件数で13,070件（全体の47.7％），実行金額で605億7千万米ドル（全体の57.3％，前年比31.5％増）に達し，中国への直接投資の窓口として重要な役割を果たしている。業種別では製造業から不動産開発，流通などのサービス業にシフトしており，香港の不動産開発各社は中国に大型商業施設を建設する計画を打ち出している。また，中国の購買力を見込んで飲食・小売業の進出もより活発化している。銀行は沿海部を中心としつつ，内陸地域にも進出し始めている。このような香港と中国とのモノとカネの経済関係が緊密化している背景には，珠海デルタ地域での物流交通インフラの整備，通関手続きの簡素化，広東省を生産基地とする製造業の集積と原材料部品や生産設備の香港経由での輸入がある。また，アジアの金融センターとしての香港を窓口に，中国への投資も活発化している。それを支えているのが，先に述べたCEPAや「汎珠海デルタ経済圏提携枠組み協定」，それらをふまえた「第12次5カ年計画」といった経済政策であると指摘できる。

　香港経済は，2008年の金融危機から立ち直りを見せている。2008年は世界金融危機の影響を受けて，実質成長率は2.3％と前年から大きく低下した。2009年は第3四半期までマイナス成長が続き，第4四半期になってようやく前年同期比でプラス2.5％に転じたが，年間では－2.7％であった。商品貿易は大きく打撃を受けたが，サービス貿易は金融と観光の回復が景気回復に貢献した。2010年は8.9％のプラス成長に転じた。中国経済が高成長を維持したことが大きく，特に華南経済との一体化が進んでいることが，その背景にある。消費意欲の回復とともに，製品輸出額は前年比で22.8％の増加となっている。また，海外からの観光客数は3,600万人（前年比21.8％増）であったが，そのうち中国からは26.3％増の2,268万人となった。このような観光客による消費額は，香港の総小売高の48％に当たる754億香港ドルに達している。

表10-3　香港・中国本土との経済関係

項目	2005年	2006年	2007年	2008年	2009年	2010年
大陸の対香港貿易(億米ドル) 香港との貿易総額 全貿易額に占める割合	1,367.1 9.6%	1,661.7 9.4%	1,972.5 9.1%	2,036.7 8.0%	1,749.5 7.9%	2,305.8 7.8%
香港への輸出 全輸出額に占める割合	1,244.8 16.3%	1,553.9 16.0%	1,844.3 15.1%	1,907.4 13.4%	1,662.3 13.8%	2,183.2 13.8%
香港からの輸入 全輸入額に占める割合	122.3 1.9%	107.9 1.4%	128.2 1.3%	129.2 1.1%	87.1 0.9%	122.6 0.9%
大陸の出超	1,122.5	1,446.0	1,716.2	1,778.2	1,575.2	2,060.6
大陸の香港からの外資導入 件数 全件数に占める割合	14,831 33.7%	15,496 37.4%	16,208 42.8%	12,857 46.7%	10,701 45.7%	13,070 47.7%
実行額（億米ドル） 全実行額に占める割合	198.0 31.0%	213.1 32.4%	277.0 37.1%	410.4 48.1%	460.8 51.2%	605.7 57.3%

出所：中国商務部『海関統計』各年第12期より作成。

Ⅲ　香港華人企業の経営戦略とネットワーク
　　——長江実業グループのケース——

3.1　長江実業グループの概要

　本節では，香港の経済環境下での華人企業の発展プロセスについて，経営戦略論の視点から分析するため，長江実業グループを取り上げ，その生成，発展の経緯について分析する。長江実業グループは，李嘉誠が1950年代に長江工業有限公司として創業し，その後香港経済の発展と共に主導的地位を築きあげた。長江実業グループは，香港最大の企業グループに成長している（表10-1，表10-2）。現在，長江実業グループは，世界53カ国に広がり，従業員は約27万人を抱え，2011年の売上高は30.74億香港ドルであった。傘下の子会社8社は香港で上場しており，株式時価総額は約7,280億香港ドル（2012年5月31日現在）に達している。1950年代から事業を開始し，不動産開発・投資を中核事業としながら，不動産代理・管理，港湾，通信，ホテル，小売り，エネルギー，インフラ，電子商取引，建材，メディア，バイオ・テクノロジーなどの様々な業種で事業を展開しており，傘下に和記黄埔有限公司，香港電燈集団，長江基建集団，TOM集団などを擁しているコングロマリット型の企業集団である。

3.2 長江実業グループの経営戦略
3.2.1 起業——プラスチック製造から不動産業へ
　長江実業グループの創設者の李嘉誠は，1928年に中国広東省潮安に生まれ，12歳の時に香港に移住したが，父親の死により14歳から「茶楼」の給仕として早くも働き始めた。16歳からはプラスチック工場のセールスを経て工場の責任者となり，プラスチック加工とマーケットの知識を身につけた李嘉誠は，22歳となった1950年に独立した。7万香港ドルで「長江プラスチック」[6]を設立し，小さなプラスチック玩具と家庭用品の生産事業に乗り出した。欧米でプラスチックの造花が流行し始めると，繊細で艶があり欧州製に劣らない造花の生産に乗り出し，品質が良くイタリア製に比べて安かったことから，市場に受け入れられ，東南アジアや欧州に向けても出荷された。香港の造花業全体では，世界シェアの80％を占めるまでに拡大した。長江プラスチックの名も欧州に知れ渡り，李嘉誠は「花王」と称されるまでになった。

　1958年，李嘉誠は香港の人口は増加し続けており，不動産相場も上昇しつつあったのをみて，香港島の北角工業区の一角に土地を購入して12階建ての工業ビルを建設し，一部のフロアーを自社で使用したものの，その他のフロアーを全て貸し出した。その後も，造花ビジネスで蓄えた自己資金から不動産投資の資金を賄い，銀行融資には極力頼らないようにしながら，柴湾などにも工業不動産を購入し続けた。

　1962年に香港政府は建築条例を改正し，新規不動産建設を規制強化したが，1966年の施行を前にデベロッパー各社は銀行から巨額の融資を受けながら，ビルを駆け込みで建設した。不動産相場は急速な値上がりを続けて含み益が膨大したため，銀行から更なる融資を引き出して，次の不動産開発を行うというバブルが発生していた。1965年初めに明徳銀行の取り付け騒ぎを起こしたことを端に発した金融危機をきっかけに，住宅や商業物件は軒並み大幅に下落し，株式市場も暴落した。1967年には，「六七暴動」と呼ばれる反英暴動事件が発生した。さらに，中国政府が武力で香港を奪還するという噂も飛び交い，富裕層は保有していた不動産を手放し，相場も暴落した。自己資金で不動産購入をしていた李嘉誠は，金融危機などによる損失は少なく，逆に安くなった不動産

---

[6] 「長江」と名付けたのは，「小さな川の細い水流の集まりから太い水流を持った大河になった長江のように」と自分のプラスチック工場を大きく発展させようという願いを持っていたからである。

III 香港華人企業の経営戦略とネットワーク──長江実業グループのケース

を大量に買い付けることができ，これを機に本格的なデベロッパーとして事業を行うこととなった。1968年には，香港の社会秩序が安定し始めると，不動産相場も回復して建設ラッシュとなった。この当時，李嘉誠が香港で取得した不動産の総面積は191万㎡，賃料収入だけで毎年400万ドル以上を稼ぎ出していたという。

1971年に不動産開発・賃貸業専門の長江置業を設立し，1972年に「長江実業有限公司」へと社名変更して，11月に香港証券取引所に株式を公開した[7]。その後は，イギリスのロンドン，カナダのバンクーバーなどでも株式を公開し，「株式の上場，値上がり，新株発行，資金調達，不動産への投資」といった新たな戦略を採った（張，2006，p.84）。1977年に，当時の不動産最大手の英国系企業である香港置業と競って，地下鉄の中環駅と金鐘駅の駅ビル建設プロジェクトを落札し，中環駅上部の環球大廈と金鐘駅上部の海富中心を建設した。この事業により，中堅企業だった長江実業は名実ともに香港の不動産開発業界のトップ企業と認知されるようになり，英国系大手の香港上海銀行（HSBC）などの銀行も急速に接近し始めた。

長江実業は，この頃から欧米企業との提携を積極化し始めた。1973年には，英国の商業銀行のスレーター・ウォーカー・ハチソンと合弁で不動産投資会社「都市地産」を折半出資で立ち上げたり[8]，カナダのCanadian Imperial Bank of Commerceと折半出資で不動産投資と個人向け住宅ローンを取り扱う合弁会社Canadian Eastern Financeを設立したりして，長江実業の不動産販売を資金面で支えた。また，同年のオイル・ショックの影響で下落した土地，工場建物，オフィス，住宅などを大量に購入することで，より一層の事業拡大を図った。

3.2.2 企業買収と事業の多角化

長江実業は，次の成長戦略として，香港の外資系企業を買収することによって，経営の多角化を図った。まず，1977年に，香港・中環のヒルトンホテルやインドネシア・バリ島のバリ・ハイアット・ホテルを所有していた米国資本の永高公司を2億3,000万香港ドルで買収し，ホテル業に進出した。1978年には，英国系のセメント製造会社の青洲英坭を買収した。同社は，香港で唯一

---

[7] 長江実業株は1株2香港ドルで4200万株売り出されたが，上場後わずか1日で2倍も値上がりした。
[8] その後，スタンレーが資本を引き揚げたため，長江実業の独資子会社となった。

のセメント製品の製造業者であり，現在では，香港で約3分の1の市場シェアを占めている。

　李嘉誠は，次の買収ターゲットを和記黄埔に定め，香港上海銀行と交渉に入った。和記黄埔[9]は，当時造船業と小売業を中心とする香港第2位の英国系大手コングロマリット企業で，港湾事業，小売業，不動産開発，インフラから最先端技術，通信事業にも事業範囲が及んでいた。しかし，オイル・ショック後も拡大投資を続けたために1974年に経営困難に陥り，香港上海銀行（HSBC）が1億5,000万香港ドルで和記黄埔の株式の33.7％を取得する支援を得ていた。1979年，長江実業は香港上海銀行（HSBC）の協力を得て，同行から22.4％の株式を買い取り，資産総額6.93億香港ドルだった長江実業が，株式時価総額62億香港ドルの和記黄埔を傘下に収めた。1980年には同社株式の39.6％まで保有率を増やし，1981年に李嘉誠は代表取締役に就任して，和記黄埔を正式に長江実業傘下の子会社とした。買収後，李は和記黄埔が保有していた黄埔埠頭の跡地を再開発して黄埔花園という大型住宅エリアを建設するなど，多くの不動産開発を行って収益を拡大した。

　1985年，李嘉誠は和記黄埔を通じて，29億香港ドルで英国系の香港置地がもつ香港電灯の株式の34.6％を買収した。1987年には，和記黄埔が香港電灯の非電力部門を分社して上場させ，嘉宏国際集団公司とした。嘉宏国際は，和記黄埔がもつ香港電灯の株式の23.5％を保有して，香港電灯の持ち株会社となった。このグループ会社化により，李嘉誠が長江実業の33.4％の株式を保有し，長江実業は和記黄埔の36.55％と青洲英坭の42.9％，和記黄埔は嘉宏国際の53.8％，嘉宏国際は香港電灯の23.5％の株式を保有するようになった。さらに，1985年には香港電灯と和記黄埔は共同で英国系の上場不動産会社の国際城市を買収し，完全子会社化した[10]。李嘉誠は，これらの株式保有によって，国際城市，青洲英坭，嘉宏国際を私有化したのである。そして，長江実業は傘下に子会社を持つグループ企業となり，不動産を中核として電力，セメントへと事業を多角化していった。

[9]　和記黄埔は，元々はイギリスの植民地であった香港で1863年に設立された香港黄埔船塢有限公司と1877年に設立された和記企業有限公司の2社から成っていた。1960年代に和記企業有限公司はダグラス・クレーグ（Douglas Clague）の下で香港黄埔船塢の支配権を握り，1977年に香港黄埔船塢の全株を取得して和記黄埔となった。
[10]　1994年，国際城市は長江実業の傘下企業によって吸収され，解散した。

Ⅲ　香港華人企業の経営戦略とネットワーク——長江実業グループのケース

3.2.3　不動産開発・インフラ・製造・小売業への展開と中国進出

1990年代に入ると，長江実業は香港の上場・非上場企業へ投資するようになった。長江実業は，1989年に廣生行へ 8,800万香港ドルを投資，1991年に志成へ4,050万香港ドル，和記行に7,040万香港ドルを投資した。これ以降，長江実業は，大規模に香港の上場・非上場企業に投資し，1994年2月までに70億香港ドルを投資して，廣生行，太平協和，合和実業，亜洲電力，熊谷組，東方海外国際，華人置業，国浩集団，力実集団や，中国資本の首長国際，首長四方，第一上海投資，三泰などを含む38社の上場企業を買収した。

さらに，李嘉誠は，投資の重点を中国国内に移す方針を明確にした。そして，不動産開発やインフラ建設の事業を積極的に展開していった。1992年5月，李嘉誠が代表する長江実業と和記黄埔とが中国側と合弁で「深圳長和実業有限公司」を設立し，中国国内投資の一連の計画を立て，中国事業を取り仕切る旗艦企業とした。同年10月，長江実業を中核とする香港財団が北京で広東省塩田港開発に調印し，国際貨物埠頭の建設を請け負った。和記黄埔は，さらに上海，厦門，江門，高欄，九州，三山などの港湾で，大型貨物埠頭の建設も請け負うことになった。その他にも，1992年11月，広深珠高速道路の第2期建設で広州から珠海までの区間建設を請け負ったり，上海，海南の港湾建設を受注した。福州市の旧市街地開発，北京市王府井の再開発（東方広場）も手掛けるなど，不動産，港湾インフラの事業で，中国国内の事業に積極的に進出していった。

さらに，長江実業は中国企業との提携を通じて，製造製，特に金属分野へと事業拡大を行うようになった。まず中国の首都鋼鉄[11]と事業提携をした。1992年に香港の上場鋼鉄企業である東栄鋼鉄を巡り，首都鋼鉄，長江実業，怡東財務がそれぞれ51％，21％，3％の割合で東栄鋼鉄株を保有する買収を行った。1993年には，三泰実業をめぐり，首都鋼鉄，長江実業，怡東財務が合同で67.8％の株式を購入した。三泰実業は，電子製品を生産する上場企業であり，買収後は首都鋼鉄が46％，長江実業が19％，怡東財務が2.7％の株式所有割合とすることとした。その後，東栄鋼鉄が長江実業と怡東財務から三泰実業の株式を買戻し，東栄鋼鉄は首長国際と改名し，首都鋼鉄，長江実業，

---

[11]　首都鋼鉄は，中国の大型四大鋼鉄基地の一つであり，従業員は27万人を擁し，鋼鉄，採掘，電子，建設，航空運輸，金融など18の業種に経営多角化をしている。中国では，100余りの大中工場と70社の子会社，海外では独資企業と合弁企業を18社抱えている。

怡東財務が大株主となった。つまり，三泰実業は，首長国際の子会社となった。1993年5月に，首長国際は開達投資を買収して首長四方と改名し，1993年8月には，建築会社の海成集団を1億7,400万香港ドルで買収した。1993年9月，首長国際は，一度の買収額では最大となる11億香港ドルを投じて，黒色金属を主業務とする宝佳集団を買収した。

　長江実業傘下の和記黄埔は，小売業にも進出した。和記黄埔は，ドラッグストアの「屈臣氏」，スーパーマーケットの「百佳超級市場」，家電専門店の「豊澤」，免税店の「Nuance-Wbltson」，食品と調理器具を集めた専門店「Great」の5事業を運営している。このうち「百佳超級市場」は200店舗以上を展開し，香港最大のスーパーマーケット・チェーンであり，「豊澤」も60店舗以上を有し香港最大の家電専門店チェーンである。屈臣氏グループが和記黄埔グループの傘下に入ったのは1981年のことである。1987年ドラッグストアの「屈臣氏」が台湾に，1988年マカオとシンガポール，1994年マレーシア，1996年タイと，順次出店を拡大した。また家電専門店チェーンの「豊澤」も1998年，台湾に進出し，現在5店舗を展開している。中国における和記黄浦グループの小売事業は，大きくドラックストアの「屈臣氏」とスーパーマーケットの「百佳超級市場」の2つに分けることができる。「百佳超級市場」が中国南部の深圳市蛇口で中国1号店を開いたのは1984年である。これは外資系小売業として最も早い進出例であり，中国におけるスーパーマーケットの黎明期に当たる。当初，深圳を中心に，売場面積800平方メートル前後の中小型スーパーマーケットを出店した。その後，2000年には広州で最初の大型店舗を開いたのを皮切りに，広東省中心に売場面積6,000平方メートルから2万平方メートルの総合量販店を出店した。2003年現在，「百佳超級市場」は南部の広州，深圳，束莞を中心に20店舗以上を出店している。（鐘・矢作［2005, pp.122-123］）

3.2.4　通信・メディア出版・医薬事業への展開とグローバル展開

　長江実業傘下の和記黄埔は，1990年代から海外の通信事業に積極的に投資し始めた。英国で1994年にOrangeという移動電話の会社を設立し，英国での業界3位に育て，1996年に英国で上場させた。しかし，1999年に和記黄埔が保有するOrangeの株式44.8%をドイツの通信会社のマンネスマン（Mannesmann）に売却して，147億ドルの収益をもたらすと同時に，和記黄埔は株交換を通じマンネスマンの株式の10%を取得して大株主となった。そして，マンネスマンが英国のボーダーフォンエアタッチを買収し，和記黄埔のマンネ

Ⅲ　香港華人企業の経営戦略とネットワーク——長江実業グループのケース

スマン株はボーダーフォンエアタッチの株に切り替わっていった。こうした株交換の度にその価値は増え続け，この一連の取引によって，和記黄埔は簿価ベースで500億香港ドルの利益を得たといわれている。また，和記黄埔は英国を初め，イタリア，オランダ，ポルトガル，スペイン，スイスなどの欧州と日本で第3世代移動通信（3G）の経営権を獲得した。現在では，イタリアなどのヨーロッパを中心に，全世界で3Gの事業を展開している。

　2000年3月，長江実業と和記黄埔は，インターネットポータルサイトのTom.comを香港で上場させた。Tom集団有限公司は，1999年10月に香港で設立され，北京と台北にも地域統括本部を置きながら20都市余りで，出版から屋外広告，ポータル運営など，中国語メディア事業を幅広く展開する，長江実業系の総合メディア企業である。2001年にITバブルが崩壊した後，Tom集団は，中華圏最大のメディア集団に改組された。2001年，TomはPChome出版集団，城邦文化事業などを含む台湾の四大印刷出版グループを買収し，台湾最大の雑誌図書出版グループとなった。2002年に，中国の三聯書店(12)と合弁会社を設立して，中国で広告，印刷などの出版業務を展開し始めた。

　WTO加盟により，中国が外資系広告メディアに対して全面開放を行うと，Tomは中国での広告メディア事業を展開し始めた。2002年時点でTomは40の平面メディアを有しており，同年1月に屋外広告会社の「青島春雨」を5,140万人民元で買収し，「春雨中国」として青島最大の屋外広告会社にさせた。また，2月には，中国の屋外メディア広告企業の斉魯中国公司を買収し，中国内外の広告業務の設計，製作，販売を手掛けさせた。このような買収の結果，Tomは中国国内に12社の屋外メディア会社を有し，北京，上海，広州など22都市をカバーするまでに至った。Tomの重点目標は，中国国内であるが，テレビ，ラジオ，新聞などの主要メディアは，政府の規制により外資企業が中国国内企業への出資を厳しく規制しているため，中国での買収は非主流メディアに留まっている。例えば，2003年にはメディア事業を手掛ける雷霆無極を，2006年には電子商取引サイトのeBay易趣と，ユーザーサイトの新浪を買収した。

　李嘉誠は，さらに漢方薬の事業も手掛け，香港と中国とを結ぶ事業に発展させた。香港返還後の1998年，香港特別行政区政府は，香港を漢方薬の一大産

---

(12) 三聯書店は，中国出版集団直属の総合出版グループであり，70年の出版事業の経験と販売ネットワークを持ち，中国国内での影響力は相当大きい。

業基地とする「中薬港（チャイニーズ・メディシャイン・ポート）」構想を発表した。それを受けて，2002年に中国の漢方薬企業である同仁堂と和記黄埔の100％子会社の和記中薬は，それぞれ50％と40％を出資して，同仁堂和記（香港）薬業発展有限公司を設立した。また，2003年には，北京同仁堂傘下の北京同仁堂国際と和記黄埔とが北京同仁堂泉昌有限公司を香港に設立した。このような提携によって，同仁堂の漢方薬を香港経由で海外へ販売するため，海外で漢方薬の販売薬局を展開している。また，上海市薬材公司傘下の上海中薬一廠と和記黄埔とで「上海和黄薬業」を合弁で設立した。上海中薬一廠の漢方薬生産力や華東地域での販売網だけでなく，漢方薬の研究開発力も活用するためである。2004年には，和記黄埔は広州白雲山と合弁で和記黄埔中薬有限公司を設立した。これらの提携によって，北京，上海，広州の沿海部三大都市に展開すると同時に，中国の漢方薬の人才，原材料，生産加工力，研究成果を香港を通じて，欧米などの海外市場に展開することが可能となった。このような戦略の下で，2006年に長江生命科技はアメリカの医薬企業のVitaquestを買収している。

3.2.5　2008年世界金融危機後の長江実業グループの経営戦略

2008年に世界的な金融危機が発生し，香港経済はGDPが2009年には2.7％のマイナス成長を記録したり，上位40位の香港大富豪が個人資産を54％も減らしたりするなど，大きな影響を受けた。一方，李嘉誠は保守的な経営を心掛けており，特に安定的なキャッシュフローを持つことが長年の経験から大事だという教訓を得ていた。そのため，金融危機発生後は，投資計画を精査し，資金回収を急ぎ，株式資産を売却することで，長江実業グループの財務状態を安定させた。

長江実業は，負債の圧縮を重視しただけでなく，2008年の上半期に1年間の不動産取引をすべて終わらせることで，下半期の不況を乗り切った。長江実業傘下の和記黄埔は，グローバル業務の新規投資を大胆にも一時停止し，計画中の不動産などの投資周期が長く，資金額が大きい投資プロジェクトを精査した。また，常にキャッシュフローが負債総額を上回るよう注意し，不動産業務のリスクが広がるのを防いだ。グループ企業の資産負債率は12％ほどであったが，金融危機後は2008年11月に北京の別荘「誉天下」，2008年5月に上海長楽路の「世紀商貿広場」など，2008～2009年の間に高級住宅，目抜き通りなどにある商業店舗，別荘などの不動産物件を惜しみなく低価格で販売するこ

Ⅲ　香港華人企業の経営戦略とネットワーク——長江実業グループのケース

とで，負債を圧縮してキャッシュフローを確保した。さらに，2007年9月以降，李嘉誠は，中国南方航空，中国遠洋運輸，中海集装箱運輸の株式を売却して，90億香港ドルの資金を得ることができた。

　2010〜2011年の長江実業の経営戦略は，EUの債務問題，世界的なインフレ，アメリカの景気回復の遅れを受けて，慎重に投資を行うとともに，財務の健全性を保つ戦略を維持している（「長江実業（集団）有限公司　年報」2011年号）。長江実業グループの中核事業である不動産業では，資産ポートフォリオの開拓と収益強化を図っており，不動産販売と「ホテルおよびサービス」が収益に貢献した。香港の不動産市場が安定していることから，不動産開発計画を進めるとともに，不動産販売も良好な状態であり，合理的な価格で開発収益が見込まれる土地を購入している。

　一方，長江実業傘下の中核企業である和記黄埔は，世界53カ国で25万人の従業員を抱えるまでになり，その主要事業は，港湾・関連サービス，不動産・ホテル，小売，インフラ，エネルギー・通信と，第3次産業を中心として多角的に展開している。2011年には，3,877億香港ドル（前年比で22%増）の利益をあげたが，ドラッグストアの屈臣氏（ワトソンズ）を中心とした小売業が1,435億香港ドル（全利益の37%），カナダの総合エネルギー会社のハスキー・エネジーを中心としたエネルギー事業が630億香港ドル（全利益の16%）の利益を上げており，金融危機後の世界不況の影響を受ける中で，香港の小売市場の回復や世界的な原油価格の上昇によるエネルギー事業の好調さでカバーし，事業の多角化によってリスク分散を図ったといえる。また，長江基建を中心としたインフラ事業（エネルギー，運輸，水）は，2011年の利益が2010年と比べて67%も増加して304億香港ドル（全利益の8%）に達している。

　このように，金融危機以降の長江実業グループの経営戦略は，世界的な不況が続く中で保守的な安定経営を維持するために負債の圧縮とキャッシュフローの確保を図るとともに，不動産事業での慎重な事業展開を図りながら，景気が比較的良い小売事業，エネルギー事業，インフラ事業で収益を確保する，リスク分散と安定成長の経営戦略を図っていることが分かる。

3.3　李嘉誠一族のネットワークと長江実業グループの発展
3.3.1　李嘉誠のネットワーク
　長江実業グループの発展において，李嘉誠が持つ人脈ネットワークは時とし

第 3 部　第 10 章　香港の経済環境における華人企業グループの経営戦略

て有効に機能した。そこで，本項では企業家のネットワークと企業の発展に着目する。

　まず，1952 年にプラスチック造花の製造を行う際には，邵友保（元東京銀行顧問）との関係を利用して，日本真空技術（現在アルパック）から設備導入することで，品質の良いプラスチック造花を製造することができた。そのことがヨーロッパでの信用につながり，長江実業の発展の基礎となった。

　1978 年，英国大手財閥のジャーディン子会社のホンコンランドが最大株主だったワーフに対して，李嘉誠は敵対的買収を仕掛けて，株式を買い進めた。それに阻止すべく，ワーフは，香港上海銀行（HSBC）を通じて買収の断念を働きかけた。HSBC の取締役だった包玉剛（「東洋のオナシス」と呼ばれた世界の海運王）は，李嘉誠との交渉の末，ワーフ株の 20% を包玉剛一族が引き受けることとなり，李嘉誠の手元には巨額の売却益を得ることができた。その後，1979 年に，李嘉誠は英国の老舗建築資材メーカーの青洲英泥と，英国資本財閥最大手の和記黄埔を買収した。その裏には，ワーフを譲り受ける代わりに，HSBC が大株主を務める和記黄埔を李嘉誠に譲り渡す確約があったといわれている（西原，2008，pp.117-118）。前述のとおり，和記黄埔を買収することで，長江実業グループは多様な事業に多角化することが可能となり，コングロマリットとなることができた。

　さらに，李嘉誠は，華人企業家や海外企業との提携を通じて，事業の拡大を図っている。例えば，1988 年に和記黄埔公司は，中信，大東電報局で，アジア衛星公司を設立して，衛星通信事業に乗り出した。新世界発展公司会長の鄭裕彤，恒基兆業公司会長の李兆基，カナダ帝国商業銀行と，協平世博発展有限公司（Concord Pacific Developments）を設立して，不動産開発を展開したり，李兆基，邵逸夫，周文軒，曹文錦らと，シンガポール展覧センターの開発権を得たりしている。1991 年，長江実業は，新世界発展公司，フランスの 2 つの財団が協力し，尖沙咀高架鉄道を建設したりもしている。

　また，李嘉誠は，中国政府との関係も強い。例えば，1979 年に中国政府系の投資会社の中国国際信託公司香港分公司の取締役に就任するなど，中国政府からの信望も厚い。その後も，中国政府要人とたびたび会見するなどしており，香港特別行政区準備委員会委員に任命されるなどしている（表 10-4）。1990 年代から中国本土への事業を本格的に展開するにあたって，このような中国中央政府との関係は，特に不動産開発やインフラ事業など，政府のプロジェクトと

III 香港華人企業の経営戦略とネットワーク——長江実業グループのケース

の関係においては重要であったといえる。

3.3.2 長男・李澤鉅のネットワークと経営の継承

長江実業グループは，積極的に専門経営者を受け入れている。しかし，所有権はまだ李嘉誠一族に集中している。李嘉誠の息子である長男・李澤鉅と二男・李澤楷は，ともにアメリカで経営管理を学び，長江実業グループの経営にも参加している。そして，この両息子によって事業を拡大させている。1994年には，長男の李澤楷が香港で盈科拓展を設立した。その後，2000年，盈科数碼動力有限公司を通じて香港電訊を買収し，2002年には長江生命科技を香港株式市場に上場させると発表した。2006年には，長江生命科技がアメリカの製薬会社 Vitaquest を買収したと発表するなど，長江実業グループの事業多角化で重要な役割を果している。

また，長男の李澤鉅は，李嘉誠の後継者として1985年に長江実業集団に入社し，1993～1998年に副董事総経理を務めるとともに，1994年と1999年には，同社の副主席及び董事総経理に任じられている。李澤鉅は，和記黄埔有限公司の副主席，長江基建集団有限公司，長江生命科技集団有限公司の主席，電能実

表10-4 李嘉誠と中国政府とのネットワーク

1979年	中国国際信託公司香港分公司の取締役に就任
1982年	趙紫陽総理と中南海で会見
1984年	中英政府の「中英共同声明」署名式に招聘
1985年	鄧小平と北京で会見 香港特別行政区基本法起案委員会委員に就任
1986年	鄧小平，趙紫陽と会見
1990年	江沢民，楊尚昆，鄧小平，李鵬と会見 汕頭名誉市民となる
1991年	汕頭経済特区10周年式典で，江沢民総書記と会見
1992年	国務院より香港事務顧問に任命 江沢民総書記と会見　北京大学名誉博士 李鵬総理と深圳塩田港発展契約締結式に出席
1993年	広州市名誉市民となる 江沢民総書記との会見で「真の愛国者」と称賛される
1995年	香港特別行政区準備委員会委員に任命
1999年	江沢民総書記と会見
2000年	江沢民総書記と会見

出所：祝春亭・幸磊（2009）『李嘉誠家族全伝』鳳凰出版伝媒集団，pp.284-290 より作成。

業有限公司の執行取締役，ハスキー・エネルギーの聯席主席を兼任している。さらに，香港上海銀行有限公司（HSBC）の取締役も務めている。そして，父・李嘉誠とともに，長江実業集団と和記黄埔の大株主として，グループ経営全体を担っている。

また，政治面でも，中国人民政治協商會会議第11回全国委員会常務委員，香港特別行政区戦略発展委員会，持続可能発展委員会の委員，香港総商会副主席を務めており，中国中央政府や香港政府との太いパイプも持っている。

そして，2012年7月に長江実業グループ全体の持ち株を管理する持ち株会社，Li ka-shing Unity Holdings の株式について，すでに保有していた3分の1に加えて，次男の李澤楷からさらに3分の1を譲り受けることが発表された。これにより，長江実業グループは創設者の李嘉誠から経営を継承する後継手続きが開始されることとなった。

Ⅳ　おわりに

本章では，香港の経済環境と対応させ，代表的な華人企業である長江実業グループの経営戦略と創業者・李嘉誠一族のネットワークについて論じてきた。

まず，長江実業グループの経営戦略についてである。李嘉誠が率いる長江実業グループは，1950年代の創業から現在に至るまで，香港経済の発展に合わせるかのように，その事業を発展させてきている。つまり，労働集約型の製造業としてプラスチックの造花事業から出発し，1960年代は香港経済の不安定期において，不動産価格の変動を利用してリスクを取りながら不動産の取得と運用を行うことで，事業拡大の基盤を築いた。1970年代は，それまで英国統治下で香港ビジネスを支配してきた英国系企業と不動産開発などの分野で競争し，場合によっては華人企業や英国などの海外企業とも提携しながら，不動産業での事業を強固なものにしていった。1970年代後半～1980年代には，英国企業の事業失敗や撤退をチャンスととらえ，盛んに企業買収を行いながら，他業種への多角化を図ってきた。その分野は，ホテル，港湾事業，建設，インフラ，小売などに及ぶ。1990年代は，さらに事業の多角化を図るとともに，中国本土への事業展開を本格化していく。中国本土での港湾建設，インフラ建設，不動産・都市開発に携わるなどしており，香港と中国との経済連携の緊密化と歩調を合わせた事業拡大を図っている。2000年代は，印刷，メディア，広告，

Ⅳ　おわりに

図10-3　長江実業グループの主な組織構造（2011年現在）

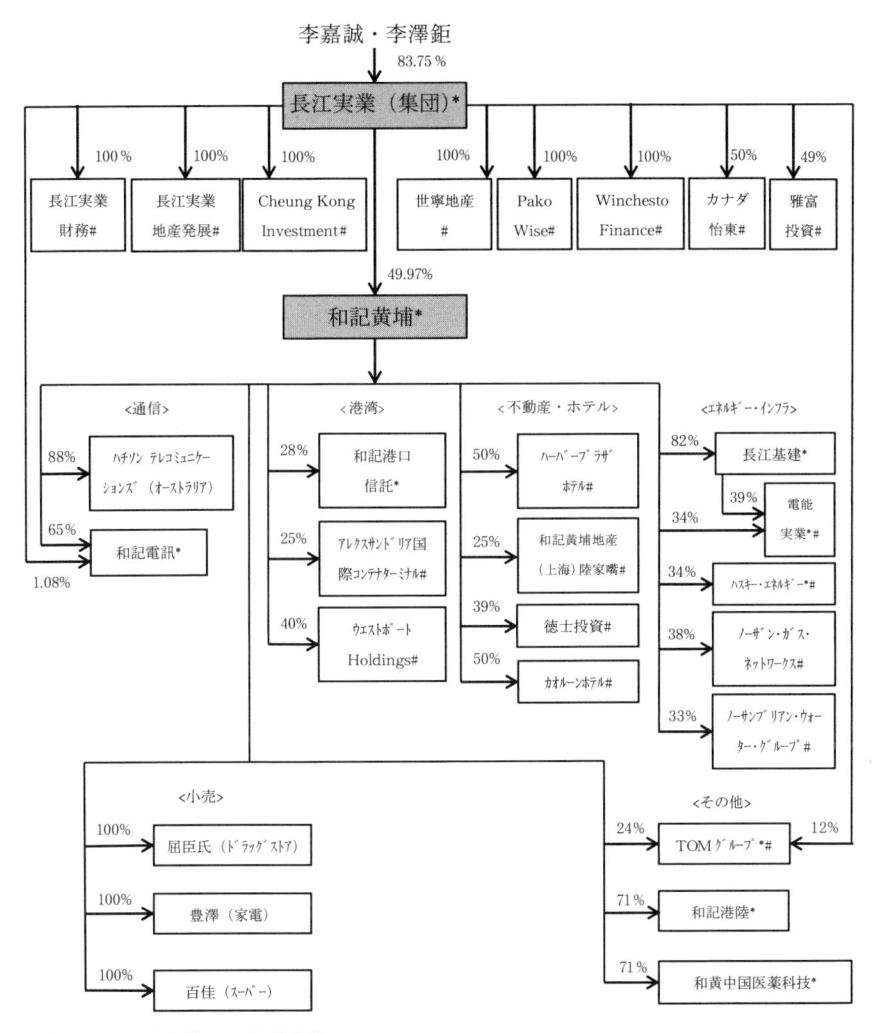

李嘉誠・李澤鉅
↓ 83.75%
長江実業（集団）*

- 100% → 長江実業財務#
- 100% → 長江実業地産発展#
- 100% → Cheung Kong Investment#
- 100% → 世寧地産#
- 100% → Pako Wise#
- 100% → Winchesto Finance#
- 50% → カナダ怡東#
- 49% → 雅富投資#

↓ 49.97%
和記黄埔*

〈通信〉
- 88% → ハチソンテレコミュニケーションズ（オーストラリア）
- 65% → 和記電訊*
- 1.08%

〈港湾〉
- 28% → 和記港口信託*
- 25% → アレクサンドリア国際コンテナターミナル#
- 40% → ウエストポートHoldings#

〈不動産・ホテル〉
- 50% → ハーバープラザホテル#
- 25% → 和記黄埔地産（上海）陸家嘴#
- 39% → 徳士投資#
- 50% → カオルーンホテル#

〈エネルギー・インフラ〉
- 82% → 長江基建*
- 34% → 電能実業*#
- 34% → ハスキー・エネルギー*#
- 38% → ノーザン・ガス・ネットワークス#
- 33% → ノーサンブリアン・ウォーター・グループ#

〈小売〉
- 100% → 屈臣氏（ドラッグストア）
- 100% → 豊澤（家電）
- 100% → 百佳（スーパー）

〈その他〉
- 24% → TOMグループ*# ← 12%
- 71% → 和記港陸*
- 71% → 和黄中国医薬科技*

（注）　*は上場企業，#は聯営企業。
出所：「長江実業（集団）有限公司　2011年報」，「和記黄埔有限公司　2011年報」をもとに作成。

241

第3部　第10章　香港の経済環境における華人企業グループの経営戦略

漢方薬などの事業にも展開しており，それらのほとんどが中国本土企業の買収や提携を通じた展開である。長江実業グループは，零細，小規模経営から多角的なコングロマリット型の企業グループまでに成長しており，それは香港経済の成長と発展のパターンや，中国経済の発展と動きを一にすることで，外部の経済環境をうまく取り込んだ発展といえる。次に，企業グループの拡大は，基本的には新規企業の設立よりも，むしろ既存企業の買収によって実現されることが多い。その結果，企業の多角化と中国展開が容易になったといえる。このようにして，長江実業グループは，長江実業（集団）を中核として，主として和記黄埔を通じて不動産，ホテル，港湾，エネルギー，インフラ，通信，小売，メディアなどの他業種に事業を展開するコングロマリット型の企業グループとなったのである（図10-3）。

　2008年の世界金融危機に対しては，むしろ慎重な経営に徹してリスクをできるだけ回避すると同時に，不動産や株式の売却によってキャッシュフローを確保して，不動産市場の回復をにらんで次の収益源となる土地の購入や不動産の開発を行っている。さらに，不況下でも多角化した事業の中から収益を獲保することで，経営の悪化を避けるリスク分散も図っている。

　最後に，李嘉誠一族のネットワークである。長江実業グループは，経営に携わるマネージャーは積極的に専門経営者を受け入れている。しかし，所有に関しては，長江実業グループの殆どの株式は創業者の李嘉誠と長男の李澤鉅が所有している。創業者である李嘉誠は，長江実業グループの発展において，幅広い提携関係を結んでビジネスを展開してきた。その際に，香港の他の華人企業家との関係を利用したり，中国中央政府の要人との関係をうまく活用することで，こういった幅広い提携関係を取り結ぶことが可能であったといえる。特に，和記黄埔の買収においては，ワープ社の買収断念と引き換えに包玉剛との関係において成功したといえ，その後長江実業グループの事業多角化では和記黄埔を基幹企業として展開されたことに鑑みれば，ネットワークの利用も長江実業グループの発展において重要であった。また，中国大陸での不動産開発や都市開発，インフラ開発では，中国の中央政府や地方政府との関係が事業展開において重要であり，政府要人との太いパイプを通じてこれらの事業を実行できたともいえる。そして，家族ネットワークを活用し，長男に経営経験を積ませる後継者の育成を図りながら，持ち株会社の株式移譲によって李一族の安定的なグループ企業の支配と経営を継続するコーポレートガバナンス体制を敷いた。

Ⅳ　おわりに

　以上のように，長江実業グループは，香港の経済環境の変化と中国本土との経済関係の緊密化に対して，企業の経営戦略としてうまく対応させながら，企業買収や事業提携を通じて事業の多角化と海外展開を図っていると同時に，それをより促進するためにネットワークを稼働・活用させている。これらの検討を通じて，香港の華人企業が香港経済の発展をうまく自社の発展に取り込んでいる構図を明らかにした。しかし，本研究は香港の経済環境下における一華人企業グループの戦略とネットワークをめぐる事例研究である。本研究を普遍化，理論化するためには，香港の他の華人企業グループとの比較検討や，香港以外の台湾や東南アジア諸国の経済環境下における華人企業グループとの比較検討が必要である。以上の課題は，今後の研究課題としたい。

　謝辞　本研究は，科学研究費・若手研究B（「東アジア3カ国・地域の経済環境における華人企業の戦略構築に関する比較研究」，研究課題番号：22730318）の助成を受けたものである。

〔参考文献〕

ARC国別情勢研究会（2011）『ARCレポート　経済・貿易・産業報告書　香港2011/12』ARC国別情勢研究会

張開玫（2006）「香港新工業化と華人企業グループの台頭──長江実業グループのケース──」，『東アジア研究』第44号，大阪経済法科大学アジア研究所，pp. 77-94

張開玫（2009）『亜洲新工業化与華人企業』厦門大学出版社

古田茂美（2009）「海外華人経済と中国大陸経済の接近と融合の時代到来」，『OCJAI』2009-4&5号，pp. 6-9

馮邦彦（1997）『香港華資財團』三聯書店

西原哲也（2008）『秘録　華人財閥』エヌ・エヌ・エー

NNA編（2007）『進化する香港：潜在競争力「世界一」の秘密を探る』エヌ・エヌ・エー

劉澤生主編（1999）『香港華商企業管理』三聯書店

鐘淑玲・矢作敏行（2005）「華僑系資本の中国小売市場への参入動向」『イノベーション・マネジメント』No. 2，法政大学イノベーション・マネジメント研究センター，pp. 115-140

朱炎（2000）『アジア華人企業グループの実力』ダイヤモンド社

祝春亭・幸磊（2009）『李嘉誠家族全伝』鳳凰出版伝媒集団

孫良珠編著（2010）『李嘉誠全伝』華中科技大学出版社

第 3 部　第 10 章　香港の経済環境における華人企業グループの経営戦略

須山修（1971）「東南アジア華僑の企業経営活動——特にマレーシアを中心として——」『経営と経済』51(2), pp. 151-192
游仲勲（1998）「『中国系の世紀』にたち向かう」，涂照彦編著『華人経済圏と日本——アジア新秩序への底流』有信堂

〔資料〕
『亜洲週刊』25 巻 48 期（2011-12-04）
『長江実業（集団）有限公司　年報』各年号
「Forbes.com - The World's Billionaires」（2011 年 3 月 10 日）
『和記黄埔有限公司　年報』各年号
中国商務部『海関統計』各年第 12 期
香港政府統計処『本地生産總値（年刊）』各年

事項索引

Android················ 70,73,78〜85,87〜93
Android Market ············· 79,87
App Store ················ 79,85〜87
CEPA ···················· 225,228
GM ························· 105
iPhone ············ 70,73,75,76,78,86,87,92
MTK ························· 83
NC ························· 142
OEM ········ 173,174,176,178,181〜185,190
VW ························· 106

あ 行

安定化······················· 213
温州モデル········ 169,170,186〜188,190
オークマ株式会社················ 158

か 行

開拓戦略······················ 10
科学的発展観··················· 22
華人企業·················· 218,229,240
株式会社森精機製作所·············· 160
企業の階層分化············ 173,188,190
企業の社会的責任··············· 25〜27
共生共存···················· 24,28
競争戦略················ 138,149,162
競争力······················· 214
金融危機················ 137,156,162
グローバルメーカー··············· 63
経営戦略············· 219,229,230,240
景気刺激策···················· 48
経済環境··················· 219,240
現　　代···················· 118
現地化····················· 23,34
工作機械産業·············· 138,139,161

小型車······················· 107

さ 行

産業財····················· 14,15
市場喚起関連の財政支援策··········· 40
持続可能な均衡発展··············· 22
自動車部品········ 169〜180,185〜188,190
社会性··················· 23,24,28
上海 GM ···················· 106
上海 VW ···················· 105
小企業··········· 173,178,180,184〜186,188,189
乗用車···················· 97,100
新エネルギー車関連政策············ 54
人件費上昇···················· 16
新興国······················ 3,9
新興国市場····················· 8
瀋陽機床（集団）有限公司······ 147,152
瑞安市············ 169〜172,174,180,183,190
成長戦略····················· 197
製品革新····················· 211
政府の奨励政策················· 101
世界金融危機············ 4,228,236,242
セダン車······················ 97
切削型工作機械············ 137,142,162
千元スマートフォン··· 69,80,88,89,92,94
戦略的社会貢献活動··············· 24
組織間協業·············· 117,118,120

た 行

第 3 世代移動通信················ 71
第 3 世代移動通信サービス········ 72,73
大企業········ 172,174,180〜185,187〜190
中型企業········ 173,176,180,183〜186,189,190
中間消費層····················· 5

245

事項索引

中間層	3, 11, 12, 99, 100
中間層市場	9, 17
中国市場	3, 5, 6, 18, 193
——の開拓	117
中国自動車産業	39, 53, 120
中国自動車産業政策	39, 51
中国自動車市場	44, 46, 53, 97, 113
中国主要乗用車メーカー	40
中国スマートフォン市場	70, 73
中国政府による一連の新車需要刺激策	46
中国政府による自動車市場喚起策	39
中国政府の自動車市場に対する景気刺激策	39, 45, 46
長江実業グループ	220, 229, 240
電動二輪車	196
東風日産	111
トヨタ	111〜114

な 行

内需拡大	7
内発型産業集積	169, 190
内陸部	7
日産	118
ネットワーク	219, 229, 237, 239
農村部	7

は 行

ハイブリッド型協業	118
破壊的技術	8, 18
ビジネス・エコシステム	69, 70, 76, 78〜83, 87, 90, 92〜94
ピラミッド3層構造	6
品質管理	207
フォルクスワーゲン	118
部品調達	105, 106, 110
富裕層	3, 10, 11
北京現代	109, 110
北京第一機床廠	143, 147, 153
補修部品	169, 173, 175, 178, 179, 181〜185, 189
香港	217, 229, 240
——の経済環境	220
ホンダ	111〜114

ま 行

民族系メーカー	104
モジュール化	132

や 行

ヤマザキマザック株式会社	159

ら 行

リーダーシップ	213
李嘉誠	220, 229, 237, 240
リチウム電動二輪車	212
緑源	194
聯発科技（メディア・テック，MTK）	82
ローカル企業	13

わ 行

和諧社会	22, 24〜27, 36, 37
和記黄埔	232, 234, 236

〈執筆者紹介〉（執筆順，＊は編著者）

陳　　　　晋（ちん　しん）＊
　立命館大学経営学部教授。東京大学大学院経済学研究科博士課程（後期）所定単位取得，1999年に博士（経済学　東京大学）を取得。ペンシルベニア大学ウォートン・スクール客員研究員，沖縄大学人文学部教授，オックスフォード大学サイド・スクール客員研究員を経て，2008年から現職。マサチューセッツ工科大学（MIT）IMVP兼任研究員，中国清華大学21世紀発展研究院客員研究員を兼任。
　[主要研究業績]　"The Different Behaviors of Chinese Automakers in Technology Introduction and Assimilation" (Frank Richter (Eds.), *The Dragon Millennium: Chinese Business in the Coming World Economy*, Quorum Books, 2000),『中国乗用車企業の成長戦略』（信山社，2000年），『中国製造業の競争力』（信山社，2007年）等。

守　　政　毅（もり　まさき）＊
　立命館大学経営学部准教授。九州大学大学院経済学府博士課程（後期）所定単位取得，2005年に博士（経済学　九州大学）を取得。九州大学大学院経済学研究院学術特定研究員を経て，2006年から現職。
　[主要研究業績]　「華商のネットワーキング活動と華人ネットワーク組織のブリッジ機能——華人ビジネス・ネットワークの構築から華人企業のダイナミックな企業展開へ——」（『国際ビジネス研究学会年報』第10号，285-300頁，2004年），「東アジアにおける華人ネットワークの拡大と華人企業のトランスナショナルな事業展開」（『九州経済学会年報』第45集，153-164頁，2007年），「華人ビジネス・ネットワークの連結機能——香港中華総商会を中心に——」（『立命館経営学』第50巻第6号，1-21頁，2012年）等。

劉　　慶　紅（りゅう　けいこう）
　立命館大学経営学部准教授。早稲田大学政治経済学術院公共経営研究科博士課程（後期）所定単位取得，2009年に博士（公共経営　早稲田大学）を取得。大手日系電機メーカーにおいて海外事業推進の統括担当を経験し，幹部職として中国現地法人赴任を経て，2012年から現職。早稲田大学トランスナショナルHRM研究所及び公共政策研究所招聘研究員を兼任。
　[主要研究業績]　*Creating Public Value: The Challenge of Localization for Japanese Corporations in China*（早稲田大学出版部，2010年），"China's 'Harmonious Society' Challenges Corporate Japan: Towards a Dual Vision of Profitability and Social Responsibility" (Bryan Christiansen (Eds.), *Cultural Variations and Business Performance: Contemporary Globalism*, IGI Global, 2012), "Chinese Economic Nationalism, Japanese Enterprises, and Localization: The Growing Importance of Social Engagement" (Anthony D'Costa's (Eds.), *Globalization and Economic Nationalism in Asia*, Oxford University Press, 2012) 等。

呉　　保　寧（ご　ほねい）
　現代文化研究所主任研究員。1987年に国際経済法修士（武漢大学）を取得。トヨタ自動車等勤務を経て現職。中国国家信息中心経済諮詢中心客員研究員を兼任。
　[主要研究業績]　『巨大化する中国自動車産業とグローバル競争——外資系と民族系の競合関係』（共著，日刊自動車新聞社，2009年），「中国自動車産業の現状と将来」（『日立総研』2010年08月（vol.5-2）号，28-33頁，2010年），「自動車メーカーの戦略に関わ

る中国自動車産業政策の重要問題」(『中国経済』2011 年第 1 号, 30-47 頁, 2011 年) 等。

中川　涼司（なかがわ　りょうじ）

立命館大学国際関係学部教授。大阪市立大学大学院経営学研究科後期課程（後期）所定単位取得, 2007 年に博士（国際関係学　立命館大学）を取得。2 つの大学を経て, 2000 年から現職。1997～1998 年中国社会科学院工業経済研究所客員研究員。
［主要研究業績］『国際経営戦略——日中電子企業のグローバルベース化——』(ミネルヴァ書房, 2000 年),『中国の IT 産業——経済成長方式転換の中での役割——』(ミネルヴァ書房, 2007 年) 等。

朴　泰勲（ぱく　てふん）

大阪市立大学大学院創造都市研究科教授。東京大学大学院経済学研究科博士課程（後期）所定単位取得, 2010 年に博士（経済学　東京大学）を取得。1993 年大韓貿易振興公社入社。2001 年大阪経済大学経営学部専任講師, 2005 年同准教授を経て, 2006 年から現職。
［主要研究業績］「自動車部品産業における CAE のシステマティック活用と企業パフォーマンス」(『組織科学』第 38 巻第 4 号, 77-87 頁, 2005 年), "Hierarchical Structures and Competitive Strategies in Car Development" (*Asian Business & Management*, Vol.6, No.6, pp.179-198, 2007),「中国自動車メーカーの競争戦略：天津トヨタ・一汽 VW・北京現代・長城汽車・一汽轎車の組織間システムの分析」(『日本経営学会誌』第 20 号, 115-129 頁, 2007 年) 等。

韓　金江（かん　きんこう）

成美大学経営情報学部准教授。立命館大学大学院経営学研究科博士課程（後期）修了, 2004 年に博士（経営学　立命館大学）を取得。立命館大学経営学部助手, 京都創成大学（現成美大学）経営情報学部専任講師を経て, 2011 年より現職。
［主要研究業績］『中国の技術発展と技術移転——理論と実証』(共著, ミネルヴァ書房, 2005 年),「日本の工作機械工業の国際化——90 年代以降の海外進出を中心として」(『アジア経営研究』第 15 号, 61-70 頁, 2009 年),「中国企業の外国技術導入と対外 M&A による技術獲得」(『アジア経営研究』第 17 号, 61-71 頁, 2011 年) 等。

林　松国（りん　そうんこく）

立命館大学経営学部助教。専修大学大学院商学研究科博士課程（後期）修了, 2008 年に博士（商学　専修大学）を取得。2010 年より現職。
［主要研究業績］『中国の産業集積における商業の役割——専業市場と広域商人活動を中心に』(専修大学出版局, 2009 年),「中国雑貨産地における商人の生産者化現象に関する一考察」(『立命館経営学』第 50 巻第 6 号, 23-47 頁, 2012 年) 等。

斯　飛玲（し　ひれい）

会社員。立命館大学大学院経営学研究科博士課程（前期）修了, 2011 年に修士（経営学　立命館大学）を取得。
［主要研究業績］「中国における電動二輪車メーカーの成長戦略——緑源を事例として」(『立命館経営学　院生論集』第 8 号, 51-75 頁, 2011 年 3 月)。

経営学

中国市場ビジネス戦略

2012(平成24)年9月25日 第1版第1刷発行
410 P272 ￥3600E 013-050-015-005

編 者 陳　晋・守政毅
発行者 今井　貴・稲葉文子
発行所 株式会社信山社
編集第２部
〒113-0033 東京都文京区本郷 6-2-9-102
Tel 03-3818-1019　Fax 03-3818-0344
henshu@shinzansha.co.jp
東北支店 〒981-0944 宮城県仙台市青葉区子平町 11 番 1 号 208・112
笠間才木支店 〒309-1611 茨城県笠間市笠間 515-3
Tel 0296-71-9081　Fax 0296-71-9082
笠間来栖支店 〒309-1625 茨城県笠間市来栖 2345-1
Tel 0296-71-0215　Fax 0296-72-5410
出版契約№ 410-4-01011　Printed in Japan

©陳　晋・守政毅, 2012　印刷・製本／東洋印刷・渋谷文泉閣
ISBN978-4-7972-410-4 C3332 ￥3600 E 分類 335.000-a011

JCOPY 〈(社)出版者著作権管理機構 委託出版物〉
本書の無断複写は著作権法上での例外を除き禁じられています。複写される場合は、
そのつど事前に、(社)出版者著作権管理機構（電話03-3513-6969, FAX 03-3513-6979,
e-mail: info@jcopy.or.jp）の許諾を得てください。

学術選書

#	書名	番号	著者	定価
1	民事紛争解決手続論	(0001)	太田 勝造 著	7,140円
2	人権論の新構成	(0003)	棟居 快行 著	9,240円
3	労災補償の諸問題(増補版)	(0004)	山口 浩一郎 著	9,240円
4	訴訟と非訟の交錯	(0006)	戸根 住夫 著	7,980円
5	行政訴訟と権利論(新装版)	(0007)	神橋 一彦 著	9,240円
6	立憲国家と憲法変遷	(0008)	赤坂 正浩 著	13,440円
7	立憲平和主義と有事法の展開	(0009)	山内 敏弘 著	9,240円
8	隣地通行権の理論と裁判(増補版)	(0011)	岡本 詔治 著	10,290円
9	陪審と死刑	(0015)	岩田 太 著	10,500円
10	国際倒産 vs. 国際課税	(0016)	石黒 一憲 著	12,600円
11	企業結合法制の理論	(0017)	中東 正文 著	9,240円
12	ドイツ環境行政法と欧州	(0018)	山田 洋 著	6,090円
13	相殺の担保的機能	(0019)	深川 裕佳 著	9,240円
14	複雑訴訟の基礎理論	(0020)	徳田 和幸 著	11,550円
15	普遍比較法学の復権	(0021)	貝瀬 幸雄 著	6,090円
16	国際私法及び親族法	(0022)	田村 精一 著	10,290円
17	非典型担保の法理	(0023)	鳥谷部 茂 著	9,240円
18	要件事実論概説 契約法	(0024)	並木 茂 著	10,290円
19	要件事実論概説 II	(0025)	並木 茂 著	10,080円
20	国民健康保険の保険者	(0026)	新田 秀樹 著	7,140円
21	違法性阻却原理としての新目的説	(0027)	吉田 宣之 著	9,240円
22	不確実性の法的制御	(0028)	戸部 真澄 著	9,240円
23	外交的保護と国家責任の国際法	(0029)	広瀬 善男 著	12,600円
24	人権条約の現代的展開	(0030)	申 惠丰 著	5,250円
25	民法学と消費者法学の軌跡	(0031)	野澤 正充 著	7,140円
26	ドイツ新債務法と法改正	(0032)	半田 吉信 著	9,240円

価格は税込価格(本体+税)

学術選書

27	債務不履行の救済法理	(0033)	潮見 佳男 著	定価 9,240円
28	刑事訴訟法の理論的展開	(0034)	椎橋 隆幸 著	定価 12,600円
29	家制度の廃止	(0035)	和田 幹彦 著	定価 12,600円
30	人権論の間隙	(0036)	甲斐 素直 著	定価 10,500円
31	通行権裁判の現代的課題	(0039)	岡本 詔治 著	定価 10,290円
32	適合性原則と私法秩序	(0040)	王 冷然 著	定価 7,875円
33	民事判決効の理論(上)	(0041)	吉村 徳重 著	定価 9,240円
34	民事判決効の理論(下)	(0042)	吉村 徳重 著	定価 10,290円
35	比較民事手続法	(0043)	吉村 徳重 著	定価 14,700円
36	民事紛争処理手続	(0044)	吉村 徳重 著	定価 13,650円
37	労働組合の変貌と労使関係法	(0045)	道幸 哲也 著	定価 9,240円
38	フランス社会保障法の権利構造	(0046)	伊奈川 秀和 著	定価 14,490円
39	子ども法の基本構造	(0047)	横田 光平 著	定価 11,000円
40	憲法学の倫理的転回	(0049)	三宅 雄彦 著	定価 9,240円
41	雇用終了の法理	(0050)	小宮 文人 著	定価 9,240円
42	家事調停論(増補版)	(0052)	髙野 耕一 著	定価 12,600円
43	表現権理論	(0053)	阪本 昌成 著	定価 9,240円
44	商標権侵害と商標的使用	(0054)	大西 育子 著	定価 9,240円
45	報道の自由	(0055)	山川 洋一郎 著	定価 10,290円
46	低炭素社会の法政策理論	(0056)	兼平 裕子 著	定価 7,140円
47	放送の自由の基層	(0057)	西土 彰一郎 著	定価 10,290円
48	所得支援給付法	(0058)	木村 弘之亮 著	定価 13,440円
49	18世紀フランスの憲法思想とその実践	(0059)	畑 安次 著	定価 10,290円
50	環境行政法の構造と理論	(0060)	髙橋 信隆 著	定価 12,600円
51	労働者代表制度と団結権保障	(0061)	大和田 敢太 著	定価 10,290円
52	国際知的財産権保護と法の抵触	(0063)	金 彦叔 著	定価 10,290円

価格は税込価格(本体+税)

学術選書

53	広範囲応答型の官僚制	(0064)	原田 久 著	定価：5,460円
54	武器輸出三原則	(0065)	森本 正崇 著	定価：10,290円
55	英国M＆A法制における株主保護	(0066)	富永 千里 著	定価：10,290円
56	著作権と憲法理論	(0067)	大日方 信春 著	定価：9,240円
57	核軍縮と世界平和	(0068)	黒澤 満 著	定価：9,240円
58	詐害行為取消権の法理	(0070)	中西 俊二 著	定価：12,600円
59	行政法学の方法と対象	(0071)	遠藤 博也 著	定価：12,600円
60	行政過程論・計画行政法	(0072)	遠藤 博也 著	定価：14,700円
61	行政救済法	(0073)	遠藤 博也 著	定価：12,600円
62	国家論の研究	(0074)	遠藤 博也 著	定価：8,400円
63	フランス信託法	(0075)	小梁 吉章 著	定価：9,240円
64	21世紀国際私法の課題	(0077)	山内 惟介 著	定価：8,190円
65	対話が創る弁護士活動	(0078)	大澤 恒夫 著	定価：7,140円
66	近代民事訴訟法史・ドイツ	(0079)	鈴木 正裕 著	定価：8,925円
67	公的年金制度の再構築	(0082)	石崎 浩 著	定価：9,240円
68	最低賃金と最低生活保障の法規制	(0085)	神吉 知郁子 著	定価：9,240円
69	雇用関係法Ⅰ	(0087)	秋田 成就 著	定価：15,750円
70	雇用関係法Ⅱ	(0088)	秋田 成就 著	定価：11,550円
71	国際法論集	(0089)	村瀬 信也 著	定価：9,240円
72	憲法学の可能性	(0090)	棟居 快行 著	定価：7,140円
73	労使関係法Ⅰ	(0095)	秋田 成就 著	定価：10,500円
74	支配株主規制の研究	(0098)	朱 大明 著	定価：10,290円
75	行政裁量とその統制密度（増補版）	(0100)	宮田 三郎 著	定価：7,140円
76	民法の体系と変動	(0102)	小野 秀誠 著	定価：12,600円
77	戦後日本の経済外交	(2010)	高瀬 弘文 著	定価：9,240円
78	北朝鮮外交と東北アジア	(2011)	高 一 著	定価：8,190円

価格は税込価格（本体＋税）

総合叢書

1	企業活動と刑事規制の国際動向	甲斐 克則・田口 守一 編	定価:11,970円
3	議会の役割と憲法原理	浦田 一郎・只野 雅人 編	定価: 8,190円
4	自治体の出訴権と住基ネット	兼子 仁・阿部 泰隆 編	定価: 7,140円
5	民法改正と世界の民法典	民法改正研究会(代表 加藤雅信) 著	定価:12,600円
6	家族のための総合政策Ⅱ	本澤 巳代子 ベルント・フォン・マイデル 編	定価: 7,875円
7	テロリズムの法的規制	初川 満 編	定価: 8,190円
8	法発展における法ドグマーティクの意義	松本 博之・野田 昌吾・守矢 健一 編	定価:12,600円
9	「民法(債権関係)の改正に関する中間的な論点整理」に対する意見書	東京弁護士会 編著	定価:12,600円
10	地域統合とグローバル秩序	森井 裕一 編	定価: 7,140円
11	グローバル化時代の国際法	植木 俊哉 編	定価: 7,140円
12	移植医療のこれから	町野 朔・山本 輝之・辰井 聡子 編	定価:12,600円
13	中東の予防外交	吉川 元・中村 覚 編	定価: 9,240円

価格は税込価格(本体+税)

法律学の森／法律学講座

◇法律学の森◇

憲法訴訟論〔第2版〕	新 正幸 著	定価:9,240円
フランス民法	大村 敦志 著	定価:3,990円
債権総論Ⅰ〔第2版〕	潮見 佳男 著	定価:5,040円
債権総論Ⅱ〔第3版〕	潮見 佳男 著	定価:5,040円
契約各論Ⅰ	潮見 佳男 著	定価:4,410円
不法行為法Ⅰ〔第2版〕	潮見 佳男 著	定価:5,040円
不法行為法Ⅱ〔第2版〕	潮見 佳男 著	定価:4,830円
新会社法〔第3版〕	青竹 正一 著	定価:6,825円
会社法論	泉田 栄一 著	定価:7,224円
イギリス労働法	小宮 文人 著	定価:3,990円
韓国法〔第2版〕	高 翔龍 著	定価:6,300円

◇法律学講座◇

憲法講義（人権）	赤坂 正浩 著	定価:3,990円
行政救済法	神橋 一彦 著	定価:5,040円
信託法	星野 豊 著	定価:3,570円
国際労働法	小西 國友 著	定価:4,410円
実践国際法	小松 一郎 著	定価:5,250円

価格は税込価格(本体+税)